Gerlinde Unverzagt & Klaus Hurrelmann

Kinder stark machen für das Leben

Gerlinde Unverzagt & Klaus Hurrelmann

Kinder stark machen für das Leben

Herzenswärme, Freiräume und klare Regeln

KREUZ

MIX
Papier aus verantwortungsvollen Quellen
FSC® C083411

Völlig überarbeitete Neuausgabe. Titel der Originalausgabe:
Kinder stark machen für das Leben. Herzenswärme, Freiräume
und klare Regeln. ISBN: 978-3-451-05891-2

www.kreuz-verlag.de

Umschlaggestaltung: Vogelsang Design
Umschlagmotiv: © Monia – Fotolia.com

Satz: de·te·pe, Aalen
Herstellung: CPI books GmbH, Leck

Printed in Germany

ISBN 978-3-451-61255-8

Inhalt

Vorwort

Kinder erziehen ist schön – macht aber viel Arbeit

(frei nach Karl Valentin)

Ein Kind zu erziehen ist ganz einfach. Schwierig ist es nur, dann mit dem Ergebnis zu leben. Eine große dunkle Wolke allerdings überschattet von Anfang an das strahlende Bild der Elternschaft. Das ist das Schuldbewusstsein. Was mache ich nur falsch? Die bange Frage angesichts geblähter Babybäuche, bockiger Kleinkinder und prügelnder Grundschüler – sie ist immer dabei. Bei Frechheiten, Lügen, Trotz und Streit um Hausaufgaben, Schlafenszeiten, Fernsehgewohnheiten und Tischsitten, erst recht im Angesicht aufreibender Probleme mit kiffenden, motzenden, magersüchtigen, rechtsradikalen oder computerverrückten Teenagern begleitet diese »Schuldfrage« die Elternschaft von Anfang an.

Im Allgemeinen verlieren sich Schuldgefühle nach den ersten paar Jahren ein wenig. Das liegt wahrscheinlich daran, dass Kinder, sobald sie selbst erst einmal sprechen können, ihren Müttern und Vätern ohnehin so viele Vorwürfe machen, dass wir uns eigentlich die Selbstvorwürfe getrost sparen können. »Du bist so gemein!«, »Du hast mich gar nicht lieb!«, »Warum kann ich das nicht auch haben?«

Aber von außen bleibt uns das Schuldgefühl erhalten. Wann immer öffentliche Stimmen laut beklagen, dass etwas schiefläuft mit der nachwachsenden Generation und Schuldige gesucht werden, fällt der Blick auf die üblichen Verdächtigen – die Eltern.

Angesichts zunehmender Gewalttaten auf dem Schulhof, Mobbing in der Klasse, Leistungsschwächen, Drogenkonsum und besinnungslosem Markenfetischismus der Kinder, beklagen schrille Stimmen den Verfall der Familienwerte im Allgemeinen und das Erziehungsversagen der Eltern im Besonderen. Man ringt die Hände angesichts moderner Gewohnheiten wie Computerspielen und Zwischen-Tür-und-Angel-Essen statt gemeinsamer Mahlzeiten im trauten Familienkreis mit anschließendem einträchtigen Brettspiel. Alljährlich beweint man die neuen Statistiken, die sagen, dass nur ein Haushalt von vieren aus Eltern und Kindern besteht, immer weniger Kinder geboren werden und wenn überhaupt, dann nur ein einziges. Zu allem Übel droht einer dieser vier Familien die Scheidung: Die Zahl der Kinder, die ihre ersten achtzehn Lebensjahre mit beiden leiblichen Eltern verbringen werden, geht zurück. Abwesende Väter, berufstätige Mütter, überforderte Kinder – in allen Spielarten des Familienlebens lässt sich ein Mangel aufspüren, wenn man nur will, der sich verantwortlich machen lässt, wenn der Nachwuchs aus der Bahn kommt. Schwadroniert wird über Scheidungswaisen und Elterntrümmer, die an die Stelle althergebrachten Familienlebens treten. Man ringt die Hände und gibt den Eltern die Schuld an allem – von der Gewalt im Fußballstadion über Schulversagen bis zum Kindesmissbrauch.

Im Zusammenleben mit Kindern kommt man schon ganz von selbst an den Punkt, wo einem ein Dutzend rivalisierender Experten an die Kehle springt: Mit dem Familienleben geht's bergab? Oh nein, es verändert sich nur!

Inmitten dieser öffentlichen Hysterie versuchen ganz normale Familien sich eben durchzuwursteln. Die Eltern kommen irgendwie zurecht, auch wenn sie jahrelang keinen Schlaf finden und führen den Haushalt, indem sie sich an allgemeinen Prinzipien des Anstands orientieren und dem, was sie für richtig halten und was ihnen als das Machbare erscheint. Sie lieben ihren kleinen Sonnenschein über alles und deshalb lassen sie ihm mehr durchgehen als ihre eigenen

Eltern. Auch weil sie nicht ertragen können, ihren kleinen Schatz so traurig zu sehen. Die halbvergessenen Prinzipien der eigenen Eltern noch im Ohr, neigen Eltern heute zum Nachgeben: Väter kaufen den superteuren Lego-Systembaukasten. Er soll sich doch freuen, der Kleine, wo er sonst schon so wenig von seinem Papa hat. Mütter wenden sich achselzuckend ab, wenn das Wesen, das sie nur ein paar Jahre zuvor unter Schmerzen geboren haben, ihnen ein wütendes »Du blöde Mama« entgegenschmettert.

Was hab ich bloß falsch gemacht? Den einen richtigen Weg in der Kindererziehung – es gibt ihn nicht. Deshalb muss jeder Versuch, Patentrezepte zu liefern, von vorneherein zum Scheitern verurteilt sein. Kinder sind verschieden und Eltern sind es auch.

Aber man kann klar sehen, worauf es ankommt – was ein Kind braucht, um groß und stark zu werden, erschließt sich auch, wenn man genau hinschaut, was Kindern, die in Schieflage geraten sind, gefehlt hat. Selbstwertgefühl, das gesunde Vertrauen in die eigenen Möglichkeiten verschafft Erfolge und hilft, ihr Ausbleiben zu verkraften. Dafür können Eltern viel tun – in welcher Form auch immer sich die Familie zusammensetzt. Starke, selbstbewusste Kinder wachsen beileibe nicht nur in der konventionellen Familie, bestehend aus Vater, Mutter, Kind heran, geschweige denn in wohlhabenden Verhältnissen, in denen zwischen Mutter und Vater herzliches Einvernehmen herrscht und Kinder in Abwesenheit größerer Krisen und Katastrophen auf der Sonnenseite des Lebens heranreifen. Im Gegenteil: Es sind die gesprungenen Schüsseln, die am längsten halten, nicht nur im Märchen. In jeder Krise wachsen Chancen, in jedem Problem steckt ein Pro. Eltern, die sich diese Haltung zu eigen machen können, sind schon ein gutes Stück weiter. Eltern können alles bereitstellen, was Kinder für ihre Entwicklung brauchen. Wie ein Gärtner, der seinen Rosenkohl gießt und düngt, auf genug

Sonnenschein hofft und auf die reiche Ernte wartet – der aber nicht davon träumt, dass aus seinem Rosenkohl Erdbeeren werden. Sie können wenig falsch machen, solange Sie bereithalten, was Ihr Kind braucht: Herzenswärme, klare Regeln und genügend Spielraum. Daraus erwächst alles Weitere.

Wir neigen dazu, unseren Kindern alle Schwierigkeiten aus dem Weg räumen zu wollen. Dabei sind Fehler der Eltern auch gute Gelegenheiten für die Kinder, ihre Selbsthilfekräfte zu trainieren. Aus Versehen oder aus Unkenntnis enttäuschen und belasten Eltern ihre Kinder im Laufe ihrer gemeinsamen Jahre. Das kommt eben vor – Schuldgefühle sind fehl am Platz. Stark und selbstbewusst werden Kinder auch, wenn sie sich an den Fehlern ihrer Eltern erproben können und lernen, sie zu überwinden. Überlegen Sie doch mal, wie viel von Ihrer Tüchtigkeit und Widerstandskraft letztlich aus den Erziehungsfehlern Ihrer Eltern herrührt!

Immer mehr Kinder haben Schwierigkeiten zu Hause, im Kindergarten, in der Schule. Immer mehr Eltern stehen in der Erziehung vor unlösbaren Problemen. Schon kleine Fehlschläge und Misserfolge, Meinungsverschiedenheiten und Missempfinden hält man oft schlecht aus, weil man sie als grenzüberschreitende Attacke auf die eigene Persönlichkeit erlebt. Vielleicht müssen wir auch alle den langen Atem wieder lernen: Für viele Konflikte sind schnelle Lösungen nicht zu haben. Heute will sich kaum jemand noch auf eine längere Konfliktperiode in Beziehungen zum Lebenspartner, zu den eigenen Kindern oder Freunden einstellen. Man will immer gleich Lösungen haben. Dabei kann man vieles erst begreifen, wenn man sich Zeit lässt, genau beobachtet und gelassen abwartet. »Halt eine Weile durch, es wird sich ändern« – Eltern brauchen eine gehörige Portion dieser Art Durchhaltevermögen. Gelassenheit gibt Eltern und Kindern Kraft, eine Durststrecke auch mal durchzustehen.

Um an ihren Krisen wachsen zu können, brauchen Kinder

die Liebe ihrer Erwachsenen und die Gewissheit der bedingungslosen Anerkennung ihrer Person, eine schützende Grenze, die Sicherheit und Orientierung ermöglicht und die Grundlage für Selbstvertrauen abgibt. Kinder wollen Unabhängigkeit. Gut, wenn sie ihre Eltern als Erwachsene erleben können, die von ihnen abgegrenzt sind und ihren Willen nach Eigenständigkeit akzeptieren. Die vornehmste Aufgabe der Elternschaft ist doch, sich selbst überflüssig zu machen!

1. Kapitel

Warum Kinder in Schieflage geraten

Jeden Morgen dasselbe: Timo biegt um die Ecke, und da wartet Dennis, wippt auf den Füßen hin und her, Hände in den Taschen vergraben, kaugummikauend. Fieses Grinsen: »Na, Arschloch, willste was?« Timo zuckt zusammen, schon vor dem ersten Schlag. Gleich darauf fliegen die Fäuste, und bald schon liegt Timo am Boden. Dennis macht weiter. Tritte in den Bauch, wahllose Schläge ins Gesicht und auf den ganzen Körper.

Seit Dennis vorige Woche vergeblich die Herausgabe von Timos neuem Fußball verlangt hat, geht das schon so: »Her mit dem Teil, sonst …« Er ließ es in der Luft schweben, dieses »sonst«. Aber Timo weiß Bescheid. Und ahnt schon, was in den nächsten Tagen auf ihn zukommt. Dennis' Ruf reicht weit über den Schulhof hinaus. »Wenn der dich erstmal auf'm Kieker hat«, murmeln sogar die Großen aus der fünften Klasse. Das gute Stück fest unter den Arm geklemmt, ist Timo blitzschnell davongerannt – seitdem steht er auf der Abschussliste von Dennis. Diesem Timo wird er es jetzt richtig zeigen: schwächer, kleiner als er selber, »wie der schon aussieht« und immer die besseren Noten, »der Schleimer«. Für Dennis ist klar: »Den mach ich fertig.« Und zwar sobald er Timo zu fassen kriegt – das ist oft, denn beide gehen in dieselbe Klasse.

Weil Timo sich vor der Schule dauernd über Bauchweh beklagt, ist seine Mutter mit ihm zum Kinderarzt gegangen. Alles in Ordnung, organisch jedenfalls. Doch Timo hört nicht auf zu jammern. Seine Mutter macht sich Gedanken. »Was ist denn los mit dir, tut dir jemand was?«, hat sie in einer ruhigen Minute gefragt, und da sind mit einem Mal alle Dämme gebrochen. Timo wirft sich schluchzend in ihre Arme, und jetzt kommt alles heraus.

Wenn sechsjährige Kinder einander erpressen und schon Erstklässler brutal und hemmungslos zuschlagen, sind Erwachsene entsetzt. Was ist los mit den Kindern? Sind das noch normale alltägliche Kabbeleien unter Kindern, wie es sie auch früher schon gab? Oder künden solche Vorfälle von wachsender Gewalt schon unter Grundschülern? Mit Entsetzen liest man in der Zeitung von Kindern, die in der Schule nicht nur versagen, sondert dort auch noch Furcht und Schrecken verbreiten, die Lehrer nicht nur ärgern und verspotten, sondern mit gezückten Messern angreifen und verletzen, die sich mit ihren Altersgenossen nicht nur prügeln, sondern sie halbtot schlagen, wobei Schlimmeres manchmal nur durch Zufälle verhindert wird, manchmal tatsächlich geschieht.

Erzieherinnen aus Kindergärten und Grundschullehrerinnen berichten, dass immer mehr Kinder versuchen, ihre Konflikte mit Gewalt zu lösen. Die Hemmschwelle sinkt ab: Schon auf kleine Frotzeleien ihrer Spielkameraden reagieren Kinder wie angestochen. »Du Doofi« – das reicht für Schlag und Gegenschlag schon in der Buddelkiste. Auf dem Schulhof wird mehr daraus: Ein gellendes »Wichser« bricht plötzlich aus dem allgemeinen Lärmpegel heraus, »ich mach dich platt«, »stech dich ab« oder »du Nutte«. Ein zufälliges Anrempeln im Gedränge, ein ungebührlicher Blick, eine versehentliche Berührung beim angetäuschten Kickboxen – wegen nichts geraten Schüler in heilloser Wut aneinander. Vielen Kindern, die blindlings losschlagen, fehlt jede realistische Einschätzung davon, was sie anrichten. Es wird auch dann noch draufgeschlagen, wenn der andere bereits besiegt ist. Der Ehrenkodex, der noch vor Jahren das Opfer vor grenzenloser Brutalität schützte, versagt heute.

Immer mehr Kinder setzen sich gegenseitig unter Druck. Schwächere werden eingeschüchtert, zu Demutsgesten gezwungen oder mit dem Ausschluss aus der Gruppe bedroht. Viele Kinder können überhaupt nicht ermessen, wie sich ihr Gegenüber fühlt. Sie bleiben kalt und unempfindlich, verweigern das Gespräch. Sie sagen, dass ihnen egal sei, ob der andere leidet.

Gewalt entsteht in der Familie

Timos Mutter war außer sich vor Wut, als sie erfuhr, wie ihr Kind gedemütigt und verletzt worden war. Am liebsten hätte sie sich diesen Dennis erst einmal richtig vorgeknöpft. Ihn windelweich geprügelt, wenigstens aber seine Eltern angerufen, Anzeige erstattet, in der Schule Alarm geschlagen. Es ist schwer, angesichts brutaler Attacken noch gelassen zu bleiben, besonders wenn das eigene Kind zum Opfer geworden ist. Aber aggressives und zerstörerisches Verhalten von Kindern tritt nicht von heute auf morgen auf, weil sie Pech im Leben hatten, zu viel im Internet unterwegs sind oder ganz allgemein die Werte verfallen. Es steht meist am Ende eines langen Weges, mit ungelösten Konflikten fertig zu werden. Gewalt ist ein Alarmsignal, ein Schrei nach Zuwendung. Hier dringt auch der Wunsch nach außen, wahrgenommen, ernst genommen, angenommen zu werden, verlässliche Grenzen zu spüren und in der Auseinandersetzung Halt zu finden.

Über den Hintergrund von Dennis' Verhalten wissen wir einiges aus der psychologischen, soziologischen und pädagogischen Ursachenforschung. Die zeigt, dass die Täter in der Schule oft aus Elternhäusern kommen, in denen sie selbst viel Gewalt erlebt haben. Wie viel hat Dennis wohl einstecken müssen, bevor er sich ans Austeilen gemacht hat? Gespräche könnten an den Tag bringen, was Dennis zum Zuschlagen treibt. Ständig streitende Eltern, die im Begriff stehen, sich zu trennen und ein Zuhause, in dem alles aus den Fugen gerät, sind keine Basis, um Konflikte gewaltfrei und fantasievoll, gelassen und mitfühlend lösen zu lernen.

Gewalttätigen Kindern fehlen häufig die Voraussetzungen für das Einhalten von sozialen Regeln. Eine davon ist das Vertrauen in die eigene Belastbarkeit, eine zweite das Vorbild der Eltern, die versuchen, Konflikte einvernehmlich und voller Achtung füreinander zu lösen. Das genaue Gegenteil erlebt gerade Dennis bei seinen Eltern. Wegen eigener Schwierigkeiten sind seine Eltern nicht fähig, ihrem Kind irgendeine Art von Ermutigung zu geben.

Aggressionen zeigen einen Mangel an Anerkennung

Oder Kevin zum Beispiel: Sein Vater ist sehr streng mit ihm. Selbst arbeitslos, stehen seine Chancen, einen neuen Job zu finden, schlecht. Dafür macht Kevins Vater seine eigene miese Schullaufbahn verantwortlich. Das soll ihm nicht noch mal passieren: Für seinen Sohn hat er sich fest vorgenommen, dass es ihm mal besser gehen soll. Für jede schlechte Note muss Kevin ein Fußballposter in seinem Zimmer abhängen. Schreibt er eine Fünf – und das passiert oft – kriegt er Prügel. Seine Lektion hat er längst gelernt: dass er schlecht ist, weil er schlecht rechnet. Wie viel anders sähe die Lektion wohl aus, wenn er wüsste, dass seine Eltern ihn mögen, so wie er ist, und dass er nur nicht gut rechnen kann?

Eine wichtige Ursache dafür, dass Kinder aggressiv und gewalttätig werden, liegt in ihrem Gefühl, als Person nicht angenommen zu sein. Sie fürchten, bei jedem kleinen Fehler als totaler Versager dazustehen. So ist es oft: Wer dann noch ungünstige Voraussetzungen von zu Hause in die Schule mitbringt, wie zum Beispiel einen Vater, der bei jeder Gelegenheit prügelt, reagiert aggressiv auf die Anforderungen.

Es sind meistens die Schüler mit schlechten Schulleistungen, die gewalttätig werden. Kinder, die durch Aggressivität auffallen, müssen doppelt so häufig eine Klasse wiederholen wie andere. Fast jedes zweite aggressive Kind hat Lernprobleme. Gut sein will jeder – aber Kinder, die oft versagen, weichen auf andere Leistungsbereiche aus. Jeder ist in irgendetwas gut. Im besten Fall ist das ein anderes Unterrichtsfach. Als Niete in Mathe begeistert Alexander mit seiner Begabung für Fremdsprachen. Er könnte sich auch zum Basketball-Ass mausern oder mit der Blockflöte glänzen. Tobias ist schlechter dran. Bei ihm gerät jeder Aufsatz zum persönlichen Fiasko, aber auch in allen anderen Fächern ist er schwach auf der Brust. Erst seit er angefangen hat, den Klassenkasper zu geben, fängt er sich wieder.

Das ist das Problem: Je mehr Bereiche zum Gutsein ausfallen, desto näher rücken zum Ausgleich die leistungsersetzenden Taten wie Kaspern, Lügen, Klauen und Hauen. Gewalttätigkeiten gegen sich selbst und andere erzählen immer von vorausgegangenen Frustrationen. Schüler nehmen Rache an der Schule, die ihnen das Gefühl gibt zu versagen. Sie machen auf sich aufmerksam – auf eine Weise, die sie beherrschen und von der sie wissen, dass sie andere damit vor den Kopf stoßen können. Für einen Moment stehen sie als Täter im Mittelpunkt des Geschehens. Was für eine Bestätigung!

Die Ellbogengesellschaft hat Gewalt hoffähig gemacht

Jedes Kind, das Gewalt ausübt, hat zuvor Gewaltmengen aufgenommen. Die wöchentliche Tracht Prügel, die angeblich noch niemandem geschadet hat, oder die Erniedrigung durch hilflos schlagende Eltern gehören dazu. Prügel auf dem Schulhof und handgreifliche Auseinandersetzungen in der Clique und auch die Gewalt im Fernsehen und in Computerspielen beeinflussen Kinder – von der Gewalt, die sich in Arbeitsplatzverlust, Geldschwierigkeiten, Wohnungsnot, fehlenden Freizeitangeboten, Ehekonflikten und Suchtproblemen der Eltern verbergen kann, ganz zu schweigen.

Mit jeder Gewalttat entlädt sich ein heftiger Aggressionsstau nach außen. Früher bändigten manchmal noch unangefochtene Normen den Ausbruch zerstörerischer Impulse, heute dagegen lässt sich Gewalt ausleben. Unsere Ellbogengesellschaft hat Gewalt hoffähig gemacht – die kindlichen Täter sind auch Opfer. Sie sind Spiegelbilder der Erwachsenenwelt, in der sie aufwachsen. Was ihre Taten zeigen, ist eine fortschreitende Verwüstung sozialer Beziehungen.

Auf den Familien lastet ein beständig wachsender Leistungsdruck. Scheidungen, Arbeitslosigkeit, Ortswechsel und Berufstätigkeit beider Eltern lösen viele Familienbande auf und nehmen Kindern Halt und Orientierung. Nachbarn, Freunde, Großeltern, die Kirchengemeinde – die Miterzieher von gestern – sind neuen Einflüssen gewichen: der Clique, dem Kino und vor allem dem Fernsehen und dem Computer, wo immer mehr Gewalt zu sehen ist.

Aggression und Gewalt als Erfahrung von Grenzen und Möglichkeiten gehören zur normalen kindlichen Entwicklung. Gegen die Eltern aufzubegehren, Raufereien mit Geschwistern und Streit mit Klassenkameraden bieten Kindern unzählige Gelegenheiten, mit dem Ausdruck, den sie ihren aggressiven Empfindungen geben, zu experimentieren. Ein fünfjähriges Kind, das manchmal wutschnaubend die Türen zuknallt oder sich brüllend auf den Boden wirft, ist keineswegs aggressiv verhaltensgestört. Mit fünf, sechs und manchmal auch erst sieben Jahren gehört das ungesteuerte, impulsive Verhalten noch dazu.

Es gibt keine völlig eindeutige Schwelle, jenseits der Eltern sich Sorgen um ihr aggressives Kind machen müssen Aber Anhaltspunkte helfen, Entwicklungen einzuschätzen: Gefährdet sind jene Kinder, deren »auffälliges Verhalten« extrem ist und bestehen bleibt, ohne sich entsprechend der Altersentwicklung den sozialen Spielregeln anzupassen. Wenn ein Kind immer wieder Gegenstände zerstört, auf andere Kinder losgeht, andauernd Regeln verletzt, ständig lügt und stiehlt, sich nicht an Vereinbarungen hält, steckt es in Schwierigkeiten, die weitere nach sich ziehen können: Im Kindergarten gerät es in die Außenseiterrolle, weil es keine Freunde findet. Später in der Schule sind seine Leistungen schlecht, obwohl es vielleicht durchaus begabt ist.

Aggressive Kinder, denen nicht geholfen wird, geraten leicht ins Abseits. Je früher kleine Kinder aggressiv sind, desto größer ist die Wahrscheinlichkeit, dass sich ihr Aggressionsverhalten bis ins Jugend- und Erwachsenenalter fortsetzt. Sie machen die Erfahrung, dass sie sich nur wirklich behaupten können, indem sie aggressiv sind. Erste Misserfolge, erste Ablehnungen setzen einen Teufelskreis in Gang. Das Kind schließt sich anderen Kindern mit ähnlichen Schwierigkeiten an. Es entsteht eine Gruppe, in der aggressives Verhalten zur Norm gehört. Das Kind kommt im Unterricht nicht mehr mit, leidet noch mehr unter seinen schlechten Leistungen und vermeidet mit der Zeit alle Bereiche, die ihm ständig nur Misserfolge einbringen. Es strengt sich nirgendwo mehr an und findet Anerkennung nur noch in der Außenseitergruppe.

Der Rückzug nach innen

Aggressionen gegen andere – das ist nur eine Form, mit der Kinder auf Schwierigkeiten in ihrer Persönlichkeitsentwicklung reagieren. Es gibt aber auch das Gegenteil, die »unauffällige Auffälligkeit«, die nicht weniger gefährlich ist: die stillen, schüchternen, zu braven, angepassten und zu unsicheren Kinder, die sich nichts zutrauen. Sie wirken oft geknickt und traurig, finden nur schwer Anschluss im Kindergarten und halten sich auch in der Schule abseits vom lärmenden Haufen. Ihr Rückzug nach innen wird oft begleitet von Magenverstimmungen, Schlafstörungen, Nervosität.

Anna war bis etwa zum dritten Schuljahr ein starkes und sehr beliebtes Mädchen in der Klasse. Ihre Freundinnen begannen, mit künftigen Rollen zu experimentieren, für Boygroups zu schwärmen und in der Bravo zu schmökern, und sie reagierte mit Angst und Verunsicherung. Als ihre beste Freundin Lisa plötzlich umschwenkte und eines Tages im perfekten Girlie-Look auftauchte, geriet Annas Welt endgültig ins Wanken. Sie zog sich zurück, war in der Klasse schnell out und geriet in eine Krise, die auch ihre Leistungen in der Schule erfasste. Vorher eine fröhliche, gescheite Schülerin, begann sie plötzlich Mathematik zu hassen und scheiterte schon an kleinen Aufgaben, die sie früher mühelos bewältigt hatte. Bei Klassenarbeiten gab sie leere Blätter ab, keine Hausaufgabe brachte sie zu Ende. Immer weiter zog sie sich in eine Welt selbstgeschriebener Geschichten zurück, die immer unverständlicher wurden. Stunden verbrachte sie allein in ihrem Zimmer, dösend auf dem Bett.

Die Eltern waren ratlos. Als Anna düster bemerkte, dass es ihnen noch leid tun würde, wenn sie tot wäre, dass man sie zur Schule gezwungen hätte, geriet die Mutter in Panik. Sie verlangte von der Lehrerin, die Freundschaften in der Klasse zu reglementieren: Annas ehemalige Freundinnen sollten im Klassenzimmer umgesetzt werden, Lisa wieder direkt neben Anna platziert werden, beide Mädchen fürs Schulschwimmen gewonnen werden. Vergeblich versuchte die Lehrerin, Annas Eltern zu beruhigen, ihnen zu erklären, dass Annas Krise im Schatten der Vorpubertät ein Versuch der Loslösung aus der

Kinderwelt sei, die ersten Schritte zur eigenen Unabhängigkeit zu schaffen.

Anna durchleidet ihre Verlustangst, klammert sich an die beste Freundin, die sie für sich allein haben will. Und ahnt, dass das nicht geht. Ängstlich zieht sie sich in ihr eigenes Reich zurück. Bei alldem wird sie stiller und stiller – nicht daran zu denken, dass sie mit lautem, aggressivem Gehabe ein Signal über ihre seelische Not abgibt, wie es wahrscheinlich ein Junge getan hätte.

Für Anna hängt viel davon ab, wie sehr ihre Eltern bereit sind, Vertrauen zu zeigen, dass ihre Tochter einen eigenen Weg findet. Diese Unterstützung fehlte Anna bisher. Ihre Eltern haben sie liebevoll und sensibel behandelt und ihr in guter Absicht viele Belastungen erspart. Auch bei der Auswahl ihrer Freundinnen, weil die Mutter vermeiden wollte, dass ihr Kind in schlechte Gesellschaft geriet. Darunter hat das Selbstvertrauen von Anna gelitten. Die Eltern haben sie zu stark von Herausforderungen abgeschirmt und sie immer ein bisschen zu sehr beschützt, in guter Absicht – aber Annas Position in der Freundesgruppe ist hierdurch geschwächt worden. Die unsichere und isolierte Position, wie Anna sie hat, ist so auch mit auf die Eingriffe der Eltern zurückzuführen.

Aggression und Depression haben gemeinsame Wurzeln

Kinder spüren intuitiv, wenn sie in Schwierigkeiten geraten und mit den täglichen Herausforderungen in Familie, Schule und Freundeskreis nicht mehr glatt zurechtkommen. Sie fangen an, Gegenstrategien aufzubauen, um sich aus der misslichen Lage zu befreien. Dabei greift jedes Kind auf die Verhaltensmuster zurück, die es bisher gelernt, das heißt vor allem von Mutter und Vater abgeschaut hat. Anna hat sich stark an ihrer Mutter orientiert, die sich Anspannungen und Belastungen wenig anmerken lässt. Sie hat die Eingriffe ihrer Mutter in ihren Umgang mit Freundinnen zwar nicht gerne gesehen, fand aber doch immer, ihre Mutter habe die größeren Erfahrungen, von denen sie profitieren wollte. Das hat Anna in der aktuellen Lage in ihrem Freundinnenkreis stark geschwächt und tief verunsichert. Ihre Strategie der Verarbeitung, der Bewältigung der schwierigen Situation besteht darin, sich den Ärger, die Wut und die Enttäuschung darüber, dass ihre Freundin Lisa sich von ihr abgewandt hat, nicht nach außen anmerken zu lassen. Irgendwo muss ihre Enttäuschung aber hin, und deswegen richtet sie ihre Aggressionen nicht wie Dennis nach außen, etwa gegen die untreue Freundin, sondern gegen sich selbst. Von ihrer Mutter hat sie Mäßigung gelernt, deswegen kommt es nur zur Andeutung des Selbstmords. Aber die Aggression gegen sich selbst ist doch sehr stark und lähmt all ihre Kräfte, bis hin zum schulischen Lernen.

Aggression gegen andere oder sich selbst – die Ausgangskonstellation hierfür kann durchaus vergleichbar sein. Die Beispiele von Dennis und Anna zeigen das. Beide Kinder sind durch die Beziehung zu ihren Eltern, durch ihre gesamte bisherige Lebensgeschichte nicht zu starken Persönlichkeiten geworden. Beide spüren ein Defizit von Anerkennung oder Unterstützung durch die Eltern. Sie lieben ihre Eltern und identifizieren sich stark mit ihnen. Aber den Eltern ist es nicht gelungen, diese liebevolle Bindung in ein stabiles Selbstvertrauen bei ihren Kindern umzuwandeln und ihre Kinder damit fit für die täglichen Herausforderungen zu machen, die für ihre Entwicklung nun einmal ganz normal sind.

Beide Kinder konnten kein Vertrauen in ihre eigene Belastbarkeit aufbauen. Dennis nicht, weil er in die ungeregelten Konflikte seiner Eltern hineingezogen wurde und deshalb nicht gelernt hat, mit Spannungen und Belastungen konstruktiv umzugehen. Anna nicht, weil ihre Eltern sie zu ängstlich abgeschirmt haben und sie dadurch nicht geübt darin ist, sich im entscheidenden Moment durchzusetzen. Beiden Kindern fehlt die Erfahrung eines familiären Zusammenlebens, das feste Regeln und klare Vereinbarungen kennt und Verlässlichkeit ausstrahlt. Beiden Kindern fehlt die richtige Mischung aus Anregung, Anleitung und Anerkennung und infolgedessen gerieten sie in ihrer Entwicklung ins Straucheln. Beide schaffen es nicht, sich in für ihr Alter durchaus typischen Belastungssituationen normal zu behaupten.

Jedes Kind reagiert anders

Kinder, die in Schieflage geraten, finden viele Formen, ihren inneren Konflikt auszudrücken. Dennis und viele Jungs fallen eher mit gewalttätigem und zerstörerischem Verhalten auf. Anna und viele Mädchen ziehen sich aus dem Geschehen zurück, werden still und traurig und wagen lange Zeit nichts mehr. Doch es gibt auch Variationen von Aggression und Rückzug, die aufeinander folgen können: Dennis haut um sich und quält seine Mitschüler, ein paar Jahre später hat er sich vielleicht im Strudel selbstzerstörerischen Verhaltens verfangen. Anna durchmisst ihre Talsohle schweigend, aber ein halbes Jahr später ist sie wieder obenauf, wenn auch noch unsicher, und macht sich Luft, indem sie die jüngeren Mädchen auf dem Schulhof piesackt. Vielleicht aber bleibt ihr Selbstwertgefühl innerlich so angeknackst, dass sie mit 16, 17 Jahren bei jedem kleinen Liebeskummer ins Bodenlose fällt.

Zum Glück geht es meistens gut: Die große Mehrheit der Kinder und Jugendlichen kommt mit ihren Krisen zurecht, sie meistern ihre Lebensanforderungen und genügen eigenen und von außen an sie herangetragenen Leistungserwartungen. Vier Fünftel eines Jahrgangs nehmen die Herausforderungen erfolgreich an, die in den persönlichen, familiären und gesellschaftlichen Möglichkeiten ihres Lebensalters liegen. Einem Fünftel aber gelingt die Auseinandersetzung mit den Anforderungen nicht. Bei ihnen werden durch soziale und psychische Belastungen körperliche und seelische Kräfte überstrapaziert. Es kommt zu unbefriedigenden oder selbstzerstörerischen Verläufen im weiteren Prozess der Persönlichkeitsentwicklung.

Zu den nach innen gerichteten, selbstzerstörerischen Formen gehören die emotionalen Störungen. Vielen Kindern fällt es schwer, aufmerksam zu sein. Viele finden wenig oder gar keinen Kontakt und haben sich von anderen zurückgezogen. Nicht wenige leiden unter psychosomatischen Beschwerden wie Kopfschmerzen, Bauchweh und Konzentrationsschwierigkeiten, fühlen sich häufig ängstlich und depressiv. Oft klagen Kinder über Müdigkeit, Überforderung und Einsamkeit – Mädchen etwas mehr, Jungen weniger. Dieser Unterschied prägt sich nach dem zehnten Geburtstag noch weiter aus.

Das Risiko für eher depressiv-ängstliche Grundstimmungen ist hoch. Diese »leisen Symptome« übersehen Eltern und Lehrer häufig, weil sie von der Wucht der Aggression verdeckt werden, die überwiegend die Jungen nach außen und für die anderen spürbar entladen. Die leisen Kinder reagieren mit Stottern, Asthma, Allergien und Bettnässen. Zu den Aggressionen, die Kinder gegen sich selbst richten, gehören Depression, Ess- und Magersucht, das Ritzen, Selbstmord und auch der übermäßige Konsum von Alkohol, Nikotin, Drogen und Tabletten, der sich unter Umständen erst einige Jahre später entwickelt.

Es gibt viele Wege, Schieflagen auszubalancieren. Und jeder ist individuell: Kinder verarbeiten ihre Krisen so oder so – ob sie sich aggressiv Luft machen, sich depressiv zurückziehen oder mit Hilfe von Alkohol, Tabletten und Drogen dem

Problem ausweichen, hängt auch davon ab, über welche Vorbilder und Muster sie zur Bewältigung von Lebenskrisen verfügen. Dabei liegen taugliche und untaugliche Wege nah beieinander. Welchen Weg sie auch wählen – mit ihrem Befinden spiegeln Kinder den Zustand ihrer gesamten Umwelt wider. Sie zeigen uns spontan und unverstellt, wie ihre Lebensumwelt auf sie wirkt und wo ihre Umgebung sie überfordert.

Je besser ein Kind in ein soziales Beziehungsgefüge mit wichtigen Bezugspersonen eingebunden ist, desto besser kann es auch mit ungünstigen Lebensbedingungen, kritischen Ereignissen und andauernder Belastung umgehen, desto weniger treten die Überforderungssymptome als soziale, seelische oder körperliche Auffälligkeiten auf. Das Vertrauen in die eigene Belastbarkeit, die Fähigkeit zum problemlösenden Verhalten, ein stabiles Selbstwertgefühl und eine abgesicherte Identität sind gute Voraussetzungen für eine erfolgreiche Auseinandersetzung mit Belastungen.

Niemand kann genau vorhersagen, welchen Weg ein Kind, das aus der Balance geraten ist, einschlägt. Es gibt keinen einfachen Mechanismus von Ursache und Wirkung. Nicht jeder Sohn eines Trinkers wird zwangsläufig selbst einer. Nicht jedes Kind von Eltern, die sich trennen, wird bleibende emotionale Schäden davontragen. Kleine Erpresser, brutale Schläger, aggressive oder depressive Jungen und Mädchen kommen auch aus den besten Elternhäusern. Armut, beengte Wohnverhältnisse und hohe Anforderungen der Schule führen nicht zwangsläufig dazu, dass ein Kind aggressiv wird oder sich verschanzt.

Aber je mehr Risikofaktoren zusammenkommen und je weniger schützende, ermutigende und stärkende Einflüsse ins Gewicht fallen, desto größer wird die Möglichkeit des Scheiterns an den Entwicklungsaufgaben. Wahrscheinlich spielen auch angeborene Temperamentsunterschiede und andere Anlagen eine große Rolle. Der Schlüssel zum Verständnis liegt aber immer in der Familie. Eine intakte Familie (jedweden Zuschnitts) mit einem guten Familienklima ist eine gute Voraussetzung, eine gestörte Familie (jedweden Zuschnitts) ist eine schlechte. In der Familie werden die Weichen gestellt, die eine spätere Entwicklung in die eine Richtung erleichtern und in die andere erschweren.

Die Suchtgefährdung nimmt zu

Das gilt für alle Formen von Problemverhalten – auch die suchtgefährdenden. Wohl kaum eine andere Vorstellung ängstigt Eltern so sehr wie die, ihr Kind könne von Drogen abhängig werden. Mehr als vor Gewalttaten und Zerstörungswut, die man manchmal Jungen sogar noch klammheimlich als typisch männliches Verhalten durchgehen lässt (»ein richtiger Junge muss sich auch mal prügeln«), und sehr viel mehr als vor dem als typisch weiblich geltenden duldenden Hinnehmen und stillen Leiden fürchten sich Eltern vor den Fängen einer Sucht. »Wie kann ich mein Kind vor dem Abrutschen in die Drogensucht bewahren?«, »Werde ich noch Einfluss auf meinen Sohn haben, wenn in seiner Clique gekifft wird?«, »Was soll ich machen, wenn er sich heimlich mit seinen Freunden betrinkt?«, »Wird meine Tochter mir überhaupt erzählen, wenn ihr harte Drogen angeboten werden?«, »Wie kann ich verhindern, dass mein Kind sich ruiniert?«

Eltern sind beunruhigt. Aus gutem Grund. Die Drogennutzung hat in den letzten Jahren erheblich zugenommen, bei den legalen ebenso wie bei den illegalen Stoffen. Beunruhigend ist das immer frühere Alter beim Einstieg in den Zigarettenkonsum. Schon neun- und zehnjährige Raucher sind zu verzeichnen, das durchschnittliche Einstiegsalter in einen regelmäßigen Tabakkonsum hat sich schon auf 12 bis 13 Jahre eingependelt. Viele fangen noch früher an, Jungen und Mädchen sind gleich stark vertreten. Beim weiblichen Geschlecht ist die Zigarette attraktiver geworden. Im weiteren Verlauf des Jugendalters gehören die Mädchen mit gut einem Fünftel, das regelmäßig raucht, sogar zu den stärkeren Konsumenten als die Jungen.

Der Alkoholkonsum hat sich ebenfalls im Lebenslauf nach vorne verlagert. Hier liegt das durchschnittliche Einstiegsalter bei etwa 14 Jahren. Jungen konsumieren deutlich mehr als Mädchen, auch wenn diese in den letzten Jahren durch bunte und süße Mischgetränke (Alkopops, Cocktails) stark umworben werden. Sogenannte Flatrate-Partys, von findigen Gastronomen zwecks Umsatzsteigerung erfunden, verführen Heranwachsende zum Vollsuff. Das alles wirkt: Im weiteren Verlauf des Jugendalters gehören dann 25 Prozent der Jungen und 15 Prozent der Mädchen zu der Gruppe, die regelmäßig und gelegentlich übermäßig Alkohol konsumiert.

Noch etwas beunruhigt Eltern: Sowohl bei Zigaretten als auch bei Alkoholika gibt es Kinder, die ungeheuer große Mengen konsumieren. Insgesamt gesehen ist es zwar nur eine kleine Gruppe, die raucht und trinkt, aber diese Kinder ruinieren ihre Gesundheit geradezu nach Plan. Sie treffen sich zu Partys, deren einziger Zweck darin besteht, innerhalb kurzer Zeit sturzbetrunken zu sein und die Besinnung zu verlieren. Von einer gemeinschaftlich getragenen Trinkkultur mit angenehmer Geselligkeit ist das weit entfernt, dagegen ist die Gefahr einer frühen Abhängigkeit nicht zu übersehen. Wenn in Zeitungen von dreizehnjährigen Jungen und Mädchen berichtet wird, die in die Notaufnahme eingeliefert werden mussten, weil sie eine Alkoholvergiftung hatten, dann führt das zu Recht bei vielen Eltern zu Angstvorstellungen.

Die illegalen Drogen. Auch sie können Eltern Angst einjagen. Der Einstieg in den Konsum von Cannabis und Partydrogen, die von dubiosen Händlern erworben werden und deren stoffliche Zusammensetzung praktisch unkontrollierbar ist, beginnt ebenfalls immer früher. Bei gut einem Drittel der Jugendlichen muss heute mit einem zumindest vorübergehenden Substanzkonsum gerechnet werden. Es sind verbotene Stoffe, die auf dem Schwarzmarkt gehandelt werden. Schon Kinder kommen hier mit kriminellen Strukturen in Berührung, ohne sich dieser vielfältigen Gefahren bewusst zu sein. Eine Horrorvorstellung für Eltern.

Drogenkonsum ist ein Aus-dem-Felde-Gehen

Wenn Kinder und Jugendliche legale und illegale Drogen konsumieren, dann tun sie das sehr häufig aus schierer Neugier. Sie wollen mitreden können und dabei sein. Sie wollen experimentieren und ihre Grenzen kennenlernen, auch überschreiten. Aber Vorsicht: Alles, was über eine überschaubare Experimentierphase hinausgeht, ist ein Zeichen von problematischem Verhalten, das Kinder und Jugendliche auf Dauer schwächt: Wie bei den nach außen gerichteten, untauglichen Formen der Problembewältigung aggressiver Art wirkt auch die nach innen gerichtete Depression oder psychosomatische Störung den gesunden Kräften entgegen. Der Konsum von Drogen verstärkt diese Entwicklung.

Drogenkonsum, also die Nutzung psychoaktiver Substanzen, die das Belohnungs- und Stoffwechselsystem des Gehirns erreichen und kräftig manipulieren, stellt eine dritte Form der ungesunden und problematischen Auseinandersetzung mit Entwicklungsaufgaben dar. Wird ein Kind mit den Krisen im Beziehungsbereich, im Leistungs- und Anforderungssektor nicht fertig, dann kann es eben nicht nur mit Aggression nach außen oder Aggression nach innen reagieren, sondern auch mit einer Mischform: dem ausweichenden Verhalten, das mit dem Konsum von Drogen verbunden ist.

Der Stoff der Droge betäubt oder belebt den Konsumenten, je nach seiner Zusammensetzung. Aber er hat die entscheidende Wirkung, ihn oder sie aus der Realität herauszubefördern. Der Konsument geht aus dem Feld, weicht den anstehenden Aufgaben aus und flüchtet ins Ungefähre. Wird dieses Muster in der Bewältigung von Schwierigkeiten zur Routine, dann muss von einer Drogengefährdung, einer beginnenden Sucht und drohender Abhängigkeit die Rede sein. Immer wieder zeigen Langzeituntersuchungen, wie früh bei später alkoholkranken oder heroinabhängigen Menschen eine Sucht eingesetzt hat, wie verhängnisvoll ein schon im Kindesalter angebahntes Suchtmuster sein kann. Greifen Kinder in Belastungs- und Stressphasen immer häufiger zum Stoff, der Abhilfe verspricht, dann gehen sie in einer höchst gefährlichen Weise mit Anspannungen um.

Auch Suchtgefährdung entsteht in der Familie

Suchen wir nach den Ursachen, führen auch bei dieser Form der untauglichen Bewältigung von Schwierigkeiten Spuren in die Familie – und zwar lange bevor der Druck der Gleichaltrigen in die eine oder andere Richtung weist. Ebenso wie bei den aggressiven und depressiven Varianten müssen wir feststellen, dass auch die ausweichende Variante der Problemverarbeitung in der Familie wurzelt.

Vielen Eltern ist das nicht bewusst. Die Eltern des vierjährigen Max zum Beispiel bemühen sich um eine liebevolle und entspannte Beziehung zu ihrem Kind. Sie stellen auch sehr deutlich ihre Anforderungen. Klar gibt es zum Trost ein Bonbon und auch mal ein dickes Eis, wenn Mäxchen aufs Knie gefallen ist. Es ist ja auch ganz goldig, wenn der Kleine, »wie'n Alter« erst die Hand aufhält und fragt »Krieg ich Schokolade dafür?«, bevor er durch den Flur schlenzt, um seinen Anorak aufzuheben, den er vorhin in die Ecke gefeuert hat. »Für Süßes tut er alles«, seufzt seine Mutter mit halb besorgter, halb amüsierter Miene.

Dann kommt Max in die Schule und erlebt seine ersten Misserfolge und Fehlschläge, über die er sich mit seinem süßen Sortiment aus der Speisekammer hinweghilft. Seine Eltern haben das zwar nicht so gerne, bringen es aber nicht übers Herz, ihren kleinen Sonnenschein niedergeschlagen zu sehen. »Hier hast du eine kleine Aufmunterung«, reicht auch die Oma dem geknickten Enkel eine Bonbontüte, damit er nicht so traurig ist, dass sie heute keine Zeit hat, mit ihm Domino zu spielen. Und bald sieht man Max überhaupt nicht mehr ohne Bonbons, Schokolade oder Lakritz im Mund. Er hat immer genug davon in der Tasche, besonders seit er entdeckt hat, wie er damit seine Klassenkameraden für sich interessieren kann. Solange er genug dabei hat, steht er im Mittelpunkt. »Aber er ist nun mal versessen auf Süßes«, beschwichtigen sich die Eltern gegenseitig. Was das mit Drogen zu tun haben soll, will ihnen nicht einleuchten. Alle Kinder sind doch versessen auf Süßigkeiten, oder?

Wenn Eltern kleinen Kindern anstelle von Zuwendung und Ansprache Süßigkeiten, Spielzeug und Geld geben, lernen diese früh, dass das, was man eigentlich will, sich wünscht oder erträumt, durch Stoffliches, Materielles, Gegenständliches ersatzbefriedigt werden kann. Letztlich wird dadurch bereits eine erste Weiche für späteren Substanzkonsum gestellt. Drogen versprechen den Ausstieg aus belastenden Situationen. Bevor Jugendliche von Stoffen abhängig geworden sind, haben sie als Kinder über Jahre hinweg eingeübt, nicht die Schwierigkeit direkt anzugehen, wenn sie in Bedrängnis geraten, sondern ihr auszuweichen mit Hilfe eines materiellen Ersatzes. Das gilt schon für die Kleinkinderzeit, in der wichtige Grundlagen gelegt werden.

Schon im Kindergarten und in der Grundschule müssen Kinder lernen, mit den alltäglichen Problemen fertig zu werden. Überbehütende Eltern, die dem Kind vorzeitig beispringen, um es vor schlechten Stimmungen zu bewahren, sind genauso schlechte Helfer beim Aufbau starker Persönlichkeiten wie die Eltern, die sich zu wenig auf die Situation der eigenen Kinder einlassen und Trost zu schnell auf stoffliche Weise bieten.

Eltern müssen ihre Kinder immer wieder ermuntern, ihre alltäglichen Probleme selbst zu lösen. Nur wenn Kinder immer wieder die Erfahrung machen, dass ihnen das gelingt, wird ihr Selbstbewusstsein stark werden. Die Außenseiterrolle des verhätschelten Muttersöhnchens oder -töchterchens führt genauso wie die des ausgestoßenen Randkindes zur Anfälligkeit gegenüber einer stoffgebundenen Sucht, weil sie die Hilflosigkeit in Alltagskonflikten stärkt, ohne die gesunden Abwehrkräfte mit zu stärken.

Das Vorbild der Eltern zählt

Risikofaktoren für eine spätere Suchtentwicklung entstehen schon in früher Kindheit. Lange bevor Jugendliche mit 16 oder 17 Jahren von Stoffen abhängig werden, zeigen sie in der Regel Warnsignale. Gestörte Beziehungen, Enttäuschungen und Versäumnisse gehen jeder Sucht voraus. In den Lebensläufen von Suchtkranken gibt es Gemeinsamkeiten, die auch Eltern kleiner Kinder schon aufhorchen lassen: Man findet überstarke Anspannungen und ungelöste Konflikte in der Familie, in der Schule und in der Freizeit, Essstörungen und die Gier nach Süßigkeiten. Drogenabhängige haben es oft schon im Grundschulalter schwer gehabt, Freundschaften zu knüpfen und zu pflegen. Sie fühlten sich oft wertlos, waren andererseits unzuverlässig und wichen Absprachen oder verbindlichen Terminen eher aus. Kooperations- und Konzentrationsprobleme sowie die Fähigkeit, abgestuft auf verschiedene provozierende Situationen zu reagieren, bereiteten ihnen schon im Kindesalter Mühe.

Bei jedem kleinen Wehwehchen greift Claras Mutter zur Tablette. Wie soll Clara da wohl auf den Gedanken kommen, dass man einen leichten Kopfschmerz auch mal aushalten kann und entweder früh schlafen geht oder einen ausgiebigen Spaziergang macht? Alex hat den Eindruck gewonnen, dass drei, vier Biere eine Belohnung sind und dass es nichts Besseres gegen den Durst gibt als kühles Pils – sein Vater macht es jeden Abend so. Wie man mit Genussmitteln, Tabletten und Drogen umgeht, lernen Kinder auch am Modell, genauso wie sie dazu neigen, zu Hause eingesteckte Schläge anderswo wieder auszuteilen.

Wissen Eltern eigentlich, welche Verantwortung sie für die Konsummuster ihrer Kinder tragen? Der kettenrauchende Vater von Nils hat es schwer, seinem elfjährigen Sohn, den er soeben mit Zigarette im Hausflur erwischt hat, das Rauchen zu verbieten. »Lass die Finger davon, das ist Gift für deine Gesundheit«, verpufft wirkungslos. Nils findet solche Bemerkungen ein bisschen lächerlich. In zwei Jahren wird der Vater toben und drakonische Strafen verhängen, weil der Sohn seinen ersten Joint probiert hat. Oder er wird mit ihm zusammen kiffen – nach dem Motto, »besser er macht das in meinem Beisein als in dunklen Ecken mit zwielichtigen Gestalten ...« Ob diese Variante der entgegenkommenden suchtvermeidenden Erziehungsstrategien allerdings erfolgreich den Sohn vom Kiffen abhält, mag dahingestellt sein. Der Konsum von bewusstseinsverändernden Substanzen lockt mit dem Versprechen, unangenehmen Situationen, in denen sich Entwicklungsaufgaben verbergen, zu puffern, zu erleichtern und letztlich zu umgehen. Das funktioniert in jedem Alter – doch es bildet nicht die Fähigkeiten heraus, Entwicklungsaufgaben zu meistern.

Selbstkritische Eltern haben es leichter

Der Drogenkonsum ist tief in alltäglichen Ritualen von Familien und in Freundeskreisen verankert. Eltern sollten vor ihren Kindern nicht verheimlichen, dass sie gerne trinken und gelegentlich auch mal einen über den Durst. Sie können sogar einräumen, dass sie zu viel trinken oder rauchen – schön, wenn sie hier den Mut zur Selbstkritik zeigen. Nils hätte die Befürchtungen seines Vaters vielleicht sogar erkennen und sich zu Herzen nehmen können, wenn der sie auch so geäußert hätte. »Sieh mal, ich komme außer Atem, wenn ich in den zweiten Stock gehen muss. Und ich habe Angst, dass ich irgendwann an Lungenkrebs sterbe. Das kriegt man nämlich vom Zigarettenrauchen. Aber ich schaffe es nicht, damit aufzuhören und wünschte, ich hätte nie angefangen. Wenn ich dich jetzt rauchen sehe, habe ich Angst davor, dass es dir eines Tages genauso geht.«

Natürlich haben es nicht rauchende Eltern auf den ersten Blick leichter, doch auch rauchende Eltern können ihren Kindern klarmachen, dass sie ihr eigenes Verhalten nicht für vorbildlich halten. Eltern müssen sich selbst fragen und auch von ihren Kindern fragen lassen, wie sie mit ihrem eigenen Verlangen nach Genuss- und Suchtmitteln umgehen und dann auch ihre eigene Inkonsequenz und Schwäche offenbaren können.

Wie man mit Genussmitteln und Drogen umgeht, lernt man in der Familie. Schon zwischen sechs und zehn Jahren machen Kinder sich ein Bild von all diesen Stoffen und ihren Wirkungen auf Menschen. Sie sehen ja, nach welchen Regeln konsumiert wird: freudige Ereignisse feiert man mit Sekt, morgens trinkt man nicht, abends hingegen schon und wie viel mehr Anlässe und Gründe es gibt.

Der Umgang mit Drogen gehört zu den entscheidenden Entwicklungsaufgaben, die Kindern und Jugendlichen in unserer Gesellschaft gestellt sind. In der Familie kann man anfangen, das zu üben. Eltern haben die besten Chancen, solide Grundsteine zu legen. Erst mit elf, zwölf Jahren orientieren sich Kinder mehr an Gleichaltrigen und deren Gewohnheiten.

Mütter und Väter, die ihren Kindern gegenüber die Bereitschaft zeigen, selbstkritisch über den eigenen Drogenkonsum zu sprechen, tragen damit Wesentliches zu einer Erziehung zur Unabhängigkeit bei. Kinder erleben, dass die Eltern über ihr eigenes Verhalten reflektieren, ihre Gewohnheiten durchaus in Frage stellen und Fehler einräumen. Ganz nebenbei kann man in Gesprächen mit Kindern wichtige Informationen über Drogen und die Gefahren, die von ihnen ausgehen, einfließen lassen. Probieren werden die Kinder sowieso, was es mit den Zigaretten, dem Glas Bier oder der Flasche Wein auf sich hat, die für die Erwachsenen so wichtig sind. Viele werden den angebotenen Joint in der Clique nicht ablehnen und auch noch mitmachen, wenn aus Neugier mit Trips oder Crack experimentiert wird. Manche werden auch Heroin, Ecstasy oder Crystal Meth versuchen.

Aber lange vor dem ersten Kontakt mit Drogen haben Eltern es in der Hand, die Weichen zu stellen. Drogen können die Funktion übernehmen, eine unentwickelte und labile Persönlichkeit zu stabilisieren. Sie helfen bei dem Versuch, das gestörte Gleichgewicht zwischen den eigenen Bedürfnissen und den Anforderungen von außen – scheinbar – wiederherzustellen.

Der riskante Griff zu Arzneimitteln

Philipp hustet und niest, was das Zeug hält. Sein Kopf ist heiß, die Augen tränen. Nein, nicht schon wieder – mit Mühe verbirgt seine Mutter ihren Unwillen. Schon das vierte Mal in diesem Jahr hat eine dicke Erkältung ihren Sohn erwischt.

Schulkinder sind öfter mal krank, das allein wäre kein Grund zur Panik, wenn nur das Drumherum nicht wäre: Das Kind versäumt den Unterricht, den Eltern gerät der Alltag durcheinander. Die Mutter organisiert am Telefon in Windeseile den geänderten Tagesablauf – Plan B muss her: Sie wird zu spät zur Arbeit kommen, muss ihren Sohn in der Schule entschuldigen, eine Freundin bitten, heute ein paar Stunden bei dem kranken Kind zu bleiben, Kamillentee und Hustensaft besorgen, früher von der Arbeit nach Hause kommen, egal, das kann sie ja am Wochenende wieder aufholen …

»Hoffentlich geht das schnell vorbei«, denkt sie. Andererseits weiß sie, dass er sich in Ruhe auskurieren sollte, möglichst ohne Medikamente, damit das Abwehrsystem in Schwung kommt. Wenn sie selbst sich nicht wohlfühlt, nimmt sie schnell ein paar Pillen hiervon, ein paar davon, und schon funktioniert sie wieder. Krank sein? – Kann sie sich gar nicht leisten.

Philipp kann es sich eigentlich auch nicht leisten. Wenn er jetzt schon wieder drei Tage lang den Mathe-Unterricht versäumt, wird er noch mehr Mühe haben, das aufzuholen. Ausgerechnet jetzt, wo er sich so angestrengt hat, von der Fünf wegzukommen. Und nächstes Jahr steht die Empfehlung für die weiterführende Schule an; natürlich soll er aufs Gymnasium. Im Grunde muss er in die Schule. Her mit dem Antibiotikum.

Hohe Erwartungen der Eltern an die Leistungsfähigkeit ihrer Kinder hängen direkt mit dem gestiegenen Konsum von Arzneimitteln zusammen. Fast 60 Prozent der Eltern wünschen sich, dass ihr Kind einmal das Abitur macht. Wächst die Kluft zwischen den Erwartungen der Eltern und dem tatsächlichen Leistungsstand ihrer Kinder, steigt die Bereitschaft, mit Medikamenten nachzuhelfen. Es spielt keine Rolle, ob die Kinder in der Schule wirklich schlecht sind – oder ob sie nur nicht so gut sind, wie die Eltern es erwarten. Viele Schülerinnen und Schüler haben nicht gelernt, Misserfolge und Rückschläge zu verkraften, denn Elternhaus und Schule haben sie dabei nicht ausreichend unterstützt. Ihr Selbstvertrauen wird durch schlechte Noten erschüttert, wenn sie noch dazu die Enttäuschung der Eltern spüren.

Arzneimittel bieten sich in dieser Situation an, um Entlastung und Ablenkung, schnelle Genesung, Anregung und Leistungssteigerung zu beziehen. Schon im Grundschulalter geben Schüler an, zumindest gelegentlich Kopfschmerztabletten zu nehmen. Mehr als zehn Prozent der Kinder schlucken sie regelmäßig. Medikamente gegen Erkältung und Grippe sind weit verbreitet; man nimmt sie ein, um sich fit und leistungsfähig zu halten – schon in der Grundschule, nicht etwa erst im Topmanagement internationaler Konzerne!

Auch diverse Anregungs- und Aufputschmittel werden schon von Grundschülern konsumiert. Nicht wenige Kinder konsumieren Arzneimittel wie Drogen.

Pillen bei Leistungsstress?

Das Vorbild der Eltern spielt auch hier die Schlüsselrolle: Kinder lernen von ihren Eltern, wie man mit Anspannung, Stress und Missbehagen umgeht. Der Ehrgeiz der Eltern, ihre Kinder für den Ernst des Lebens fit zu machen, verführt sie dazu, auf Einbrüche in den Schulleistungen mit Medikamenten zu reagieren. Versetzungsgefährdungen, Klassenwiederholungen, Verfehlen des Schulabschlusses – dagegen gibt es Pillen. Manche speziell gegen Schulangst angebotene Mittel enthalten dämpfende Stoffe mit schweren Nebenwirkungen. Die harmlosen Präparate wirken nicht, schaden aber auch nicht und steigern nur die Umsätze der Hersteller. Trotzdem schüren sie die Erwartung, man könne Befindens- und Leistungsprobleme mit Hilfe von Chemie lösen. Das kann Suchtverhalten erzeugen.

Ein schwieriges Thema ist in diesem Zusammenhang die medikamentöse Behandlung von schulischen Lernproblemen und Verhaltensauffälligkeiten, die als ADHS (Aufmerksamkeits-Defizit-Hyperaktivitäts-Syndrom) diagnostiziert werden. Das sprunghafte Ansteigen dieser Diagnose in den letzten 20 Jahren gibt zu denken. Kann es wirklich sein, dass in einem so kurzen Zeitraum eine so massive Veränderung im Verhalten von Schülerinnen und Schülern eingetreten ist? Zweifel daran sind berechtigt.

Kopfüber

Werfen wir einen Blick ins Kino. Im November 2013 startete der Film »Kopfüber«, der unter der Regie von Bernd Sahling die Geschichte von Sascha erzählt, bei dem ADHS diagnostiziert wird. Das größte Problem von Sascha (Marcel Hoffmann) sind die Bremsen an seinem Fahrrad. Die sind nämlich kaputt – und so heizt der zehnjährige Sascha mit Freundin Elli (Frieda-Anna Lehmann) über Stock und Stein durch die triste Gegend, die sein Zuhause umgibt: ungebremst, ungehalten, ungestüm. Wie schlicht darf eine Metapher eigentlich sein? Und wie sehr darf man sie strapazieren, um darüber eine Geschichte zu erzählen?

Natürlich wohnt Sascha in einem seelenlos anmutenden Hochhaus am Rande einer mittelgroßen Stadt, natürlich droht seinem großen Bruder, der gerade die Lehre geschmissen hat, nun der Knast, natürlich raucht seine große Schwester Kette und ist zu stark geschminkt, natürlich ist die Mutter alleinerziehend und erwartungsgemäß überfordert mit ihrem Familienleben. Wer noch immer daran glaubt, dass man Klischees am besten mit Klischees bekämpft, kommt in diesem Film voll auf seine Kosten. Eine Klientelproduktion auf den ersten Blick – für Erzieher, Eltern, Lehrer, Therapeuten, Sozialarbeiter und andere professionelle Kinderflüsterer, die eh schon alles wissen und ein Quäntchen cineastische Bestätigung zu goutieren wissen? Glücklicherweise entsteht durch das feine, aufrichtige und unbeirrte Spiel und die witzigen Dialoge der Kinder eine gegenläufige Unterströmung, die die Erwachsenen im Film allesamt entlarvt und ganz schön blass aussehen lässt. Dieser untergründigen Logik gemäß bleibt das Ende offen, und damit wirft der Film Fragen nach Sinn und Unsinn der Medikamentierung von Kindern auf, ohne sie schlussendlich zu beantworten. Den cleanen kleinen Jungen am Ende, der aus nachvollziehbaren Gründen die Scheiben im Eiscafé einwirft, mag man gut leiden.

Doch vorher dilettiert Saschas Mutter (Inka Friedrich) tagtäglich mit hilflos rudernden Armen und schreit rum. Nur reden, fragen, zuhören, einfühlen, respektieren, erkunden und anleiten, das tut sie nicht. Sicher, es wird auch mal vor dem Fernseher in Ruhe gekuschelt und der blonde Kinderschopf gewuschelt. Doch wann auch immer Sascha eine Frage stellt, Antworten kriegt er keine. Zwischen Ausflippen, Seufzen, augenrollender Schmallippigkeit, harschen Zurechtweisungen, Schweigen und hilflosen Strafen, die weder zeitnah, noch emotionslos, noch sinnvoll sind, zelebriert diese Mutterfigur ihre Überforderung und wirkt dabei stets etwas beleidigt, als wäre es eine unerträgliche Zumutung, ausgerechnet ihr dieses anstrengende Kind (und sind sie das nicht alle?) zuzumuten: Sascha kriegt zuerst Schimpfe, dann Stubenarrest und dann kriegt er auch noch einen Erziehungsbeistand namens Frank (Claudius von Stolzmann) vom Jugendamt zur Seite gestellt, an das sich Saschas Mutter mit ihrer geballten Hilflosigkeit gewandt hat. Für das Jugendamt sind überforderte Alleinerziehende ein Segen – gäbe es sie nicht, müsste man sie erfinden, damit dem Jugendamt die Existenzberechtigung nicht abhandenkommt. Und weil sonst Prachtexemplare von Prüsseliesen als Sachbearbeiterinnen wie die, auf die Sascha im Film stößt und die glatt der Fantasie von Astrid Lindgren entsprungen sein könnte und schon Pippi Langstrumpf auf den Geist ging, praktisch arbeitslos wären. »Zigarettendiebstahl, Zertreten der Brille eines anderen …« beginnt sie die Standpauke und der Delinquent duckt sich. »Erinnerst du dich, wie ihr alle ins Heim musstet, als deine Mama so krank war?«, setzt sie sicherheitshalber nach und der Delinquent zuckt zusammen. Nach dieser Drohung ist es kinderleicht, Sascha dazu zu veranlassen, den Erziehungsbeistand in Alltag und Schule zähneknirschend hinzunehmen: »Du brauchst hier keine Freudensprünge zu machen. Ich erwarte von dir, dass du's probierst.« Dass er jetzt einen Bodyguard kriegt, der auf ihn aufpasst, erzählt er Elli später. Wie die beiden Kinder da weiterspinnen und darüber giggeln, wozu ein Bodyguard wohl gut sein könnte, wirkt wie eine rasch hingeworfene Skizze dessen, was Sascha und Elli noch dringender brauchen als ungestüme Radtouren, merkwürdiges Geräuschesammeln (welche Zehnjährigen machen denn so was?) und ganz und gar sich selbst überlassen zu sein. Großes Kino in kleinen Dialogen über den Nutzen eines Bodyguards: »Bremsen kaufen, abwaschen, Hausaufgaben machen, das könnte so ein Bodyguard machen.«

Ein knappes Jahr später wird Fräulein Prüsselius vom Jugendamt den Jungen loben, der powered by pharma, die Buchstabensuppe in seinem Kopf und seinen Drang, Grenzen auszutesten, in den Griff gekriegt hat und ein gutes Zeugnis erwarten darf: »Kein Polizeikontakt seit zwei Monaten. Ich bin sehr zufrieden mit dir.« Erziehungsbeistand Frank, mit dem Sascha mittlerweile ein prekäres Vertrauensverhältnis aufgebaut hat, wird nun abgezogen und zum nächsten alleinerzogenen Jungen abgeordnet. Was das wiederum für Sascha bedeutet, interessiert – natürlich – keinen.

Das größte Problem der Erwachsenen mit Sascha ist, dass er hin und wieder klaut, manchmal lügt, viel Bewegung braucht, sich in der Schule schwertut, weil er sich im sterbenslangweiligen Duckmäuser-Unterricht nicht konzentrieren mag und schon mal richtig sauer wird, wenn die Klassenkameraden mit harten Sprüchen aufwarten. Dass er lieber mit Elli konzentriert seltsame Geräusche auf Baustellen aufzeichnet und am Computer zu Klangcollagen zusammenbastelt oder halt lieber an seinem Fahrrad herumschraubt als in die neue Förderschule zu gehen, die er besuchen muss, weil er immer noch nicht gut lesen und schreiben kann, kann man gut verstehen. Was die halt so machen, wenn sie zehn, elf, zwölf Jahre alt sind. Flegeljahre, so hätte man das früher genannt – Dinge eben, die ein festes Gegenüber, eine freundliche Führung, ein warmes Herz, jedenfalls erzieherische Tuchfühlung verlangen und zwar nicht als Erschwerung, sondern als Bestandteil der Aufgabe, ein Kind großzuziehen.

Heute wird das »auffällige« Verhalten, zu dem Kinder in diesem Alter neigen, oft zur Diagnose ADHS geadelt, und zwar weil es medikamentöse Abhilfe gibt, Therapeuten ihre Terminkalender füllen wollen, Eltern und Lehrer in Konflikte am liebsten erst gar nicht einsteigen und die Pharmaindustrie verkaufen will. Wie die Energie der Aufmerksamkeit folgt die Medikamentierung dem Problem: 1993 wurden in Deutschland 34 kg Methylphenidat verordnet, 2012 ganze 1,8 Tonnen. 1995 wurden 5000 Fälle von ADHS in Deutschland diagnostiziert, 2012 waren es 600 000 Fälle. Hat man erst einen Hammer in der Hand, sieht alles wie ein Nagel aus. Methylphenidat ist ein Wirkstoff, der unter das Betäubungsmittelgesetz fällt. Über Langzeitfolgen ist wenig bekannt. Doch die Kinder sind nach Einnahme weniger renitent, ruhiger, konzentrierter, machen weniger Ärger. Methylphenidat wirkt im Gehirn. Es senkt den Spiegel des Botenstoffs Dopamin, der für die Impulse zuständig ist. Das innere Impulssystem wird abgeschaltet. Schluss mit Auflehnung, Bremse her für ein Kind, das auf Provokationen unkontrolliert reagiert, Lehrer beleidigt und mit Stühlen nach ihnen schmeißt. Die Frage sei erlaubt: Was, wenn sie es verdient hätten?

Wäre die medikamentöse Methode wirklich eine Lösung, würde sie das Problem verringern und eines Tages würde es ganz verschwinden. Das Gegenteil ist der Fall. Wer würde sich schon für Stress, Ärger und schlechte Noten entscheiden, wenn er Ruhe, gute Zensuren und ein braves Kind haben kann? Saschas Mutter auch nicht. Der reißerische Fluss wird gewalttätig genannt, nicht aber die Ufer, die ihn einengen, möchte man mit Brecht anmerken. Was verdammt noch mal ist eigentlich so schlimm daran, wenn ein lebhafter, bewegungsfreudiger, grenzenaustestender, aufgeweckter und sehr besonderer, unangepasster Junge das tut, was er eben tut? Viermal häufiger als Mädchen bekommen Jungen Methylphenidat verschrieben, stellt Anfang 2013 die Barmer GEK in ihrem Arztreport von 2013 fest. Die Krankenkasse bestätigt damit einen gruseligen Trend, den Ärzte seit Jahren kritisieren: Die Diagnose ADHS werde inflationär gebraucht, Kinder und Jugendliche würden immer häufiger und viel zu schnell mit Medikamenten behandelt und ruhiggestellt. An Doping-Vorschriften im Sport mangelt es nicht. In der Kinderarztpraxis gibt es kaum Richtlinien.

Die im Film entsetzlich kindertümelnde Kinderärztin diagnostiziert bei Sascha ADHS, verordnet Therapie, Ergotherapie, Extra-Nachhilfe und Medikamente, schenkt Sascha huldvoll eine Uhr, damit er pünktlich seine Pillen nimmt und bezeichnet das Prozedere als »Riesenchance« für Sascha, während er darüber nachdenkt, wie er Bremsen an sein Fahrrad kriegt oder wenigstens die zwanzig Euro, die er braucht, um sie zu kaufen.

Fortan sieht man den schlafenden Sascha, der nachts von der piependen Uhr geweckt wird, den konzentrierten Sascha, der im Unterricht von der Uhr angepiept wird und brav die Pille einwirft. Auch die Noten werden besser, artig, müde und lahmgelegt, so erscheint er zu Hause. Dolles Zeugnis, Versetzung geschafft. Geht doch! Die Freundschaft mit Elli droht zu zerbrechen. »Weißt du eigentlich, dass du gar nicht mehr lachen kannst?«, fragt sie. Sascha hebt die müden Lider: »Lachen brauche ich nicht.«

Aber Kinder sollen doch das Leben lieben, immer in Bewegung sein und ihre Grenzen austesten? So wie Sascha, bevor er die Tabletten nehmen musste.

Es ist eine Sternstunde, in der Sascha das Piepen der Uhr ignoriert, weiterschläft und am nächsten Morgen einen Weg für seine Wut sucht. Federnden Schrittes, wach, aufmerksam und sehr geschickt – im Supermarkt was klaut, wegrennt, gefangen wird und von den Polizisten zum Erziehungsbeistand Frank verbracht wird, als dessen Sohn er sich ausgegeben hat. Er knallt ihm die restlichen Tabletten auf den Tisch. »Nehm ich nicht mehr.«

Genau da kriegt die Unterströmung Oberwasser und das ist klasse – zärtliche, kluge und listige Parteinahme für das Kind, das nicht passt. Das aber muss nicht unbedingt am Kind liegen. Die beste Botschaft des Films, furchtbar ruhig, mit sparsamen Dialogen und quälend langsam mit wackliger Handkamera in Szene gesetzt, dabei subkutan die Botschaft rüberbringend, jenseits vom Klischee und zusätzlich unter dem Druck einer schlichten, zu Unrecht vergessenen Wahrheit: Kinder sind nie wertvoller für ihre Eltern als dann, wenn sie schwierig werden.

Wer ist schuld an der Schieflage der Kinder?

In diesem Kapitel haben wir an drei Beispielen gezeigt, wie Schieflagen in der Entwicklung von Kindern entstehen und worauf sie zurückgeführt werden können. Wenn Kinder auf andere Kinder, ihre Eltern und Lehrer losgehen, sie beschimpfen, schlagen, verletzen und ohne jedes Unrechtsbewusstsein schädigen, wenn Kinder still und verschlossen vor sich hin kümmern, ständig müde und gereizt, von Kopfschmerzen und Schlafstörungen gequält werden, am liebsten mit allem nichts mehr zu tun haben wollen, wenn Kinder früh mit Zigaretten und Alkohol hantieren – dann reagieren sie auf ihre ureigene Weise auf Schwierigkeiten und Probleme, vor denen sie stehen. Sie sind überfordert und greifen zu Bewältigungsmustern, die sie in ihrem bisherigen Leben geübt haben.

Ob sie es wollen oder nicht, die Eltern haben hieran einen ganz entscheidenden Anteil, denn sie prägen nun einmal die ersten Lebensjahre und drücken der Persönlichkeit ihrer Kinder den Stempel auf. Alle Eltern bemühen sich nach besten Kräften, eine gute Beziehung zu ihren Kindern, die sie über alles lieben, herzustellen. Sie wissen, welche Verantwortung sie für die kleine Persönlichkeit haben, die sich ihnen voll anvertraut.

Mit ihrem ganz natürlichen alltäglichen Verhalten, das von den Kindern als Muster aufgegriffen wird, können Eltern viel Positives erreichen: Die emotionalen Abwehrkräfte ihrer Kinder steigern und ihre seelische Entwicklung so fördern, dass sie für die Verlockungen von Aggression und Gewalt weniger anfällig sind. Ihre Kinder von klein auf zu selbständigem und verantwortlichem Handeln zu ermuntern und ihnen dabei zu helfen, Konflikte mutig auszutragen und ihr Selbstvertrauen auch in schwierigen Lebenslagen zu behaupten, ihre Kinder anzuhalten, zäh und konsequent an ihren Leistungen und Beziehungen zu arbeiten, ist eine der schwierigsten Eltern-

Aufgaben: Seelisch gesund, selbstbewusst und stark sollen Kinder sein, damit sie den süßen Verlockungen und dem falschen Trost der legalen und illegalen Drogen widerstehen können.

Bei Kindern, die in Schieflage geraten sind, ist es zu einer Störung dieser Entwicklung gekommen. Die Eltern sind ihrer Vorbildfunktion nicht gerecht geworden, haben die Persönlichkeitsentwicklung ihrer Kinder nicht so stimulieren können, wie es für eine gesunde und gedeihliche Entwicklung nötig gewesen wäre. Mit Absicht haben Eltern das nicht getan, sondern aus eigener Anspannung und Überlastung heraus ist das geschehen. Es kann sehr schwierig sein, ein Kind über den Punkt hinaus zu führen, bis zu dem man selbst gekommen ist. Vielfach stehen Eltern selbst unter großem Druck, weil sie unter ihrem eigenen Leben leiden und selbst in Gefahr sind, zu den aggressiven, depressiven oder ausweichenden Formen der Bewältigung zu greifen.

Die Zahl der Kinder, um die wir uns sorgen müssen, ist in den letzten 20 Jahren Schritt um Schritt angestiegen. Es dürfte heute etwa ein Fünftel der Kinder sein, bei denen Entwicklungsschwierigkeiten auftreten. Bei der Hälfte von ihnen sind sie so schwer, dass sie im weiteren Lebenslauf zu großen Problemen führen können. Was ist los mit den Familien? Warum schaffen es manche Eltern nicht, ihren Erziehungs- und Beziehungsaufgaben gerecht zu werden? Stimmt es, dass die Familie als soziale Institution, auf die unsere Gesellschaft aufgebaut ist, selbst in eine Krise geraten ist?

2. Kapitel

Steckt die Familie in der Krise?

Franziska zieht ihren Sohn alleine groß. Kurz vor der Geburt schon hat sie sich von dem Vater ihres Kindes getrennt. Sabine hat sich vor fünf Jahren scheiden lassen und lebt seitdem mit dem elfjährigen Jan und dem neunjährigen Felix allein. Aber was heißt hier allein? Seit fast zwei Jahren ist sie liiert mit Jens, der für ihre beiden Kinder schon zur festen Größe geworden ist, eine Mischung aus großem Bruder, Onkel und Knuddelpaps. Sie nennen ihn liebevoll »unseren Falschvater«. Ines und Alexander sind im letzten Jahr zusammengezogen. Beide haben zwei Kinder in die Beziehung mitgebracht und erwarten jetzt ein fünftes, ihr erstes gemeinsames Kind. Susanne und Bernd trennen sich gerade, »einvernehmlich«, wie es heißt. Der gemeinsame Sohn Noah soll künftig eine Woche bei seiner Mutter, eine Woche bei seinem Vater leben. Hans und Elsa heiraten nun doch, nachdem sie ihr zweites Kind bekommen haben.

Ein Blick in die Runde von Bekannten, Nachbarn und Freunden scheint zu belegen: Normal ist heute allein die Abweichung vom alterhergebrachten Modell. Getrennte, neu zusammengesetzte und wieder aufgelöste Familienbande allenthalben – rechtfertigt dieser Eindruck, in den vielstimmigen Abgesang vom Zerfall der Familie einzufallen? Je nach eigener Erfahrung, Weltbild oder Stimmungslage klingt der Chor auf den Abschied vom Modell Mama, Papa und zwei Kinderchen mal anklagend, mal bedauernd oder sogar erleichtert.

Der erste Eindruck täuscht ein wenig, denn auch heute noch lebt die große Mehrzahl aller Kinder in traditionellen Familien mit verheirateten Eltern. Aber keine Frage – das Familienleben ist erheblich bunter geworden als es vor zwei oder drei Generationen noch war. Trennungen und Scheidungen sind sehr weit verbreitet, die Eltern stehen unter der Fuchtel des Arbeitsmarktes, immer mehr Mütter und Väter sind berufstätig. Deswegen ist die Frage berechtigt, ob die Familie als eine Lebensgemeinschaft, die einen verlässlichen Rahmen für das Aufwachsen von Kinder bereitstellt, heute in einer Krise steckt.

Aufbruch zur Vielfalt der Familienformen

Enthusiastische Verfechter der herkömmlichen Familie zeigen mit Fingern auf gemütliche Landwohngemeinschaften, in denen Kinder mit liebevollen, zugewandten Erwachsenen und deren Kindern leben. Sie schütteln sich beim Gedanken an lesbische Paare mit Kindern, schwule Väter und anonyme Vaterschaft, die mit Hilfe moderner Reproduktionstechnik zustande kommt. Sie ignorieren alleinerziehende Mütter, die alles tun, um ihrem Kind nicht nur eine aufmerksame, warmherzige und fördernde Mutter zu sein, sondern auch die Zähne zusammenbeißen und ein beträchtliches Maß an persönlicher Würde opfern, um ihrem kleinen Schatz eine Beziehung zu seinem Vater zu ermöglichen – dem unzuverlässigen, großmäuligen, egoistischen und verantwortungslosen Kerl, über den sie sich jeden Kommentar verkneifen, weil er nun mal für das Kind eine Lichtgestalt ist – eben »mein lieber Papa, der mit mir in den Zoo geht«.

Außer Eva Herman gibt es immer noch viele Menschen, die der Auffassung sind, dass es ausreicht, wenn Papa zum Geld verdienen außer Haus geht, während Mama daheim bei den Kindern bleibt und Apfelkuchen backt. Die Traditionsverfechter tun gern so, als sei die Kleinfamilie zu viert die allein selig machende Art, in der Kinder aufzuwachsen haben – und weigern sich zur Kenntnis zu nehmen, dass konventionelle Familien trotz Trauschein, regelmäßigem und ausreichendem Einkommen und einer Mutter, die nur für ihre Kinder da ist, sich mitunter gemein und bösartig verhalten, ihre Kinder einengen, bevormunden, misshandeln und drangsalieren.

Unglückliche Kinder können durchaus in traditionellen, vollständigen Familien heranwachsen, und zufriedene Kinder kommen auch aus bunt zusammengewürfelten, nach traditionellen Maßstäben unvollständigen Familien. Ein Vater, der im fernen Neuseeland lebt, hat für sein Kind in Berlin weiterhin große Bedeutung. Der neue Lebensgefährte der Mutter, der im Haushalt mit anpackt und abends die Geschichten vorliest, kann auf seine Weise für das Kind sogar noch wichtiger sein. Die Großeltern mögen aufgrund der Blutsverwandtschaft und unabhängig von ihrer tatsächlichen Rolle eine besondere Beziehung zu dem Kind ihres geschiedenen Sohnes haben. Doch auch die Zugewandtheit, die eine nicht verwandte Betreuungsperson – sei es die Tagesmutter, sei es Mamas beste Freundin – aufbringt, macht diesen Menschen in anderer, gleichwohl wesentlicher Hinsicht zu einem Teil der Familie.

Die Familie ist auf dem Weg, den Rahmen traditioneller Vorstellungen zu sprengen. Aufgegeben wird aber nicht die Familie, sondern nur die hergebrachte Form des Zusammenlebens. Das Klagen über steigende Scheidungsraten, nicht eheliche Geburten, doppelte Berufstätigkeit, alleinerziehende Eltern und Kinder, die ohne Geschwister aufwachsen, verstellt den Blick auf die ganze Bandbreite und die vielen Spielarten von Verwandtschafts- und Wahlverwandtschaftsverhältnissen, die eine Familie heute ausmachen. Was soll man auch tun? Die Ehescheidung verbieten, die Berufstätigkeit von Frauen untersagen, nur genau zwei Erwachsenen verschiedenen Geschlechts das Zusammenleben mit Kindern erlauben, Familien zum gemeinsamen Zoobesuch einmal im Monat zwingen? Das sollen die Eltern schon lieber selbst entscheiden.

Veränderungen des Familienlebens

In der Diskussion über den Zustand der Familien geistern viele Mythen herum. Im Anblick wachsender Scheidungsziffern, rückläufiger Geburtenzahlen, der Zunahme alleinerziehender Eltern und Stieffamilien verlieren viele den realistischen Blick darauf, was Familie in früheren Generationen tatsächlich bedeutet hat. Schnell entsteht ein Idealbild von der Familie in der guten alten Zeit. So gut war die aber gar nicht.

Schauen wir drei, vier Generationen zurück auf die Zeitspanne um 1900. Entgegen vieler Wunschvorstellungen gab es auch zu dieser Zeit kaum Großfamilien und Mehr-Generationen-Familien. Eltern hatten eine größere Kinderzahl, das stimmt, gelegentlich lebten auch die Großeltern mit ihm gleichen Haus, aber das war nicht die Regel. Die Ehe war ganz überwiegend eine Zweckgemeinschaft, die aus wirtschaftlichen Gründen geschlossen wurde. Es gab sehr strenge Heiratsregeln, die es ökonomisch ungesicherten Menschen verboten, sich zu verbinden. Von einer Liebesgemeinschaft, wie heute von der normalen Ehebeziehung gefordert ist, konnte überhaupt keine Rede sein. Deswegen waren auch außereheliche Beziehungen und nichteheliche Kinder durchaus an der Tagesordnung.

Und die Dauer der Ehebeziehungen? Entgegen dem weit verbreiteten Vorurteil währten sie nicht länger als heute. Zwar lag die Zahl der Ehescheidungen deutlich niedriger als heute, denn der moralische und religiöse Druck war hoch. Aber faktisch bestand eine Ehe kaum länger als 30 Jahre, weil einer der beiden Partner recht früh verstarb. Die durchschnittliche Lebenserwartung betrug nicht 80 Jahre wie heute, sondern ungefähr 50 Jahre. Im Vergleich existieren Ehebeziehungen heute deshalb erheblich länger als vor drei, vier Generationen. Eine Ehedauer von 40 Jahren ist heute keine Ausnahme, um 1900 stellte sie eine Sensation dar.

Aus alledem folgt: Die Familie ist heute nicht in einer Krise. Sie steckt aber mitten in einem sehr intensiven und dynamischen Prozess des Wandels. Dahinter stehen wirtschaftliche, kulturelle, religiöse, medizinische und soziale Umbrüche, die Veränderungen der Männer- und Frauenrolle und die voranschreitende Demokratisierung der Gesellschaft. Weil die Lebensspanne weiter reicht, heiraten viele Menschen erst sehr spät, obwohl sie oft schon viele Jahre zusammenleben. Die meisten Erwachsenen haben im Verlauf ihres Lebens mehrere Partnerschaften nacheinander, die aber sind auf Treue und Bindung gebaut. Die Fachliteratur spricht von einer »sequenziellen Monogamie«, also der Aufeinanderfolge intensiver Paarbeziehungen. Es ist nicht mehr der Tod eines Partners, der zu einer neuen Beziehung führt, sondern die Trennung oder Scheidung.

Immer mehr Paare entscheiden, keine Kinder zu haben. Wer sich für Kinder entscheidet, gibt sich meist mit einem oder zweien zufrieden. Wirtschaftliche Gründe, persönliche Überlegungen zur Lebensgestaltung und oft auch die Sorge vor einer allzu großen Verantwortung für ein Kind, die ja ein ganzes Leben lang dauert, stehen im Vordergrund. Alle wissen: Elternschaft ist eine lebenslange und zudem unkündbare Beziehung. Die Entscheidung lässt sich im gesamten weiteren Leben nicht zurücknehmen. Kein Wunder, dass sich viele Frauen und Männer sehr genau überlegen, ob sie die Elternrolle übernehmen wollen oder nicht.

Familienleben in Zahlen

Die historischen Entwicklungen schlagen sich in den Familienstatistiken nieder. Es gibt heute weniger Kinder als noch vor drei Generationen. In der Bundesrepublik Deutschland sind heute etwa zehn Prozent der Bevölkerung unter 12 Jahre alt, und nur noch in einem Viertel aller Haushalte leben Kinder unter 18 Jahren. In immer mehr Haushalten hält sich nur noch eine Person oder ein Paar ohne Kinder auf. Viele heiraten heute, ohne einen Kinderwunsch zu haben. Dies dürfte schon auf ein Drittel der Paare zutreffen.

Was hat sich in den Familien selbst geändert? Die Zahl der Kinder ist deutlich zurückgegangen. Nicht mehr im Durchschnitt vier Kinder leben in einer Familie wie um 1900, sondern meist ein bis zwei. Ein Viertel der Kinder in Deutschland wächst ohne einen Bruder und ohne eine Schwester auf, die Hälfte mit einem Geschwister zusammen, ein letztes Viertel mit zwei und mehr Geschwistern.

Wie sehen die Familienformen aus? In einer klassischen Kernfamilie mit verheirateten Eltern, die auch leiblich Vater und Mutter sind, mit oder ohne Geschwisterkinder, leben heute immerhin 75 Prozent der Kinder. Die übrigen Kinder leben nur mit einem Elternteil zusammen, das sind heute fast 20 Prozent aller Familien – und fünf Prozent leben mit Eltern, die in einer nicht ehelichen Lebensgemeinschaft verbunden sind oder in Stieffamilien. Ganz so dramatisch, wie es auf den ersten Blick scheint, ist die Veränderung der Familienformen also gar nicht. Allerdings schreitet sie immer weiter voran, denn der Anteil der klassischen Kernfamilien sinkt von Jahr zu Jahr, während die übrigen Familienformen häufiger auftreten.

Wie steht es mit der sprichwörtlichen Großfamilie? Sie existiert heute ebenso wenig wie in früheren historischen Epochen, aber eines hat sich neu herausgebildet: Die Bande zwischen den Generationen sind eng geknüpft. Die Beziehungen zwischen den Eltern und ihren erwachsenen Kindern bleiben auch dann recht eng, wenn man nicht mehr am gleichen Ort oder im gleichen Haus wohnt. Großeltern unterstützen ihre eigenen Kinder sehr nachhaltig, wenn diese zu Eltern geworden sind. Sie helfen finanziell bei Engpässen aus, sie stehen als Notreserve für die Betreuung der kleinen Kinder zur Verfügung.

Obwohl also nur ein sehr kleiner Anteil der Kinder einen Drei-Generationen-Haushalt erlebt, spielen die Großeltern heute für sie im Alltag eine wichtige Rolle, auch wenn sie nicht unter einem Dach wohnen. Weit über die Hälfte der Enkelkinder sieht Oma und Opa mindestens einmal in der Woche. Die eigenen Großeltern noch richtig erleben zu können, das wird heute immer mehr Kindern vergönnt. Viele erleben sogar die Urgroßeltern – ein vor drei, vier Generationen praktisch undenkbares Phänomen, weil die Lebenszeit fast nur halb so lang wie heute war. Übrigens können sich die Großeltern ihrerseits auch auf die Solidarität innerhalb der Familie verlassen, denn wenn sie selbst einmal pflegebedürftig geworden sind, unterstützen ihre erwachsenen Kinder sie im hohen Alter.

Immer mehr Eltern sind berufstätig

Die familiären Lebensformen haben sich gründlich gewandelt. Ein wichtiger Grund dafür ist die berufliche Tätigkeit, die Erwerbsbeteiligung von Müttern und Vätern. Zum traditionellen Modell der Kernfamilie gehörte der Vater als Brotverdiener. Er war der Außenminister der Familie, der praktisch den ganzen Tag einem Beruf nachging und damit die wirtschaftliche Basis der Familie und ihres Status in der Öffentlichkeit sicherte. Die Mutter war die Innenministerin, die für Haushalt und Kindererziehung die gesamte Verantwortung trug, selbst aber kein Berufseinkommen hatte. Diese traditionelle »Ein-Mann-Verdiener-Familie« gibt es auch heute noch, aber sie ist ein Auslaufmodell. Schon bei über 60 Prozent der Familien mit einem Kind und fast der Hälfte der Familie mit zwei Kindern sind beide Eltern berufstätig. Dieser Trend wird sich in den nächsten Jahren fortsetzen – schon weil mit einem einzigen Einkommen heute die Kosten einer Familie kaum noch zu decken sind.

In den meisten europäischen Ländern ist es geradezu eine Selbstverständlichkeit, dass beide Eltern berufstätig sind. Auch bei uns ist die Erwerbstätigkeit von Müttern in den letzten Jahren kontinuierlich angestiegen, obwohl die Rahmenbedingungen dafür schlecht sind. Denn im Unterschied zu Frankreich, den Niederlanden oder Dänemark gibt es hierzulande immer noch kein gut funktionierendes, dem Bedarf entsprechendes System von Betreuungseinrichtungen für kleine Kinder. Mütter und Väter müssen sich komplizierte Lösungen einfallen lassen. Sie tun es in steigendem Maße, denn Berufstätigkeit ist jungen Frauen, wie alle Studien zeigen, von größter Wichtigkeit. Sie sichert ihnen Unabhängigkeit und Außenkontakte und sie verschafft ihnen die Möglichkeit, auch im Falle einer statistisch wahrscheinlichen Trennung und Scheidung wirtschaftlich auf eigenen Füßen zu stehen.

Beruf und Familie unter einen Hut zu bringen – das ist in allen europäischen Ländern ein Kunststück. In Deutschland ist es besonders schwierig, eben weil eine ausreichende, zuverlässige und flexible Unterstützung durch Tagesmütter, Kinderkrippen und Kindertagesstätten fehlt, vor allem auch eine, die ein Nachmittagsangebot für Schulkinder umfasst. Im Unterschied zu fast allen europäischen Ländern können in Deutschland nur 10 bis 15 Prozent aller Grundschulkinder ein Nachmittagsangebot nutzen. Drei Viertel aller Kinder erscheinen spätestens mittags im Elternhaus und müssen irgendwie betreut werden. Fünf Prozent finden bei Oma und Opa oder anderen Verwandten Unterschlupf, nur knapp ein Fünftel essen mittags in öffentlichen Einrichtungen, wo sie auch nachmittags betreut werden. Unter diesen Umständen ist es für Mütter und Väter schwierig, einer geregelten Berufstätigkeit nachzugehen. Deutschland ist in dieser Hinsicht ein Entwicklungsland. Sicherlich spielt auch das eine sehr große Rolle, wenn sich Paare vor der Entscheidung sehen, ob sie ein Kind in die Welt setzen möchten oder nicht. Die Vermutung, dass die klägliche Ausstattung mit öffentlichen Kinderbetreuungseinrichtungen etwas mit der sehr niedrigen Geburtenziffer in Deutschland zu tun hat, ist nicht von der Hand zu weisen.

Keine Frage: Zu den größten Herausforderungen für die Frauen – und die Männer, bei denen der Groschen allmählich fällt – zählt es, berufliche Ambitionen mit den emotionalen und logistischen Bedürfnissen des Familienlebens ins Gleichgewicht zu bringen. Das ist nicht unmöglich, aber schwer genug. Es bedeutet, täglich einen Hindernis-Parcours zu absolvieren, detaillierte Pläne für den Tagesablauf zu entwerfen und kurzerhand alles umzuorganisieren, wenn das Kind krank wird, die Schule ausfällt, die Oma keine Zeit hat oder der Chef im Büro auf Überstunden besteht.

Zu einem erfüllten Leben gehört in unserem Kulturkreis die berufliche Erwerbstätigkeit. Außerdem macht die Arbeit Freude und sichert einem in der Außenwelt den Platz unter Erwachsenen, die etwas leisten, wofür sie gesellschaftliche Anerkennung genießen. Es erweitert die Perspektive, sich über den Kreis der Familie hinauszubewegen, auch wenn es mitunter maßlos anstrengen kann, Kindern und Beruf gleichzeitig gerecht zu werden.

Der beste Grund von allen ist das Geld: Immer mehr Mädchen und junge Frauen machen sich das Selbstverständnis der

Männer zu eigen, ihre Unabhängigkeit auch auf die wirtschaftliche und soziale Eigenständigkeit auszudehnen.

Trennungen und Scheidungen werden häufiger

Nicht nur die Berufstätigkeit ist eine Herausforderung für die Neuorganisation des Familienlebens. Sehr stark sind auch die Belastungen durch Trennungen und Scheidungen der Eltern, die in den letzten Jahren immer stärker zugenommen haben.

Familien gehen auseinander – dieser Trend ist unübersehbar. Fast die Hälfte aller geschlossenen Ehen geht mittlerweile wieder in die Brüche; die Scheidung wird zu einer normalen Station im Lebenslauf. Kinder und Jugendliche trifft dieser Trend allerdings nicht mit ganzer Wucht: Besonders scheidungsanfällig sind junge, meist kinderlose Ehen, während in Ehen mit kleinen Kindern die Scheidungsquote etwas niedriger liegt. Trotzdem: Schon 30 Prozent aller Kinder, die heute geboren werden, erleben die Scheidung ihrer Eltern. Und fast alle Kinder kommen in ihrem Freundes- und Bekanntenkreis mit diesem Problem in Berührung: Weil nahezu alle ein Kind kennen, dessen Eltern sich trennen oder getrennt haben, ahnen oder befürchten Kinder, dass es auch sie treffen könnte.

Dass es Kindern nicht guttut, wenn ihre Eltern sich trennen, ist eine Binsenwahrheit. Doch Schäden tragen die Kinder eher in der konfliktreichen Zeit vor der Trennung davon als in der Situation danach. Natürlich braucht man keinen Trauschein, um den Kindern Sicherheit zu bieten. Außer Frage steht aber auch, dass eine ständig wechselnde Parade von Stiefvätern den Kindern mehr Schaden als Nutzen bringt.

Fragt man Kinder nach dem Schlimmsten, das sie sich überhaupt vorstellen können, so steht der Gedanke an den plötzlichen Tod eines Elternteils ganz oben. Doch schon an zweiter Stelle steht die Sorge, ihre Eltern könnten sich scheiden lassen. Daran kann man erahnen, welch gewaltiger Einbruch und welche massive Bedrohung ihres seelischen Lebens mit einer solchen Veränderung verbunden sein muss. Warum bedroht die Trennung ihrer Eltern Kinder offenbar so stark, dass sie den Schrecken dieser Vorstellung im gleichen Atemzug mit dem Alptraum vom physischen Tod der Eltern nennen?

Seine Familie ist in aller Regel für ein Kind mehr als die Summe der ihr angehörenden Personen. Seine Familie ist für ein Kind der Kosmos, der nicht nur aus den nächsten, wichtigsten Menschen besteht, zu denen es ihm Laufe seines Lebens Vertrauen entwickelt hat, bei denen es Sicherheit und Geborgenheit empfindet, die es liebt und von denen es sich geliebt fühlt. Kinder zählen auch Tanten und Onkel, Cousins und Cousinen, Omas und Opas, selbst Freunde und manchmal sogar Tiere zu ihrer Familie. Das bleibt lange so: Kinder fühlen sich bis weit in die Pubertät hinein verwurzelt in der Geborgenheit eines vielmaschigen Netzwerkes gefühlvoller Beziehungen, in dessen Zentrum die Eltern stehen.

Es ist dieses ganz eigene Verwurzeltsein, das ihnen über alle Alltagskonflikte hinweg das sichere Gefühl von Heimat, Zuhause und Identität vermittelt. Die Eltern sind in diesem Universum der Fixstern, von der kindlichen Warte aus gesehen etwas völlig anderes als nur Mutter und Vater: Eine ganz eigene und in sich geschlossene Gestalt, die zwar einzeln und verschieden handelt, aber darüber hinaus eine psychische Ganzheit eigener Art verkörpert.

Deshalb bedeutet die Trennung der Eltern etwas ganz anderes für Kinder als für die erwachsenen Partner. Wenn in einer Partnerschaft die Liebe erlischt und die Anziehungskraft verblasst, wenn gemeinsame Vergnügungen und gegenseitige Wertschätzung keine Rolle mehr spielen, führt das zu Entfremdung und Trennung. Doch während das Paar die räumliche und emotionale Abgrenzung vollzieht, ereignet sich für das Kind ein gewaltsamer, aufgezwungener Einbruch in ein bislang ganzheitliches Gefüge, das durch die Zerlegung in zwei Einzelpersonen vollkommen zerstört wird. Eine durch Liebe zusammengehaltene Beziehungseinheit wird zerschlagen – darin liegt die eigentliche Bedrohung. Und das hat durchaus mit Tod zu tun.

Trennungsfolgen für Kinder

Auf die Trennung ihrer Eltern reagieren alle Kinder ähnlich: Sie empfinden Angst. Hinzu kommen später, wenn sie erkannt haben, dass sie selbst auf dieses Ereignis keinen Einfluss nehmen können, Hilflosigkeit, Verzweiflung oder auch Resignation. Das geschieht, wenn es den Getrennten nicht gelingt, relativ schnell wieder in gemeinsamer elterlicher Verantwortung für ihr Kind zu handeln. Als Paar getrennt, als Eltern gemeinsam – die Aufgabe ist unendlich schwierig und ähnelt der Quadratur des Kreises.

Paare, die sich trennen, stecken zudem bis zum Hals in ihren eigenen Problemen. Sich jetzt möglichst friedlich und ruhig darüber zu verständigen, wie es weitergehen soll, obwohl beide verletzt, enttäuscht oder auch maßlos wütend sind und mit komplizierten Gefühlen kämpfen, das ist wirklich viel verlangt. Aber es hängt auch viel davon ab, dass es gelingt, das Kind nicht aus den Augen zu verlieren: Wie gut ein Kind verkraftet, dass seine Eltern auseinandergehen, wird auch dadurch entschieden, ob es spürt, dass es weiterhin beide lieben darf und die Aufmerksamkeit seiner Eltern behält. Außer Gewalttätigkeit sehen Kinder fast alles lieber als den Zusammenbruch ihrer vertrauten Familie. Sie wollen ihre Loyalität nicht teilen müssen, sie verabscheuen die Künstlichkeit von Umgangsregelungen und machen sich insgeheim selbst für alles verantwortlich. Die emotionale und berufliche Erfüllung der Eltern ist ihnen ziemlich egal. Oder hat man je ein Kind sagen hören: »Oh Mann, wie wunderbar, dass Mama zur Abteilungsleiterin befördert wurde. Ihr Erfolg ist mir so wichtig!« oder »Wie froh bin ich, dass Papa endlich eine Frau gefunden hat, die ihn so liebt wie er ist?«

Alle Kinder, deren Eltern sich trennen, erleben eine starke Erschütterung, die ihre Grundfesten ins Wanken bringt. Angst ist häufig die unmittelbare seelische Folge einer Trennung. Doch die Strategien, die Kinder einsetzen, um mit der neuen Situation umzugehen, sind verschieden. Drastische Leistungseinbrüche bei dem einen, aggressive Zerstörungswut bei dem anderen können genauso im Zusammenhang mit der familiären Katastrophe stehen wie ihr Gegenteil, eine deutliche Leistungsverbesserung nach der Trennung – wenn ein Kind beispielsweise mit aller Kraft versucht, seine psychisch angeknackste Mutter nicht auch noch mit Schulproblemen zu belasten und sich deshalb besonders anstrengt. Aber wenn Kinder versuchen, ihre Eltern zu stützen und zu trösten, dann hat sich die Welt verkehrt, und die Kindheit ist vorbei. Erwachsene sollen für die Kinder da sein und nicht umgekehrt. Groß werden diese Kinder auch, doch was ihnen genommen wird, wenn sie die Aufgaben übernehmen, die vorher die Eltern füreinander wahrgenommen haben, ist der Schonraum: die Lebensfreude, die Unbeschwertheit und Geborgenheit, die aus einer guten Beziehung der Eltern erwachsen.

Wie Kinder ihre Angst verarbeiten, hängt von ihrem Alter und ihrer seelisch-geistigen Entwicklung ab. Auch auf die Erfahrungen in der Familie, die der Trennung vorausgingen, kommt es an. Konkrete Unterstützung ist enorm wichtig. Alle Trennungskinder haben psychische Probleme, aber deswegen werden sie nicht automatisch zu Problemkindern. Es hängt sehr davon ab, wie Mutter und Vater anschließend, wenn sie als Paar getrennt sind, als Eltern miteinander umgehen. Wie gut es ihnen gelingt, die gemeinsamen Kinder aus ihren Spannungen und Konflikten herauszuhalten, die nun einmal mit Trennungen einhergehen, ist entscheidend. Ob sie überhaupt versuchen, durch eine Trennung der konflikthaften Paarbeziehung die fortbestehende Elternebene zu erhalten und die Belastungen für die Kinder aufzufangen oder wenigstens nicht noch zusätzlich zu erhöhen – darauf kommt es an.

Ob ein Kind von seinen Eltern oder auch nur einem Elternteil instrumentalisiert und damit in seiner Seele geschädigt wird oder nicht, ist keineswegs schicksalhaft vorgezeichnet. Das hat allein mit dem Bewusstsein und dem Willen der Erwachsenen zu tun: Kein Vater und keine Mutter würden ihre Kinder in schädliche und schmerzhafte Loyalitätskonflikte stürzen, wenn ihnen ihre persönliche Verantwortung für diese Art Missbrauch klar vor Augen stünde. Dann finden Eltern Wege und Mittel, mit den eigenen Kindern im Ernstfall behutsam und achtungsvoll umzugehen. Die Kinder haben schließlich nicht darum gebeten, auf die Welt kommen zu dürfen und sich uns nicht aufgedrängt, sondern wir haben sie sozusagen eingeladen. Deshalb schulden wir ihnen ein bisschen Höflichkeit und Zurückhaltung. Wenn die Trennung sich nicht mehr aufhalten lässt, sind Mütter und Väter verpflichtet, in den sauren Apfel zu beißen, ihren Stolz herunterzuschlucken, sich fair zu verhalten und Rücksicht auf die Gefühle ihrer Kinder zu nehmen. Das erfordert zweifellos ein gerüttelt Maß an exemplarischer Zurückhaltung und persönlicher Demut – einer der beiden wird die Situation immer als himmelschreiende Ungerechtigkeit empfinden. »Sie hat das Haus, die Kinder, ihren neuen Freund und ich musste in ein möbliertes Zimmer ziehen, damit ich den Unterhalt zahlen kann …« oder »Er ist mit seiner neuen Freundin auf und davon, und in den Ferien verwöhnt er die Kinder, während in der Schulzeit alles an mir hängen bleibt …«

Doch es hilft ja nichts. Am Ende werden alle glücklicher sein, wenn sie sich anständig benehmen. Und irgendwann wird einem Gerechtigkeit zuteil werden. Die Kinder sind ja nicht blöd. Mit den Jahren werden sie ganz von alleine drauf kommen, welcher Elternteil sich fair verhalten hat und ahnen, wie viel Selbstüberwindung ihn oder sie das gekostet hat. Das wissen die meisten Eltern sehr gut.

Geteilte Sorge ist doppelte Freude – für die Kinder

Als Paar getrennt, als Eltern gemeinsam: Die Lösung dieser komplexen und paradoxen Aufgabe gelingt getrennten und geschiedenen Eltern in Deutschland immer besser. Anders als Begriffe wie »zerbrochene« oder »gescheiterte« Familien suggerieren, löst sich die Familie nicht auf, wenn die Eltern getrennte Wege gehen, sondern sortiert sich emotional, sozial und raum-zeitlich neu. Wohnen getrennt lebende Eltern nahe beieinander, begünstigt dies eine stabile Eltern-Kind-Beziehung: Die Kontakte zu Vater oder Mutter brechen knapp dreimal so häufig ab, wenn die Eltern mehr als eine Stunde entfernt voneinander wohnen. 12,5 Prozent aller minderjährigen Kinder leben in Deutschland multilokal. Jede sechste Familie ist eine Nachtrennungsfamilie, fast die Hälfte davon besteht aus einer Single-Mutter oder, seltener, einem Single-Vater mit einem oder mehreren Kindern. Die klassische Patchworkfamilie ist mit einem Anteil von 4 Prozent eher die Ausnahme.

Wie Kinder und Erwachsene in Nachtrennungsfamilien ihren Alltag gestalten und mit den daraus resultierenden Anforderungen zurechtkommen, erkundet die ethnografische Studie »Multilokales Familienleben«, die im Rahmen der Schumpeter-Nachwuchsgruppe am Deutschen Jugendinstitut in den letzten zwei Jahren durchgeführt wurde. Ergänzt mit der Auswertung des DJI-Surveys »Aufwachsen in Deutschland: Alltagswelten (AID:A)«, zeichnen die Autoren Michaela Schier, Nina Bathmann, Diane Nimmo und Anna Proske ein zuversichtliches Bild vom Leben der Kinder mit mehr als einem Zuhause und ihren getrennten Eltern, die kaum Kosten und Mühen scheuen, um ihren Kindern in ihrem jeweiligen Heim alles zu bieten. Die Wissenschaftlerinnen werteten die Angaben von 12.142 Kindern unter 18 Jahren aus, führten 41 Interviews mit Erwachsenen und befassten sich intensiv mit dem mehrörtigen Leben von 13 Kindern zwischen sechs und siebzehn Jahren, die nicht nur von ihrem Leben erzählten und mit Spielfiguren Schlüsselszenen nachspielten, sondern auch auf dem Hin- und Rückweg vom einen Zuhause in das andere begleitet wurden. Ihr Fazit: Das Leben an zwei Orten empfinden Kinder als unproblematisch, wenn Eltern nach der Trennung ein harmonisch-kooperatives Verhalten zueinander pflegen. Sie fühlen sich an zwei Orten zu Hause, betrachten weiterhin Mutter und Vater als Teil ihrer Familie und sind erfinderisch, wo es darum geht, ihre eigenen Gefühle und die ihrer Eltern oder Geschwister zu managen. Über Tätigkeiten wie bestimmte Computerspiele spielen oder mit speziellen Kuscheltieren kuscheln, die sie nur an jeweils einem Zuhause unternahmen, stellten sie Kontinuität über feste Rituale her.

Täglich oder mehrmals wöchentlich sehen sich Kinder und ihr extern lebender Elternteil, wenn sie nah beieinander wohnen, doch auch bei großen Entfernungen treffen sich immerhin noch 13 Prozent dieser Väter und Mütter regelmäßig alle zwei Wochen mit ihrem Kind. Regen Anteil am Leben der Kinder nehmen 34 Prozent der getrennt lebende Väter oder Mütter – entweder über gemeinsam verbrachte Zeit oder sie chatten, mailen, telefonieren mehrmals täglich oder wöchentlich miteinander. Auch wenn manche Eltern pendeln, um ihre Kinder zu besuchen, sind doch meistens die Kinder unterwegs. In 60 Prozent der Fälle teilen sich getrennte Paare die elterliche Sorge – und die gemeinsame Aufgabe: Sie organisieren den Alltag und fördern die soziale Einbindung der Kinder an mehreren Orten. Eltern begegnen den neuen Anforderungen des Familienlebens nach der Trennung kreativ. Sie wollen, dass ihre Kinder sich ihnen zugehörig fühlen, auch wenn sie nur wenig Zeit zusammen verbringen. Für knapp eine Million Kinder in Nachtrennungsfamilien ist das eine erfreuliche Entwicklung: Wird das Sorgerecht gemeinsam wahrgenommen, haben Kinder mehr als doppelt so häufig in der Woche mit ihrem extern lebenden Elternteil intensiven Kontakt als Kinder, bei denen ein Elternteil allein das Sorgerecht hat.

Kommunikation in geschiedenen Familien

Im Alter zwischen 11 und 15 Jahren, wenn die Eltern schwierig werden, gleichen sich die Konflikte in allen Familien. Das blockierte Telefon, das nicht aufgeräumte Zimmer und spätes Nachhausekommen sind Themen, zu denen Eltern und Kinder unterschiedliche Standpunkte einnehmen. All die Auseinandersetzungen illustrieren die wesentliche Entwicklungsaufgabe dieses Lebensalters, wenn der Freiraum täglich neu vermessen wird – das Aushandeln von Selbstverantwortung, die Lösung von den Eltern und die Neugestaltung von Nähe und Distanz. Kinder in geschiedenen Familien machen dabei ganz andere Erfahrungen als Kinder, deren Eltern miteinander verheiratet sind. 11- bis 13-Jährige fühlen sich in ihrer geschiedenen Familie deutlich wohler als ihre Altersgenossen, die mit Vater und Mutter zusammenleben. Dieser kleine Unterschied verschwindet zwar nach dem 13. Geburtstag wieder, doch markant bleibt: Alleinerziehende Mütter reden anders mit ihren pubertierenden Kindern als verheiratete. Während geschiedene Mütter mehr Wert auf eine partnerschaftliche Beziehung zu ihren pubertierenden Kindern legen, einen eher geschwisterlichen, wettstreitenden Kommunikationsstil entwickeln und zum Verhandeln persönlicher Interessen neigen, pochen verheiratete Mütter stärker aufs Prinzip. Sie moralisieren stärker, verweisen auf die Einhaltung hergebrachter Regeln und betonen den Generationenunterschied. Diesen grundlegenden Unterschied zwischen beiden Familientypen haben Kurt Kreppner und Manuela Ullrich vom MPI für Bildungsforschung in Berlin gefunden. Sie befragten 20 Mutter-Kind-Paare aus geschiedenen und 29 aus verheirateten Familien über einen Zeitraum von dreieinhalb Jahren hinweg insgesamt acht Mal. Zusätzlich wurden den Mutter-Kind-Paaren zu vier Zeitpunkten Themen aus dem Alltag vorgegeben, die dann für etwa zwei Minuten diskutiert wurden – kontrovers, versteht sich: »Einige Familienmitglieder blockieren mit ihren langen Gesprächen das Telefon« oder »Wir planen zusammen einen gemeinsamen Wochenendausflug«. Die Auswertung erfasste Aspekte des jeweiligen Kommunikationsstiles, der Rückschlüsse auf die Qualität der Beziehung erlaubt: Hierarchiegestaltung, Interaktionsstil, Diskussionsstil und das Einbringen der eigene Person sind Merkmale, die sich bei geschiedenen und verheirateten Müttern unterscheiden. In geschiedenen Familien wird durchweg auf einer Ebene diskutiert, in der die eigene Person im Vordergrund steht und nicht das vorgegebene Thema. Dabei offenbart die größere Harmonie zwischen den Generationen in den geschiedenen Familien auch ihre Schattenseiten: Wenn zwischen 11 und 15 Jahren das Autonomiestreben, die Identitätsfindung und die Distanz zum Elternteil in den Vordergrund tritt, scheinen die Kinder alleinerziehender Mütter ihre Interessen eher verwirklichen zu können; stärker als Kinder aus vollständigen Familien gewinnen sie den Eindruck, als gleichwertiger Partner akzeptiert zu sein.

Kindern verheirateter Mütter wird mehr entgegengesetzt. Sie müssen sich an konkreten Vorgaben abarbeiten: In Diskussionen fordern diese Mütter ihre Kinder schon viel früher zu korrektem Verhalten und Übernahme von Regeln auf, wenn diese den Wunsch nach Autonomie und Distanzierung besonders stark äußern. Persönliche Wünsche und Interessen, vorgetragen im Wettstreit mit vielleicht abweichenden Interessen des Kindes, spielen in den Diskussionen geschiedener Mütter eine ungleich größere Rolle als bei den verheirateten Müttern. »Weniger entwicklungsadäquat führende und mehr auf die eigene Person und ihre Bedürfnisse lenkende Merkmale«, beschreibt Kurt Kreppner den Auseinandersetzungsstil geschiedener Mütter. Er gibt zu bedenken, ob nicht der Mangel an Auseinandersetzung mit elterlichen Werten und Normen beim Erproben einer neuen Identität die Entwicklung verzögert oder erschwert. Mütter in geschiedenen Familien scheinen nicht nur stärker mit ihrer eigenen Situation beschäftigt zu sein, sondern sie beziehen auch die Kinder in ihre eigenen Lebensprobleme stärker ein als Mütter in vollständigen Familien. Die Generationengrenze in geschiedenen Familien wird durchlässiger, wenn partnerschaftliches Verhalten auf gleichberechtigter Basis angemahnt wird: die scheinbare Ähnlichkeit von Interessen und eine an der Oberfläche die Selbständigkeit des Kindes fördernde Form des Zusammenlebens stellt andere Weichen als eine Auseinandersetzung, in der die prinzipielle Überlegenheit der Eltern nicht zur Debatte steht und die Distanz zwischen den Generationen stark unterstrichen wird. In vollständigen Familien wird vom Kind im Rahmen dieser Beziehung die Erweiterung seiner Autonomie auf kämpferischem Weg gefordert, während der Versuch der alleinerziehenden Mutter, die Beziehung zum Kind auf partnerschaftliche Weise zu gestalten, beim Kind eine ganz andere Autonomiebestrebung hervorruft. Sie äußert sich darin, eine Vereinnahmung als Partner zu verweigern. »Du möchtest doch auch, dass ich dich verstehe und deine Sachen ernst nehme«, sagt in einer der aufgezeichneten Gesprächssequenzen eine alleinerziehende Mutter. Ihrem Einwand, wonach der Sohn ihre Meinung immerhin akzeptieren müsse, weil sie sich sonst nicht verstanden fühle, entgegnet er: »Du bist ja die Mutter, nicht wahr? Und du musst dich auch um mich kümmern. Und wenn du Probleme hast, dann kannst du weiß ich nicht zu wem gehen, aber nicht zu mir.«

Was alle Kinder brauchen

Jede Familienform hat ihre Schwächen und Stärken. Das allein selig machende Modell, wie Eltern und Kinder zusammenleben sollen – das gibt es nicht. Aber ein paar Grundlinien lassen sich erkennen, die für alle Familienformen gelten. Was Kinder brauchen, unterscheidet sich doch nicht danach, ob sie in einer vaterlosen oder mutterlosen oder neu zusammengesetzten oder althergebrachten Familie mit verheirateten Eltern leben.

Jede Belastung lässt sich durch Offenheit verringern. Das wirkt auf beiden Seiten und in jeder Familie, gleich welcher Zusammensetzung: Was Kinder zum Gedeihen brauchen, benötigen auch die Erwachsenen, um zufrieden zu sein. Außerdem: Weder in der sogenannten Normalfamilie noch in der Stieffamilie lassen sich erzieherische Fragen von der Beziehungsebene des Paares trennen. Man kann kaum über die Atmosphäre in einer Familie sprechen ohne das Beziehungsklima zwischen den erwachsenen Partnern zu erwähnen. Wie ein Vater oder eine Mutter sich den gemeinsamen Kindern gegenüber verhält, hat viel damit zu tun, wie er oder sie sich in der Paarbeziehung fühlt oder fühlte – und es wirkt unmittelbar auf diese zurück. Der Alltag zeigt: Wenn die Eltern einander lieben und in Frieden und Zuversicht miteinander leben, dann muss man über die Erziehung der Kinder nicht viele Worte machen, dann segeln sie im emotionalen Klima der Eltern mit.

Das große Verdienst einer guten Familie – jedweden Zuschnitts – liegt darin, dass sie ein Kind befähigt, eines Tages selbstbewusst, allein und verantwortungsvoll das Leben in die eigenen Hände zu nehmen. Ob die eigene Familie auf dem besten Weg dahin ist, kann man jeden Tag erkennen: Wenn alle Familienmitglieder gerne wieder nach Hause kommen – von der Arbeit, aus der Schule oder aus dem Urlaub –, dann darf man davon ausgehen, dass die Lebensgemeinschaft Familie funktioniert.

Was aber sind die Basics, die Kinder über alle Veränderungen ihres Familienlebens hinweg weiterhin brauchen? Was heißt Zuverlässigkeit und Stetigkeit für ein Kind, das im Verlauf seiner ersten achtzehn Jahre mehrere Passagen erlebt: Wenn die Elternfamilie in die Einelternfamilie übergeht und irgendwann zur Stieffamilie wird, und wenn das Kind danach vielleicht erneut die Einelternfamilie oder eine Wohngemeinschaft erlebt?

Konzentriert man sich einmal ganz unvoreingenommen auf die Bedürfnisse der Kinder, die nun mal die schwächsten Familienmitglieder sind, stößt man von selbst auf ein ganzes Spektrum verschiedener neuer Lösungsansätze für viele Herausforderungen. Was Kinder brauchen, kann im Grunde jeder Erwachsene ihnen gewähren, sofern er bereit ist, mit ihnen eine familiäre Lebensgemeinschaft einzugehen. Sogar ein Stiefelternteil muss sein Stiefkind dafür nicht lieben. Es genügt, wenn er es mag und ihm Respekt entgegenbringt, Verantwortung da übernimmt, wo es das noch nicht selbst kann.

Kinder brauchen ein zuverlässiges, stabiles und berechenbares Netz von Beziehungen, die sie in ihrer Persönlichkeitsentwicklung halten, tragen und anregen. Kinder brauchen Verlässlichkeit, Geborgenheit und Orientierung – Beständigkeit im Wandel: Wenn ein Elternteil geht und ein Stiefelternteil hinzukommt, haben Kinder auch die Chance zu erfahren, dass nichts bleibt wie es ist und dass jede offene Situation Möglichkeiten der Veränderung, sprich Verbesserung, in sich birgt. »Wenn es den Kindern gelingt, sich mit wechselnden Familienformen zu arrangieren, lernen sie auch, Bindungen aufzugeben, mit Verlusten fertig zu werden«, schreibt die Soziologin Elisabeth Beck-Gernsheim. Sie lernen auch, und das ist für ihre eigene Zukunft wichtig, dass eine vorgegebene Partnerschaftssituation nicht hingenommen werden muss, wenn sie längst unerträglich geworden ist.

Das Familienleben ist eingebettet in den Ablauf der Zeit. Die Familie ist eine sich ständig verändernde Gemeinschaft, weil ihre Mitglieder älter werden und sich damit auch ihre Interessen und Wünsche verändern.

Familie ist zudem nicht nur eine Lebensgemeinschaft für Kinder, sondern auch eine für das erwachsene Paar. Gegenseitige Achtung und Rücksicht auf besondere Wesenszüge bürgen für eine Beziehung zwischen Eltern und Kindern, die trägt. Ebenso strahlt der Zustand der Paarbeziehung unmittelbar auf das Kind aus. Wie die Eltern zueinander stehen, prägt ganz entscheidend, welche Anregungen ein Kind für die eigene Entwicklung aufnimmt. Eine warme und unterstützende Atmosphäre in der Familie ist eine weitere grundlegende Voraussetzung.

Wie diese Beziehungsstrukturen geschaffen und abgesichert werden, unterliegt dem gesellschaftlichen Wandel – die Bedürfnisse von Kindern hingegen bleiben die gleichen. Zuwendung, Aufmerksamkeit und Teilnahme, Austausch, Grenzerfahrungen, ein eigener Handlungsspielraum, Aufgaben, Respekt und soziale Zuverlässigkeit ihres Familienverbandes.

Eltern müssen die Bedürfnisse der Kinder nach Zuwendung, Anerkennung, Sicherheit und Entfaltung erfüllen. Jedes Kind ist einzigartig. Eltern sollen versuchen, auf sein Temperament, seinen Charakter, seine Begabungen und seine Verfassung einzugehen, und dürfen es nicht mit anderen Kindern gleichsetzen. Eltern sollen mit Vertrauen, Ehrlichkeit und Offenheit die Beziehung zu ihrem Kind gestalten. Kinder, die volles Vertrauen genießen, entwickeln leichter ein solides Selbstvertrauen.

Eltern sollten die Anerkennung, die sie dem Kind gegenüber äußern, von dem aktuellen Verhalten des Kindes trennen können. Sie müssen deutlich machen, dass sie ihr Kind lieben und schätzen, auch wenn das Verhalten zu bestimmten Zeiten und in bestimmten Situationen unannehmbar ist. Wenn ein Kind spürt, dass es grundsätzliche Wertschätzung genießt und behält, kann es leichter nachvollziehen, dass seine Eltern bestimmte Verhaltensweisen nicht akzeptieren.

Eltern sollten ihrem Kind viele Möglichkeiten einräumen, ihr Tun zu erproben, auch wenn es dabei Fehler macht oder Irrwege einschlägt. Nur so können Kinder ihre eigenen Kräfte ausprobieren und Entdeckungen machen, die Bedeutung von Vereinbarungen erfahren und die Rechte der anderen erkennen lernen. Der eigene Handlungsspielraum wirft die Frage nach den Grenzen auf: Jeder Mensch ist darauf angewiesen, Grenzen zu erfahren – erst recht kleine Menschen, die Stück für Stück lernen müssen, eines fernen Tages ihr Leben in die eigenen Hände zu nehmen. In der Auseinandersetzung mit Grenzen erfahren Kinder viel über sich selbst, sie erlangen eigene Standpunkte und entwickeln Fähigkeiten.

Die soziale Umwelt des Kindes sollte so gestaltet sein, dass es Schritt für Schritt aktiv wird und selbst Verantwortung übernehmen kann.

Eltern sollten ihre Kinder immer nur dann unterstützen, wenn diese danach verlangen. Greifen sie zu schnell ein, wenn ein Vorhaben zu misslingen droht oder auch nur mal wieder viel zu lange dauert, geben sie ihrem Kind das Gefühl, dass es nichts taugt und nichts kann. Solche Entmutigungen wirken lange nach. Letztlich halten sie das Kind klein und abhängig – aus der Überbehütung kann kaum Selbstbewusstsein erwachsen. Dazu gehört auch das allmähliche Loslassenkönnen: Die wachsende Unabhängigkeit des Kindes verringert ja auch die Macht der Eltern über sein Leben, seine Gedanken und seine Gefühle. Eltern nehmen den wachsenden autonomen Handlungsspielraum der Kinder oft mit gemischten Gefühlen wahr. Die Versuchung ist manchmal groß, diese Entwicklung zu bremsen und die Kinder über ihr Alter hinaus kleinzuhalten. Doch der Sinn des Aufwachsens von Kindern in der Familie – in welcher Konstellation auch immer – besteht gerade darin, dass sie selbständig und erwachsen werden, um eines Tages ohne die Fürsorge ihrer Eltern leben zu können. Alleinerzieherfamilie, Normalfamilie, Stieffamilie oder Pflegefamilie – jede Familie muss, und das ist nur scheinbar ein Paradox, ihre eigene Auflösung betreiben.

Kinder brauchen ihre Familie als unentbehrliche Etappe auf dem Weg ins Leben. Wenn der Umgang zwischen Eltern und Kinder sich auf die wesentlichen Fundamente der Lebensgemeinschaft gründet, ist es gar nicht so schwer, Erziehungsperspektiven zu entwickeln, die sich in jeder Familie verwirklichen lassen: Es geht immer um den Erwerb grundlegender sozialer Haltungen und Verhaltensweisen, die als Rüstzeug für den Lebensweg unentbehrlich sind. Das Entscheidende: Eltern sollten ihrem Kind die bedingungslose Gewissheit vermitteln: »Ich weiß, wo ich hingehöre und wohin ich auch in der extremsten Situation immer wieder zurückkehren kann.« Diese Erfahrung ist die Voraussetzung dafür, dass sich Urvertrauen bilden kann. Jedes Kind braucht dafür die feste Bindung.

Die Familie bleibt der ideale Ort der Erziehung

Die Familie steckt nicht in der Krise, sondern sie ist in einem atemberaubend schnellen Wandel begriffen. Auch heute, in einer hektischen und turbulenten Zeit, die zur Individualität und Selbstverwirklichung drängt, bleibt die Familie der ideale Ort für die Erziehung von Kindern. Jede Familienform hat dabei ihre Vorteile und ihre Nachteile, doch die Aufgabe stellt sich allen gleichermaßen.

Nur weil sich ihre Form wandelt, ist die Familie noch lange nicht erziehungsunfähig geworden. Entscheidend ist, ob sie den Kern kindlicher Bedürfnisse trifft, ob sie einen verlässlichen Raum mit sicherer Bindung für die ersten 12 bis 15 Lebensjahre schafft – bis das Kind anfängt, sich eher Impulse von außen zu holen. Diesen verlässlichen Raum kann von der Drei-Generationen-Großfamilie in klassischer Formation über die Ein-Kind-Familie bis hin zur Ein-Eltern und Patchwork-Familie jede Familienform anbieten, wenn die Erwachsenen das wollen.

Die Familie als soziale Institution steckt nicht mehr und nicht weniger in der Krise als die ganze Gesellschaft. Sie spiegelt alle Probleme und Strömungen der sozialen Umwelt. Als Erziehungsinstitution muss sie gleichzeitig ständig versuchen, den Kindern einen sicheren Heimathafen anzubieten. Das kann heute schwieriger als früher sein.

Die Umbrüche der modernen Lebensweise erschweren die Erziehungsaufgaben und bergen gleichzeitig neue Chancen: Familienbeziehungen bröckeln, die allgegenwärtige Medienflut macht passiv, kulturelle und soziale Spannungsfelder nehmen zu. Leistungs- und Qualifikationsanforderungen wachsen. Hochgeschraubte Freizeiterwartungen nähren den Erlebnishunger und die Konsumfixiertheit in Alltag und Freizeit und setzen Eltern und ihre Kinder unter Druck. Sie reagieren mit deutlichen Zeichen der Überbeanspruchung. Körperliche Erkrankungen, psychosomatische Beschwerden, psychische Störungen, Drogen- und Arzneimittelkonsum sind Signale dafür, dass Kinder mit Situationen aus Familie, Schule und Freizeit nicht zurechtkommen. Da ist in erster Linie die Familie gefragt.

Jede Familie, egal welchen Zuschnitts, stößt hin und wieder an die Grenze ihrer Möglichkeiten und bleibt dennoch der ideale Ort für die Erziehung der Kinder. Wer aber glaubt, nur ganz allein die Familie könne für die Erziehung von Kindern verantwortlich sein, der treibt Familien in die Krise. Die Entwicklung eines Kindes braucht mehr – und die Familie braucht ein unterstützendes und helfendes Umfeld, damit sie der gute Ort für das Aufwachsen der Kinder sein kann.

3. Kapitel

Eltern stehen unter Druck

Kinder haben und sie verantwortlich erziehen – das gilt in Deutschland als Privatsache. Mütter und Väter erfahren das hautnah. Kindlichen Bedürfnissen zu entsprechen, Tag für Tag und oft genug auch in den Nächten dazwischen und das jahrelang, das ist ihr ganz selbstverständlicher Job. Fast alle Eltern können sich gar nicht mehr vorstellen, wie sie einmal ohne Kind gelebt haben. Sie machen im Berufsleben Abstriche, streiten miteinander um den Abwasch und das Recht, ein paar ungestörte Minuten allein zu verbringen, ärgern sich in viel zu kleinen Wohnungen darüber, dass überall Spielzeug herumliegt und größere Wohnungen unerschwinglich sind. Hin und wieder denken sie ans Weglaufen oder Aus-der-Haut-Fahren und tun dann doch wieder freudig alles, um die kleine Person, die vor ein paar Jahren in ihr Leben getreten ist, fröhlich, gesund und glücklich zu sehen. Sie verzichten leichthin auf die Anschaffung von neuen Kleidern und legen mit der Verwandtschaft zusammen, um dem Kind ein Fahrrad zu kaufen.

Angefangen mit ihrem ersten zahnlos strahlenden Lächeln verstehen Kinder es spielend, das notwendige Wohlwollen ihrer Eltern dauerhaft herbeizuzaubern. Wie engagiert Mütter und Väter aber auch immer sind – Eltern allein können nicht garantieren, dass die Bedürfnisse der Kinder, Schutz und Geborgenheit zu finden, gesund und glücklich zu sein, zu essen und zu trinken zu bekommen und viele Gelegenheiten zum Lernen zu haben und sich gut zu entwickeln, immer erfüllt werden. Eltern stoßen an ihre Grenzen – sie können kaum mehr als das tun, was die Gesellschaft vorgibt, gestattet und unterstützt. Seit die Gesellschaft die Vorstellung kultiviert, dass mit der richtigen Erziehung, Bildung und Förderung alles machbar ist, wird die Luft für Eltern noch dünner.

Wie gut sich die Familie entwickelt und wie gut es den Eltern gelingt, ihre Erziehungsaufgabe zu erfüllen, hängt von der Lebenssituation der ganzen Familie ab. Nur den kleineren Teil dieser Bedingungen können Eltern nach ihrem Gutdünken gestalten. Die wirtschaftliche Situation der Familie, die Größe der Wohnung, die Zusammensetzung der Nachbarschaft, die Berufsaussichten der Eltern, die Verfügbarkeit der Großeltern, Freunde und Spielkameraden um die Ecke, Spielmöglichkeiten außerhalb der Wohnung – diese Aspekte und viele mehr tragen zum Gelingen oder Scheitern des Abenteuers Familiengründung bei.

Gute Eltern, schlechte Eltern

Das Empfinden dafür, dass Eltern Respekt verdienen, hat sich verflüchtigt. Warum hat es den Anschein, als brauchte unsere Gesellschaft nichts so sehr wie pflichtbewusste, verantwortungsvolle und engagierte Eltern, die aber andererseits darauf verzichten, ihre Kinder zu lenken und zu leiten und, unter uns gesagt, die Letzten sind, die vernünftige Entscheidungen für sie treffen können? Das fängt mit den nicht enden wollenden Belehrungen über die richtige Ernährung, Bildung und Erziehung an und hört mit dem despektierlichen Unterton, in dem beispielsweise der Begriff »Elternwille« ausgesprochen wird, wenn es um die Entscheidung für die weiterführende Schule geht, noch lange nicht auf. »Macht die Kinder nicht verrückt!« mahnt die Zeit und weist streng darauf hin, dass es Deutschlands Eltern an Gelassenheit mangelt. Dass die Bescheidwisserei unter Deutschlands Eltern grassiere, konstatiert der Spiegel und mokiert sich über Mittelschichtsmütter mit Hochschulabschluss, die zur pädagogischen Fachliteratur greifen, zieht über Verkäuferinnen in Teilzeit her, die das »Erziehungs-ABC« lesen und gießt kübelweise Spott und Häme über modernen Eltern aus: »Eine ganze Generation von Müttern und Vätern kann nachts nicht schlafen, aus Angst davor, zu früh mit der Kuhmilch (Allergien) oder zu spät mit dem Englisch (Synapsen) begonnen zu haben. Die Sorge darüber, dass der Nachwuchs zu schlecht, zu spät, zu langsam gedeiht oder lernt, bestimmt in vielen Familien den Alltag. Die Bereitschaft, der Entwicklung der Kinder nachzuhelfen, sie wenn möglich zu beschleunigen, ist riesig geworden.« Na und? Wem außer den Eltern liegt denn das Gedeihen der Kinder näher am Herzen? Den Lehrern, Politikern, Werbetreibenden oder Stadtplanern etwa?

Bis weit in die Familien hinein sorgt das negative Elternbild für eine beträchtliche Verunsicherung im kleinen Grenzverkehr zwischen Eltern und Kindern, die alles andere als hausgemacht ist, sondern einer Umgebung geschuldet, in der die Familie als Patient wahrgenommen wird. Dauerbesorgt und oft ein bisschen hysterisch, hemdsärmelig oder arrogant agieren Politik und Medien am Krankenbett und überbieten einander in Diagnosen und Therapievorschlägen. Gestritten wird über Operationen, Prothesen, Medikamente und Therapien, denn die Gelegenheit, sich am Fall Familie zu profilieren, lässt keiner ungenutzt verstreichen. Im Einzelfall mag das die Heilungschancen einzelner Familien erhöhen, denen mit der passgenauen Unterstützung wieder auf die Beine geholfen wird. Aber die Debatten um die Optimierung des Familienlebens haben längst schon unterschiedslos alle Eltern ins Visier genommen.

Dabei geht es uns doch gar nicht so schlecht. »Die guten Beziehungen in den Familien haben sich seit 2006 noch leicht weiter verbessert«, umreißt das Generationenbarometer 2009 des Forums »Familie stark machen« den Kernbefund. Die Situation der Familien entspräche nicht dem düsteren Bild, das in der Öffentlichkeit gezeigt werde, muss auch Hubertus Brantzen, Vorsitzender des Forums, eingestehen. »Natürlich wird in Familien auch manchmal gestritten. Aber das bestimmt in der Regel nicht das meist gute Klima: Die Mitglieder verbringen viel Zeit miteinander. Sie schätzen gemeinsame Mahlzeiten, tauschen sich aus, unternehmen viel zusammen und verstehen sich gut.« Viel Wärme und Geborgenheit attestieren 74 Prozent der Eltern ihrem Familienleben. Dass die Stimmung oft angespannt und gereizt sei, fanden nur neun Prozent. Noch weniger Eltern als vor drei Jahren klagten über Erziehungsprobleme. Ihren Einfluss auf ihre Kinder beschrieben 80 Prozent der Eltern als groß genug, und 63 Prozent empfanden Kindererziehung als Bereicherung für das eigene Leben, 42 Prozent macht das sogar Spaß. Dass es kein Patentrezept für die richtige Erziehung geben und jeder selbst seinen Weg finden müsse, glauben sogar unerschrocken ganze 79 Prozent der Eltern. Dennoch müssten Familien gestärkt werden, folgert Hubertus Brantzen messerscharf. Fragt sich nur, warum. Wenn sie nämlich schon so stark wären, wie sie sich selbst fühlen, wären Foren wie diese am Ende auch überflüssig.

Doch im Visier der Professionellen, auf der Agenda der Politik und auf dem Präsentierteller der Medien wird munter weiter suggeriert, dass Eltern per se ein Risiko für ihre Kinder darstellen. Glückliche Familien kommen in der Zeitung nicht vor, zufriedene Eltern gedeihender Kinder bringen im Fernsehen keine Quote. Stattdessen wird immer wieder genüsslich, lang und schmutzig über eine kleine Minderheit von Familien berichtet, in der die Kinder tatsächlich die Leidtragenden sind. Deren Zahl ist zwar rückläufig, doch der Eindruck täuscht gewaltig.

Aufgebauschte Berichte über vernachlässigte Kinder und der Ruf nach mehr (staatlicher) Kontrolle lassen die Privatsphäre zerbröseln und torpedieren die natürliche Erziehungsfähigkeit der Eltern. Mit den abenteuerlichsten Argumenten wird Eltern Stück für Stück ihre Erziehungsverantwortung aus den Händen genommen, und alles, vom Gebären bis zum Ernähren, wird als legitimer Bereich für Betroffenheit, Belehrung und Intervention betrachtet. So gerät noch das, was wir unseren Kindern aufs Schulbrot legen, ganz selbstverständlich zur Angelegenheit öffentlichen Interesses. Und wir glauben es schon selbst, wenn Fernsehköche im Verein mit Bundestagsabgeordneten publikumswirksam wieder einmal die Keule schwingen, auf der steht »Du bist, was dein Kind isst« und fürchten gehorsam und erwartungsgemäß, dass schon ein einzelner Hotdog den kindlichen Gaumen ruinieren kann und definitiv seine Gesundheit und geistiges Wohlbefinden auf lange Sicht schädigt. Und das wollen wir doch nicht so gerne: Schließlich steht das Wohlergehen der Nation auf dem Spiel, wenn Eltern ihre Aufgaben nicht so erfüllen, wie es die Gesellschaft, Wirtschaft und Politik von ihnen erwarten. Wo kommen wir denn hin, wenn der überwiegende Teil der Eltern immer noch meint, dass es kein Patentrezept in der Erziehung gebe und jeder seinen eigenen Weg finden müsse?

Und ja, natürlich, es gibt furchtbare Eltern, übrigens in jeder Schicht, die missbrauchen, vernachlässigen, versagen und versäumen, ihre heranwachsenden Kinder vom Komasaufen abzuhalten. Aber es sind längst nicht so viele, wie uns Medien, Politik und Experten weismachen wollen. Für die überwältigende Mehrheit der Eltern ist der Umstand, hin und wieder einen Fehler zu machen, weniger eine Frage der Schichtzugehörigkeit, des finanziellen Hintergrundes oder grundsätzlicher Charakterschwächen, sondern vielmehr ein ganz normaler Begleitumstand ganz normalen Verhaltens. Wir haben Elternschaft jedoch in eine Serie von Aufgaben und Entscheidungen verwandelt, die »richtig« gemacht werden müssen, wenn wir unsere Rolle als gute Eltern erfüllen wollen.

Manchmal erinnern wir uns an unsere eigene Kindheit als

idyllische Zeit, in der gute Eltern zu sein noch etwas anderes hieß – Unterstützung, Liebe, freundliche Nachlässigkeit. Mama und Papa, die das Beste, das sie konnten, für ihre Kinder taten, und Kinder, die beim Zuschauen, Mitmachen und Selbermachen lernten und auch mal einen Nachmittag sich selbst überlassen waren. Eine gute Mutter, ein guter Vater war jemand, der Tränen getrocknet und das zerschrammte Knie geküsst hat, wenn ein Kind hingefallen war. Und nicht jemand, der unter den Argusaugen einer hämischen Öffentlichkeit dafür da war, sicherzustellen, dass es niemals hinfallen würde.

In der heutigen Landschaft gibt es nur eine Möglichkeit, seine Sache gut zu machen. Dafür muss man nur so geduldig werden, dass es einem Heiligen zur Ehre gereichen würde, unendliches Wissen über die kindliche Entwicklung anhäufen, topaktuell halten und sich mit der Geburt des Kindes in einen Ausbund von Energie verwandeln. Dieser Stand-by-Modus muss kontinuierlich und dauerbesorgt aufrechterhalten werden, von Moment zu Moment, von Tag zu Tag, von Jahr zu Jahr – mit jeder Entscheidung. Es heißt einfach, dass man niemals einen Fehler machen, die Nerven verlieren oder sonst wie menschlich werden darf. Gegen Schuldgefühle ist nur ein Kraut gewachsen: einfach alles richtig machen.

Allerdings kann niemand nach diesem Standard leben, und deshalb zeigen wir mit dem Finger auf die anderen – auf die etwa, denen manchmal der Kragen platzt, aber auch auf die, die zu geizig sind für Geigenstunden und Judo-Kurse und Nachhilfestunden oder zu faul, um ihren Kindern ein gesundes Schulbrot mitzugeben oder endlich einen Termin beim Logopäden zu buchen, weil der Junge ein bisschen lispelt.

Vielleicht fürchten wir uns davor, zu erkennen, wie weit wir selbst vom fehlerfreien Ideal entfernt sind. Eltern stehen unter Druck durch all die Studien, Tests und Diktate, die auf sie einprasseln und von ihren vielfältigen Versäumnissen predigen. Täglich wird ihnen versichert – und sie haben es längst verinnerlicht –, dass sie ihr Leben konsequent rund ums Kind organisieren sollen und dessen Bedürfnisse, Wünsche und Interessen nur im Mittelpunkt der Aufmerksamkeit ihrer Eltern gut aufgehoben sind. Das gilt für alle Entscheidungen: wo wir wohnen, auf welche Schule wir die Kinder schicken, wie viel wir arbeiten, wofür wir unser Geld ausgeben und wie wir unsere Freizeit verbringen. Wenn wir dann jemanden treffen, der sich über all das hinwegsetzt und tatsächlich seinen eigenen Weg eingeschlagen hat, bedroht das gleich den Kern des Konzepts, nach dem wir unser Leben organisiert haben.

Dabei ist es doch so: Wenn wir so weit sind, dass wir den großen Schritt machen und eine Familie gründen, geraten wir alle ein bisschen in die Defensive. Deshalb geistert das Thema »schlechte Eltern« durch die Medien und die Wahlkampfreden. Es nistet in den Köpfen und wirft als Generalverdacht einen weiten Schatten, in dem sogar Eltern andere Eltern in schlechtem Licht sehen. So entsteht Wirklichkeit, die wirkt. Ein Blick auf die Kluft zwischen veröffentlichter und öffentlicher Meinung vermittelt auch das besagte Generationenbarometer 2009: Dort geben Familien an, dass bei ihnen selbst alles zum Besten stehe, während sie glauben, dass dies bei den meisten anderen nicht der Fall sei. So bezeichnen 82 Prozent den Zusammenhalt in ihrer Familie als stark oder sogar sehr stark, in anderen Familien sahen jedoch nur 20 Prozent gleich starken Zusammenhalt. 58 Prozent hegten die Vorstellung, dass der Zusammenhalt in den meisten anderen Familien eher gering oder sehr schwach ausgeprägt sei. Die Stabilität aller Familien außer der eigenen wird also stark unterschätzt.

Großen Anteil an solchen Ergebnissen haben, neben der einseitigen Berichterstattung in den Medien, auch Experteneinschätzungen über die vermeintlich abnehmende Erziehungsfähigkeit der Eltern. Suggestiv und durch dauernde Wiederholung glauben Eltern schließlich, dass Kinder nur mit Hilfe externer Experten zu sozial kompetenten und gebildeten Erwachsenen geformt werden können, und nehmen auch die Zumutung hin, dass der Staat sich immer weiter einmischt. Wo ein Rauch ist, ist ein Feuer? Wenn allerorten mit viel Geld und aller Macht versucht wird, mehr Einfluss auf die Erziehung von Kindern und private Entscheidungen von Eltern zu nehmen, kann das ja nur daran liegen, dass Eltern versagen – so der populäre Kurzschluss.

Solange Mütter und Väter aber nicht das Selbstvertrauen haben, ihre Entscheidungen zu treffen, ohne die Experten zu konsultieren, und den Mut finden, staatliche Einmischungen zurückzuweisen, werden sie in einem perfektionistischen, bewertenden, beurteilenden System dilettieren. Ein System, das den Blick auf die da unten, die anderen Eltern, die noch viel mehr versagen als man selbst, dringend braucht, um eigene Versagensängste selbstwertneutral zu entsorgen. Um es in den Worten von Gore Vidal zu sagen: »Es ist nicht genug, erfolgreich zu sein. Andere müssen scheitern.«

Von wegen Solidarität

»Sag mal, schlägt der den Dani eigentlich auch?«, habe eine andere Mutter aus dem Kinderladen seine Frau gefragt, erzählt mir der Mann, der gerade unser Klavier stimmt. Er schüttelt den Kopf und lacht bitter auf. Der Hintergrund: Am Vortag habe er seinen fünfjährigen Sohn vom Kinderladen abgeholt, und der habe noch weiterspielen wollen. Gut, hat er gesagt, er warte noch zehn Minuten: »Guck mal, wenn der Zeiger hier steht, gehen wir.« Daniel ist einverstanden, der Vater wartet. Nach zehn Minuten will der Kleine – wenig überraschend – immer noch nicht gehen. Handelt weitere fünf Minuten aus. Als auch die verstrichen sind, erinnert der Vater an die Abmachung. Daniel quengelt, stampft mit dem Fuß auf, wirft die Schuhe auf den Boden und kreischt. Der

Vater bleibt fest und sagt freundlich: »So, jetzt gehen wir, das war abgemacht, verdammt noch mal.« Daniel sieht das vielleicht nicht ein, aber er zieht sich an, greift nach der Hand seines Vaters, und die beiden ziehen friedlich von dannen.

»Wir haben da ein klares System«, erklärt der Klavierstimmer, »erste Ansage, zweite Ansage und dann wird's gemacht – natürlich nur, wenn es um Sachen geht, die eben sein müssen. Über alles andere kann man reden.« Dann beeilt er sich zu versichern: »Aber schlagen, nee, das würde ich nie!«

So weit, so gut. Aber ist ein angehängtes »verdammt noch mal« nicht tatsächlich schon ein starker Hinweis auf versteckte häusliche Gewalt, wie die Mutter des anderen Kindes, die das Geschehen beobachtet hat, so argwöhnisch vermutet? Vielleicht war diese Mutter ja auch nur ein bisschen überdreht, doch warum liegt der Schluss so nahe, dass ein Vater, der mal flucht, auch ein Vater ist, der schlägt? Warum gilt die Unschuldsvermutung, die wir anderen üblichen Verdächtigen angedeihen lassen, bei Vätern praktisch gar nicht mehr?

Vielleicht ist das ja auch der Grund dafür, dass man heute auf den Straßen kaum noch Männer sieht, die ihre Kinder herzen. Das Misstrauen gegenüber den Motiven von Männern, sich Kindern zu nähern, hat mittlerweile paranoide Züge angenommen. Körperlicher Kontakt, einst selbstverständliche Zutat im Zusammenleben von Eltern und anderen wohlmeinenden Erwachsenen (ja, die gibt's!) ist zu einer Art Steilvorlage für den Generalverdacht von Missbrauch, Misshandlung und Gefahr geworden. Deshalb haben Väter heute Bedenken, wenn ihre kleinen Töchter ihnen in der Öffentlichkeit auf den Schoß springen. Deshalb machen sich Erzieher vorneweg schon mal Sorgen, wenn sie die Kinder beim Schwimmbadbesuch mit Sonnenmilch eincremen und kleinen Mädchen im Park beim Pinkeln helfen müssen. Deshalb sind aber auch Passanten, die tatenlos an einem schluchzenden Kleinkind vorbeigehen, heute keine Seltenheit mehr. Die

Solidarität unter Eltern schwindet, genau wie die Solidarität unter Erwachsenen: Eine Art Erziehungsvakuum ist entstanden, das zeigt, wie fremd der Umgang mit Kindern geworden ist. Wen wundert es da, wenn Erwachsene inzwischen regelrecht Angst vor schlecht erzogenen Kindern haben?

Doch unbeholfene, wegschauende Erwachsene, die sich in Gegenwart von Kindern unwohl fühlen oder Passanten, die tatenlos an einem schluchzenden Kleinkind vorbei gehen, stellen für Eltern ein ernsthaftes Problem dar. Schlimmer aber ist, dass viele Eltern der Überzeugung sind, es sei das Beste, wenn andere Erwachsene sich nicht in die Belange der Kinder einmischen. Eltern betrachten andere Erwachsene nämlich nicht als Verbündete, sondern als potenzielle Feinde ihrer lieben Kleinen und verbitten sich schnell jede Einmischung in die Erziehung, die sie als ihre intime Privatangelegenheit verstehen. Das Schwinden der Solidarität unter Erwachsenen verwandelt die Kindererziehung in eine überaus einsame Tätigkeit.

Die Unkultur des Hinschauens

Die meisten Eltern haben sich daran gewöhnt, mit einem subtilen Unbehagen zu leben. Das rührt auch daher, dass die Familie in den Medien fast ausschließlich im Zustand ihrer größtmöglichen Zerrüttung erscheint. Mütter und Väter werden beobachtet und beobachten. Der Argwohn wabert überall – vom Spielplatz bis zum Schulhof und weiter. Sehen und Gesehenwerden: Allwaltendes Misstrauen gerinnt zum Generalverdacht gegenüber und unter Eltern; es durchdringt die Atmosphäre von Kinderpartys und Sportveranstaltungen, Arztpraxen, Supermarktkassen und Straßen wie eine elektrische Aufladung, die sich dann beliebig entlädt. Schneller, als man sich das vorstellen kann, steht man am Pranger und muss sich erklären: Die blauen Flecken auf dem Rücken des

Siebenjährigen hat er sich zwar bei einer Rauferei mit seinem großen Bruder geholt. Doch erklären Sie das mal der Lehrerin, die Sie umgehend einbestellt hat und nun in strengem Ton ein Kreuzverhör beginnt. Da muss man noch nicht einmal etwas getan haben, um in haltloses Stottern zu verfallen.

Tagtäglich lässt sich beobachten, wie Eltern sich in den Auswirkungen einer von Misstrauen geprägten Elternschaftskultur verheddern, in der eine falsche Bewegung auf dem Spielplatz, ein vergessener Imbiss für die große Pause oder eine unbedachte Äußerung Risiken bergen, das Missfallen von anderen Eltern, Nicht-Eltern und das Echo der Medien hervorzurufen. Und, machen wir uns da nichts vor, die Regelungswut und den Kontrollwahn des Staates auf den Plan zu rufen, der sich als Vormund unmündiger Eltern aufspielen darf.

Das Gefühl, beobachtet und bewertet zu werden, sickert in jeden Bereich unseres Lebens ein, weil nahezu jeder Aspekt der Elternschaft im Handumdrehen politisiert wird. Wie viel Elternfreude sich ein Paar gönnt, ob Mütter per Kaiserschnitt oder auf natürlichem Weg gebären und wo sie das hinter sich bringen – Hausgeburt oder Krankenhausgeburt – das ist längst nicht mehr, was es einmal war: ihre ureigene Entscheidung. Ob Mütter stillen oder nicht, ob Eltern ihre Kinder impfen lassen oder nicht, ob Eltern ihre Kinder an die frische Luft scheuchen oder fernsehen lassen, was sie kochen, wie lang sie täglich mit ihren Kindern reden und wann sie sie ins Bett schicken – das waren früher mal Sachen, über die man getrost Eltern allein entscheiden lassen konnte. Heute darf jedes noch so kleine Detail zum Gegenstand öffentlicher Kampagnen und aktionistischer Politik werden. Und so transportiert noch die Politiker-Debatte um die Einführung einer Kita-Pflicht den befremdlichen Gedanken, dass Eltern die Entscheidung nicht überlassen werden kann, ob sie ihr Kleinkind zu Hause betreuen oder in die Kita geben wollen.

Diese Kröte am Brunnen der Elternschaft untergräbt das

Vertrauen in uns selbst und zueinander mehr als ein gelegentliches Versagen vor den üblichen Herausforderungen im Zusammenleben mit Kindern. Es verwandelt Elternschaft von einem aufrichtigen, vitalen und kraftvollen Teil unseres Lebens in eine ängstliche, unsichere und von Zweifel geprägte Zitterpartie.

Noch einmal: Glaubt eigentlich heute noch irgendjemand, dass Kinder in ihren Familien im Großen und Ganzen gut aufgehoben sind, gut behandelt werden und sich gut entwickeln? Macht man sich nicht schon lächerlich, wenn man darauf verweist, dass Eltern ihre Kinder schon von Natur aus lieben und schlicht das Beste für sie wollen – und das durchaus verschieden in verschiedenen Familien sein darf?

Schulmisere und PISA-Hype, Komasaufen, Erziehungsgeld und der Bau von Kindertagesstätten, Kinderarmut, Dickleibigkeit, Verwahrlosung, Missbrauch, der Lächerlichkeit preisgegebene überfürsorgliche Helikopter-Eltern, Gewalt gegen Kinder und die Gewalttätigkeit, die von ihnen ausgeht – all das sind Chiffren für ein Trauerspiel, das mit Medienspektakel täglich neu inszeniert, wie Eltern vor den Augen der Öffentlichkeit als traurige Gestalten agieren. Doch nicht nur die Politik macht aus ganz normalen Eltern eine Herde von Sündenböcken. Längst ist üblich geworden, aus Elternbelehrung ein Entertainmentprogramm zu machen. Sendungen wie »Die Supernanny«, »Der Jugendcoach« und »Die strengsten Eltern der Welt« führen der Öffentlichkeit das schlechte Benehmen der Kinder und die allumfassende Unfähigkeit der Eltern vor. Auch deshalb grassiert das Klischee, wonach die Inkompetenz der Eltern weit verbreitet sei wie ein Brechdurchfall im Kindergarten. Die Frage, wie Kinder zu erziehen sind und wie es gelingt, sie zu guten Erwachsenen zu machen, treibt die ganze Gesellschaft um.

Und deshalb reden alle mit, wenn es um Mütter und Väter geht, merkwürdig nur, wie sie in der Realität dabei immer weiter an den Rand gedrängt werden. Elternqualitäten sind ein Top-Thema für Talk-Shows, ein Quotenlieferant für die Medien, ein Passepartout für die Politik. Dabei geraten Eltern immer häufiger von der Rolle des *Souveräns* der Kindererziehung in die Rolle *Bedürftiger*, passiver Empfänger von Unterstützung und Unterweisung. Oder sie firmieren nassforsch als *Partner* bezeichnet von verschiedenen Institutionen, die mit ihren Kindern befasst sind – Kindergärten, Arztpraxen, Schulen, Jugendämter. Ob ein Erwachsener einem Kind eine gute Mutter, ein guter Vater ist, wird nicht nur als entscheidend für das Wohl des Kindes, sondern auch für das Wohl der Gesellschaft angesehen. Der Satz »Es geht um die Kinder!« entfaltet eine enorme Wucht, wo es darum geht, Aufsicht und Kontrolle über das Tun und Lassen von Eltern zu etablieren, und lädt auch den letzten Ahnungslosen noch dazu ein, über Eltern herzuziehen und ihre Leistung schlechtzureden.

Eltern, schafft!

Eltern zu werden ist auch heute nicht schwerer geworden, doch Eltern zu sein? Die Messlatte der »verantworteten Elternschaft«, wie die Autoren der Studie der Konrad-Adenauer-Stiftung »Eltern unter Druck« die neue Norm nennen, liegt heute viel höher: »Man soll nur Kinder in die Welt setzen, wenn man sich auch gut um sie kümmern kann und ihnen eine ausreichende materielle Grundlage bieten kann.« Zu diesem Glaubenssatz bekennten sich laut Studie die meisten Deutschen. Klingt gut, und so falsch ist er natürlich nicht, abgesehen davon, dass die sichere materielle Grundlage realistischerweise kaum von Eltern garantiert werden kann. Deshalb sagt die große Zustimmung zu diesem Satz auch: Kümmert euch selbst drum. Seht zu, wie ihr klarkommt. Ist doch dein Problem, wenn du dir Kinder anschaffst.

Kinder kommen heute nicht mehr einfach so auf die Welt, weil die Familiengründung eben in einem bestimmten Alter dran ist, sondern verdanken ihre Existenz einer wohl abgewogenen, total durchdachten, oberbewussten Entscheidung, bevor sie dann als hochemotionales, superkompliziertes, sinnstiftendes und persönliche Erfüllung verheißendes Bastelprojekt die Hauptrolle im Leben beider Eltern spielen. Früher haben Kinder auch schon viel Arbeit gemacht, aber heute steht der Vorgang im Ruf, so kompliziert, teuer und aufwendig wie eine Nordpolexpedition zu sein.

Wer sich bewusst für ein Kind entscheidet, trägt die alleinige Verantwortung. Keine Großeltern, keine Nachbarn, keine Freunde und erst recht keine Lehrer tragen selbstverständlich mit. Das würden Eltern auch nie einfach so von ihren Mitmenschen einfordern. Aber ein bisschen Unterstützung wäre doch manchmal ganz schön – flankierend, nicht intervenierend. Pädagogen, Psychologen oder Politiker sagen in Sonntagsreden gerne, dass es ein ganzes Dorf braucht, um ein Kind großzuziehen. Gute Idee. Doch von Montag bis Samstag leben wir in einer Geisterstadt, in der man immer noch keine Nachbarn trifft, dafür aber jetzt Überwachungskameras und Notrufsäulen installiert.

Irgendwo inmitten dieser unwirtlichen Gemengelage versuchen sich ganz normale Eltern tagtäglich erfolgreich in der hohen Kunst des Durchwurstelns. Für ideologische Großdebatten bleibt uns wenig Kraft – wer seinen Familientanker auf Sicht fährt, muss seinen inneren Kompass täglich neu justieren. Das gelingt im Allgemeinen ganz gut, denn an schwierigen Aufgaben lässt sich gut wachsen. Zweifellos schauen Eltern besorgt in die Zukunft und stehen unter einem immensen Druck, alles für ihre Kinder zu tun. Jahrelang kommen sie mit wenig Schlaf aus, üben sich in Geduld, wenn der Nachwuchs schwierig wird und tun alles Menschenmögliche, um Gefahr vom Kind abzuwenden. Mehr oder weniger kommen sie zurecht – auch wenn ihnen dabei kaum einer hilft und sich die Politik, was Steuergesetze, Schulwesen und Kinderbetreuung betrifft, alle naslang auf verwirrende Weise ändert, nur um die Ziellinie in Bewegung zu halten.

Eltern wünschen sich noch stärker als mehr Geld mehr Anerkennung und Wertschätzung, geben die Befragten der Interviewstudie der Konrad-Adenauer-Stiftung ein Echo auf das Trommelfeuer von systematischem Schlechtreden, das auf Eltern einprasselt. Zwei Drittel finden, dass in der Öffentlichkeit zu schnell negative Rückschlüsse von negativen Einzelfällen auf alle Eltern ausgedehnt werden. Genauso viele bemängeln, dass über Familien mit Kindern überwiegend in negativem Zusammenhang berichtet wird, wenigstens jeder zweite von ihnen meint selbstbewusst, dass die Öffentlichkeit und die Politik sich viel zu sehr in den privaten Raum Familie einmischt. Dass die Interviews teilweise regelrechten Therapiecharakter angenommen hätten, in dem Wut, Enttäuschung und Tränen zum Ausdruck kamen, betonen die Autoren in etwas hilflos anmutendem Befremden. Befragte Eltern hätten eine so überaus große Dankbarkeit gezeigt, dass sich eine objektive Instanz tatsächlich für sie als Eltern interessiere, einfach nur zuhöre und wirklich verstehen wolle. Wertschätzung, ja das wäre was!

Woher wissen wir eigentlich alle so genau, dass immer mehr Eltern versagen? Objektive Beweise liefern weder die polizeiliche Statistik noch die PISA-Studien. Alarmzahlen kann man nämlich so und so verstehen. Dass jedes dritte Kind heute schon vor dem Schulbesuch bereits eine therapeutische Behandlung hinter sich hat, heißt für sich genommen noch gar nichts. Dass Eltern heute Erziehungsberatung in Anspruch nehmen, ist auch kein Wunder. Das Angebot ist, verglichen mit dem, das frühere Generationen kannten, ja auch viel größer, und vor der Angst, Fehler zu machen, ist kaum eine Mutter oder ein Vater gefeit.

Die finanzielle Belastung von Familien

Kinder sind im Budget des Familienhaushalts ein großer, wenn nicht der größte Posten. Die Kosten für ein Kind werden durch die paar Steuervergünstigungen und das Kindergeld, das Eltern ausgezahlt wird, kaum aufgefangen. Die Folgen sind bitter. In Deutschland sind heute mehr Kinder von materieller Benachteiligung betroffen als in den Aufbaujahren der Nachkriegszeit, als das Grundgesetz in Kraft trat. Kinder sind die größte Bevölkerungsgruppe, die in relativer Armut leben. Das Bundesarbeitsministerium gibt seit vielen Jahren einen Armuts- und Reichtumsbericht heraus. Dort wird regierungsamtlich bescheinigt, wie viele Familien in Deutschland an der Grenze des Existenzminimums leben, das in unserem Kulturkreis zumindest als notwendig gilt, um sich dazugehörig und integriert zu fühlen. In einem reichen Land arm zu sein, kann viel demütigender sein als in einem armen.

Wirtschaftliche Engpässe treffen besonders die Kinder aus Familien, in denen die Eltern arbeitslos sind, wo viele Geschwister zu versorgen sind, wo ein Elternteil nicht berufstätig sein kann, weil er allein für die Erziehung verantwortlich ist oder die aus anderen Ländern zugewandert sind. International üblich wird relative Armut so definiert: Einen Haushalt, in dem weniger als die Hälfte der Geldsumme zur Verfügung steht, die rechnerisch in einem Land den statistischen Durchschnitt bildet, bezeichnet man als arm. Familien mit nur einem Elternteil gelten demzufolge als arm, wenn das monatliche Einkommen unter 1300 Euro liegt. Ihre Zahl ist in den letzten 30 Jahren kontinuierlich gestiegen – für ein reiches Land im Zentrum Europas ein familienpolitisches Armutszeugnis.

Jedes zwölfte Kind in Deutschland lebt unterhalb der Armutsgrenze, wie der neue Unicef-Report »Reiche, kluge, glückliche Kinder?« aus dem Oktober 2013 zeigt. Kinder von Alleinerziehenden sind am stärksten betroffen, hier gilt jedes dritte als arm. Die Ursachen liegen jedoch nicht in der jeweiligen Familienform begründet, sondern in den wirtschaftlichen und sozialen Problemen vieler alleinerziehender Eltern.

Die finanziellen Engpässe in den Familien haben weitreichende Folgen. Arme Kinder leben ungesünder, rauchen häufiger, treiben weniger Sport, sehen mehr fern und schneiden in der Schule schlechter ab, betont der Unicef-Report. Diese Kinder seien im Durchschnitt sehr viel unzufriedener mit ihrem Leben als ihre Altersgenossen – und diese Unzufriedenheit halte ein Leben lang an, sagt Jürgen Heraeus, Chef von Unicef Deutschland, bei der Vorstellung des Berichts: »Gelernte Hoffnungslosigkeit macht es schwer, Herausforderungen im weiteren Leben zu meistern.« Unicef fordert deshalb von der neuen Bundesregierung gezielte Hilfen für Alleinerziehende, um die Kinderarmut wirksam zu bekämpfen. Dabei geht es um mehr als nur finanzielle Unterstützung: Um benachteiligte Kinder früher und gezielter zu fördern, gehörten laut Unicef zum Beispiel die besten Schulen in die Problemviertel der Großstädte und nicht in bürgerliche Wohngegenden.

Wissenschaftliche Studien, in denen die Eltern selbst nach ihrer Einschätzung der wirtschaftlichen Lage gefragt werden, bestätigen die Zahlen der Ministerien. Fast ein Fünftel der Eltern geben zu Protokoll, mit dem Familieneinkommen schlecht oder sehr schlecht zurechtzukommen. Arbeitslosigkeit ist der stärkste Einzelfaktor, mit dem die wirtschaftliche Misere ausgelöst wird. Wenn Mutter und Vater keine Berufstätigkeit ausüben können, erhalten sie zwar Transferzahlungen. Aber wirklich abgesichert ist ihre ökonomische Lage damit nicht. Gering gebildete und wenig beruflich qualifizierte Eltern, alleinerziehende Mütter und Väter, Zuwandererfamilien und kinderreiche Eltern sind am wenigsten in der Lage, einer geregelten und lukrativen Berufstätigkeit nachzugehen. Erst dann, wenn auch sie die Möglichkeit haben, über eine Erwerbstätigkeit das Haushaltseinkommen zu steigern, kann die relative Armut von Familien verringert werden. Davon kann heute nicht die Rede sein.

Armut macht krank

Je ungünstiger die soziale Lage der Familie ist, desto schlechter nimmt sich auch das seelische und körperliche Wohlbefinden der Kinder aus. Kopfschmerzen, Rückenschmerzen und Schlafstörungen nehmen bei den Kindern aus den unteren sozialen Schichten deutlich zu. Sie schätzen ihre Lebenssituation, ihre persönliche Perspektive und ihren Gesundheitszustand sehr viel schlechter ein als Gleichaltrige mit besserem sozialen Hintergrund. Ähnlich krass fallen die Unterschiede in puncto Selbstverstrauen und Zugehörigkeit aus. Arme Kinder fühlen sich erheblich häufiger einsam, hilflos und unglücklich als die übrigen. Armut und sozialer Abstieg können Kinder krank machen. Enge Wohnungen, schlechte Ernährung, eintönige Freizeitbeschäftigung mit viel zu viel Fernsehen, mangelnde Gesundheitsaufklärung sowie ein nervöses und oft aggressives Erziehungsverhalten der Eltern nagen an der Konstitution der Kinder und schwächen sowohl ihre Kompetenzen als auch ihre Abwehrkräfte. Auch der Zusammenhang zwischen schlechter sozialer Lage und riskantem Gesundheitsverhalten ist eklatant: Kinder aus den unteren sozialen Schichten greifen nicht nur früher, sondern auch viel häufiger zur Zigarette als die anderen. In Bezug auf Ernährung und Hygiene bestätigt sich der gleiche Zusammenhang; auch hier verschlechtert sich die Situation, je näher die Kinder am Armutspol leben.

Kinder, die von der Armut ihrer Eltern betroffen sind, gelingt es nur selten, dies einfach wegzustecken. Im zwischenmenschlichen Bereich macht Armut einsam. In einer wettbewerbsorientierten und konsumbesessenen Gesellschaft ist derjenige schnell isoliert, der nicht das Geld hat, um beim Konsum mitzuhalten. Da wird Armut schnell zur Schande. Es ist leichter, mit siebenjährigen Kindern über den Tod zu sprechen oder mit einer Runde Neunjähriger über Sex zu diskutieren, als über den Verlust der Wohnung, die Arbeitslosigkeit der Eltern oder den Besuch des Gerichtsvollziehers bei ihnen zu Hause zu reden.

Für die meisten Kinder ergibt sich aus ihrer misslichen sozialen Lage ein gesellschaftlicher Spießrutenlauf, der Spuren in Leib und Seele hinterlässt. Wenn eine Gesellschaft ausgerechnet Familien mit kleinen Kindern in die Armut drängt, verlieren zuerst die Eltern ihre Lebenszuversicht. Sie werden zu unsicheren, angespannten Erziehern. In Stress-Situationen brechen aggressive Stimmungen leichter durch. Das alles überträgt sich auf die Kinder. Sie spüren die Verunsicherung und Demoralisierung, unter der ihre Eltern leiden. Sie büßen das Vertrauen in ihre eigenen Fähigkeiten ein, ihr Leben in den Griff zu bekommen. Die Eltern schaffen es ja auch nicht. Kinder zweifeln schließlich an sich selbst, sie investieren weniger in ihr eigenes Wohlbefinden. Alle Studien zeigen, wie in Armutsfamilien Hygiene und Körperpflege der Kinder nachlassen, die Einschätzung der eigenen Gesundheit ins Negative rutscht und eine misstrauische, manchmal zynische Weltsicht die Oberhand gewinnt.

Armut macht leistungsschwach

Die Armut der Eltern drückt aber nicht nur auf die Gesundheit der Kinder, sondern auf alle ihre Kompetenzen. Die Engpässe bei Ernährung und Kleidung sind das eine, die Verschlechterung des Familienklimas und das Abrutschen in resignierte Passivität sind das andere. Arme Eltern werden zu schlechten Erziehern, sie schaffen es nicht, ihren Kindern sensibel die Unterstützung zu geben, die sie für eine gute Entwicklung brauchen.

Die meisten Kinder schneiden in der Schule schlechter ab, wenn die Familie in wirtschaftliche Not gerät – nicht nur, weil kein Geld für Nachhilfestunden oder zusätzliche Lernmittel da ist, sondern auch weil die Stimmung in der Familie leidet. Arme Kinder, auch das zeigt die Unicef-Studie, haben verglichen mit ihren Altersgenossen, die nicht in Armut aufwachsen, bereits am Ende der vierten Klasse in Mathematik und Naturwissenschaften einen Leistungsrückstand von einem halben Lernjahr. Gerade sie wären auf bestmögliche Unterstützung durch die Schule angewiesen.

Wenn die Eltern ihre Lage als persönliches Versagen empfinden und unter starken Schuldgefühlen leiden, ziehen sie sich zurück. Es wird weniger gesprochen und vielleicht auch mehr gestritten. Gemeinsame Unternehmungen, die mit Kosten verbunden sind, werden seltener. Resignation breitet sich aus.

Öffentliche Betreuung als Chance

Das Angebot öffentlicher Schulbildung und Kinderbetreuung ist in Deutschland noch immer reduziert. Angesichts der Veränderungen im Familien- und Berufsleben ist das inzwischen ein enormer gesellschaftlicher Modernitätsrückstand, der auf dem Rücken von Eltern und Kindern ausgetragen wird.

Aufgabe des Staates kann es wahrhaftig nicht sein, bestimmte Familienformen moralisch, gesetzgeberisch und fiskal anderen Formen gegenüber aufzuwerten und auch nicht, Frauen von der Berufstätigkeit fernzuhalten, weil dadurch organisatorische Probleme für die Kinderbetreuung gefürchtet werden. Das wurde aber in Deutschland jahrzehntelang so gehalten. Kleine Franzosen gehen in die Ecole Maternelle, jeder kleine Däne spielt im Boernehave. Der deutsche Nachwuchs hatte jahrelang keinen Platz im Kindergarten, aber seit August 2013 einen Rechtsanspruch.

Neuerdings werden Krippen, Kitas und Ganztagsschulen nicht als Hilfe für notleidende Eltern konzipiert, sondern als neue familienpolitische Norm propagiert, die sicherstellen soll, dass Frauen Kinder gebären und arbeiten gehen. Nichts dagegen! Aber weil der Gesellschaft die Beitragszahler ausgehen und dem Staat die Steuerzahler auch schon bedenklich knapp werden, überbieten sich Politiker in beinharten Prognosen für die Bedürfnisse oder die Betreuungswünsche von Eltern. Und natürlich kann der Kindergarten oder die Krippe für das eine Kind ein Segen sein, für das nächste eine Tortur und für die meisten ist es wahrscheinlich ganz okay soweit. Auch spricht nichts dagegen, wenn bestens ausgebildete Erzieherinnen die Wissbegier geborener Selbstlerner mit vielfältigen Anregungen füttern.

Kinder von anderen an einem anderen Ort betreuen zu lassen, hat ja durchaus etwas für sich, wenn man arbeiten gehen will. Schwerer wiegt das Geld: Unsere Generation hat sich mit absurden Lebenshaltungskosten und vermeintlich unverzichtbaren Konsumgütern so effektiv in die Enge treiben lassen, dass in vielen Familien die Mutter ebenso Geld verdienen muss wie der Vater. Besser für die Familie, wenn sie die Möglichkeiten dazu hat. Ob eine Mutter arbeiten geht oder nicht, liegt, so könnte man meinen, einzig bei ihr und den Umständen. Wenn sie fürchtet, dass ihr Baby zu sehr leidet, sollte sie zu Hause bleiben. Mit einem potenten Ernährer im Hintergrund: kein Problem. Und wenn ihr die Arbeit wichtig ist und der Job Spaß macht, oder auch wenn ihr nichts anderes übrig bleibt, weil die Familie das Geld dringend braucht oder sie fürchtet, an der brisanten Mischung von Überforderung und Langeweile zu verzweifeln, die sich im Alltag mit kleinen Kindern auch einstellt – dann muss sie arbeiten gehen können. Was denn sonst! Entscheidend ist, dass jedes Elternpaar und jede Alleinerziehende die Möglichkeit hat zu wählen, welcher Weg für sie und ihre Familie der beste ist.

Allerdings setzt diese höchst private Entscheidung wie jede andere eine möglichst diskriminierungsfreie Wahl voraus. Sicher profitieren sozial benachteiligte Familien von einem guten öffentlichen Betreuungsangebot, das Kindern viele sprachliche und intellektuelle Anregungen gibt. Eltern wäre Entlastung angeboten, weil sie mit anderen Eltern zusammenarbeiten und auch vom pädagogischen Fachwissen der Erzieher profitieren könnten.

Doch auch heute ist die Familie der beste gesellschaftliche Ort für die Betreuung und Erziehung von Kindern. Aber die klein gewordene und krisenanfällige Familie braucht ein Netz von nachbarschaftlichen Kontakten und eben auch von öffentlichen Einrichtungen zur Betreuung und Bildung von Kindern.

Deshalb wäre es genug, auf die Nachfrage von Familien zu reagieren und gute Angebote bereitzuhalten, die mit Qualität überzeugen, statt mit staatlichem Pflichtbesuch zu drohen. Wo ein Wille ist, da ist auch ein Weg – das klappt mit Wurst und Windeln ja auch ganz gut. Regt sich eine Nachfrage, folgt ihr über kurz oder lang ein Angebot. Auf diesen Mechanismus verlassen wir uns in anderen Bereichen blind. Ein Wirtschaftsminister, der uns vorrechnete, wir bräuchten in den nächsten Jahren so und so viele Autos, Klopapier und Müsliriegel, und deshalb die Produktionsziffern festlegte, würde wenig mehr als Kopfschütteln ernten – oder schlechte Erinnerungen an staatliches Planwirtschaften wecken.

Durch gesetzgeberische Veränderungen, finanzielle Lockstoffe und strukturelle Errungenschaften der letzten Jahre sind Mütter und Väter heute ein bisschen freier geworden, ihr Berufs- und Familienleben nach eigenem Gutdünken zu gestalten. So weit, so gut. Doch auch das Gute und Gutgemeinte bewirkt gelegentlich Schlechtes. Denn unser ganz persönlicher Ermessensspielraum schwindet dahin. Das zerstört wichtige Freiheiten wie die, selbst zu entscheiden, wie das Kind aufwachsen soll. Bis zur Grundschule bei der Mutter zu Hause? Gut. Ab eins in die Krippe? Auch gut. Mit drei in den Kindergarten? Genauso gut. Für die Kinder ist es egal, weil sie überaus anpassungsfähig und einfallsreich sind, bis wir sie mit unseren Schuldgefühlen und unserem schlechten Gewissen belasten. Entscheiden, wie sie es haben wollen, müssen die, die das Kind am besten kennen, über alles lieben und die Verantwortung tragen: die Eltern.

Vater Staat als Erziehungsberechtigter

Der Druck steigt, dass der Staat Familien nicht nur unterstützt, sondern sich gleichzeitig mehr und mehr in die Erziehung und Betreuung der Kinder einmischt. Der Staat traut den Eltern nicht. Nicht weil er Elternversagen fürchtet, sondern weil er Elternversagen geradezu erwartet. Wer würde schon die Hand dafür ins Feuer legen, dass Mütter und Väter das bare Betreuungsgeld, das ab 2013 notorischen Krippenverweigerern ausgehändigt wird, nicht für Wodka und Kippen ausgegeben werden? Eben.

Am Beispiel dieser unsäglichen Diskussion offenbart sich die Janusköpfigkeit einer gefährlichen, freiheitsberaubenden Entwicklung.

Die Legitimation zur Bevormundung ist wasserdicht, denn der Staat kann jetzt so tun, als hätten die Bürger selbst in ihrer Not ihn zu Hilfe gerufen, und darf sich auf den Grundsatz der Subsidiarität berufen: Wo jemand sich selbst nicht mehr zu helfen weiß, springt der Staat ein. Dafür darf der Staat dann auch die Bedingungen diktieren. Nicht die Eltern entscheiden frei, wie sie ihre Kinder großziehen wollen, sondern der Staat macht die Vorgaben.

Neuerdings wird dieses staatliche Ausgreifen nicht mehr nur mit der besseren Vereinbarkeit von Familie und Beruf, sondern mit der besseren Förderung der Kinder begründet. Sie sollen ja auch was lernen, die Kleinen. Aber so? Nicht die Kindheit à la Bullerbü ist gefragt, sondern frühes Lernen angesagt – eine Sichtweise, die durch eine Flut von Artikeln, Bildungsprogrammen, Appellen und Konzepten kommuniziert wird. Der Vorschlag, Krippen und Kitas zu Bildungsorten auszubauen, in denen Babys und Kleinkinder künftig curricular geschult und nach allen Regeln der pädagogischen Kunst gefördert werden, mag auf den ersten Blick etwas für sich haben und besorgte Eltern etwas beruhigen, die ihre Kinder dort hingeben, schon weil sie keine andere Wahl haben, wenn sie Geld verdienen müssen. Aber wir sollen jetzt auch gar nicht mehr groß selbst darüber nachdenken, ob die Kita gut fürs Kind und gut für uns ist oder nicht, wenn uns ständig suggeriert wird, dass die Kita mit ihren Erzieherinnen sowieso besser als alles ist, was die Eltern selbst leisten könnten. Auf den zweiten Blick darf man getrost bezweifeln, ob den Kindern mit der angestrebten Frühpädagogisierung wirklich besser gedient ist als mit einer vernünftigen altersgemäßen Betreuung, bei der die Grenzen zwischen Spielen und Lernen aufs Vergnüglichste verschwimmen.

Darüber hinaus ist diese Haltung nicht nur anmaßend, sondern ein Affront gegenüber all jenen Müttern und Vätern, die ihre Kinder in den ersten Jahren in der Geborgenheit des Elternhauses aufwachsen lassen wollen. Legt man den Fokus ausschließlich auf außerfamiliäre Betreuung in Institutionen, nimmt man berufstätigen Eltern das Heft aus der Hand. Es gibt durchaus andere, keineswegs schlechtere Lösungen – seien es die Großeltern, Bekannte, eine Kinderfrau, die man mit anderen Eltern zusammen engagiert oder nachbarschaftliche Arrangements auf der Basis gegenseitiger Hilfe. Gerade solche privaten Lösungen werden aber von Staats wegen erschwert, wenn Krippe und Kita als einzige Möglichkeit angepriesen und durchgesetzt werden, die überdies durch das Versprechen der Kostenfreiheit Eltern noch mehr korrumpiert und auf abhängige Leistungsempfänger staatlicher Daseinsvorsorge reduziert. So werden Eltern immer nachdrücklicher auf den einen Weg festgelegt. Die Frage, worum es hier eigentlich geht, sei erlaubt: Um das Wohl des Kindes und seiner Familie oder um den Einfluss auf die Erziehung, den der Staat sich mehr und mehr sichern will.

Unter dem Deckmäntelchen der Chancengleichheit wird argumentiert, dass sich der Staat noch sehr viel entschlossener engagieren und eingreifen müsste, um Kindern aus sozial schwachen Familien dieselben Chancen zu eröffnen wie Kindern aus wohlhabenden Mittelschichtsfamilien, falls nötig mit Druck und Zwang. Das klingt menschenfreundlich, edel, hilfreich, gut und gerecht, kommt aber in Wirklichkeit einem Freifahrtschein für einen uferlosen Ausbau des öffentlichen Bildungs- und Erziehungswesens gleich und öffnet der Kontrolle des Familienlebens Tür und Tor. Dabei ist es richtig, dass Eltern und Kinder mit speziellen Herausforderungen im Kindergarten, in der Schule, aber auch darüber hinaus Unterstützung in Anspruch nehmen können. Auch soll das Jugendamt einschreiten dürfen, wo Kinder vernachlässigt oder misshandelt werden. Ein freiheitlicher Staat darf aber nicht alle Familien in ein einheitliches Schema zwingen, wie es aus den Forderungen der Für-alle-das-Gleiche-Front beständig schallt.

Es macht Eltern nicht zu besseren Eltern, wenn man auf ihrem Selbstbewusstsein herumtrampelt, indem man sie zu Ahnungslosen und Bedürftigen degradiert, die dankbar annehmen müssen, was der Staat ihnen zu geben bereit ist. Die Wahl zwischen verschiedenen Alternativen zu haben und sich für einen eigenen Weg aus der Not heraus entscheiden zu können, rettet ein beträchtliches Maß an Würde für erziehende Menschen, die in Schwierigkeiten geraten sind. Kinder zu stärken, indem man die Eltern im Berufsleben entlastet, ist ein vielversprechender Ansatz, mit dem Familien stabilisiert werden können.

Erstaunlich, dass die schrittweise Zurückstutzung der Familien bisher auf so wenig Protest gestoßen ist. Dieser Umstand fügt sich nahtlos in die allgegenwärtige Tendenz, Eigenverantwortung und Freiheiten zu beschränken. Im höchstpersönlichen Bereich der Familie ist diese Entwicklung verheerend, weil sie die engsten menschlichen Bindungen unterwandert und schwächt.

Haben wir so viel Gängelung wirklich nötig? Wollen wir unser Familienleben wirklich nach politischen Vorgaben, wirtschaftlichen Belangen und gesellschaftlich verordneten Leitbildern ausrichten oder sollten wir allmählich darauf bestehen, unser Leben mit Kindern selbst gestalten zu wollen? Wir sollten uns erlauben, zu tun, was wir für richtig halten, und nicht versuchen, eine bestimmte Sorte Kind hervorzubringen, das bestimmte Rollen in der Gesellschaft übernimmt. Eigenständigkeit, Verantwortung und das Private sind Ideen, die in der Familie viel bedeuten sollten. Wenn diese Prinzipien in Gefahr sind, unterwandert und bedroht das unsere Fähigkeit, unser Leben selbst zu gestalten. Dass wir nach wie vor ein Empfinden für die uns zukommende Autorität als Erwachsene haben, ist von ebenso entscheidender Bedeutung für uns wie für unsere Kinder.

4. Kapitel

Wie Eltern ihre Kinder stark machen können

Familie Habacht und Familie Lässig

Bei Familie Habacht herrscht Ordnung. Die Kinder gehen in gebügelten Jeans zur Schule, auf denen man vergeblich das kleinste Fleckchen suchen wird. Sie sagen stets Danke, wenn sie etwas bekommen, und Bitte, wenn sie etwas möchten. Besuchern reichen sie unaufgefordert die Hand zur Begrüßung. Teller werden leergegessen und Widerworte nicht gegeben. Sie würden nie mit Schuhen aufs Sofa steigen. Bei Vergehen, die dann doch mal vorkommen, folgt die Strafe auf dem Fuße – »hart, aber gerecht«, wie der Vater gerne betont. Mit Fernsehverbot, Hausarrest und Taschengeldentzug führt er ein strenges Regiment, dem sich alle zu beugen haben. Es gibt oft Ohrfeigen. Abends berichtet die Mutter vom Tage, und dann müssen die drei Brüder sich für dies und jenes vor ihrem Vater verantworten: Schuhe nicht geputzt, Dackel vom Nachbarn getreten, Fünf in Mathe geschrieben, Federmäppchen verloren, frech zur Mutter gewesen, Zimmer nicht aufgeräumt. Wenn viele Vergehen zusammenkommen, dann fährt der Vater schon mal aus der Haut, es gibt eine ordentliche Tracht Prügel.

Von Wärme zwischen Eltern und Kindern ist bei den Habachts nicht viel zu spüren. Wenn es zu Hause hart auf hart kommt, geben die Kinder immer nach. Auf der Straße, in der Klasse setzen sie jedoch das vom Vater abgeguckte Verhalten gegenüber Schwächeren häufiger gerne ein. Der älteste der

Brüder, der zwölfjährige Hans, hat sich schon zu einem Unterboss in der Straßenclique gemausert. Die Lehrer der Kinder finden deren Verhalten untragbar. Sie müssen immer wieder mit Strafen reagieren, der Unterricht wird schlimm gestört. Aber wenn sie den Vater zum Gespräch in die Schule bitten, setzt es zu Hause sowieso wieder nur Ohrfeigen. Der Kontakt zu den Eltern ist für die Lehrer so nervig, dass er auf Sparflamme gehalten wird. So richtig schlecht sind die Leistungen der Kinder auch gar nicht.

»Autoritäres Verhalten und übermäßige Strenge der Eltern fordern Aggression und Gewalt doch geradezu heraus«, schimpfen die Nachbarn der Habachts, die Lässigs. Und zählen genüsslich auf: In der Schule flippten die drei Jungen der Habachts immer wieder aus, zerstörten fremde Sachen, beschimpften und drangsalierten Schwächere. Da werde gelogen und betrogen, von Einsicht in das eigene Unrecht keine Spur. Auf den Kindergeburtstagen in der Umgebung seien die drei auch schon gefürchtet. Die kleinen Kinder in der Umgebung machten schon einen großen Bogen um jeden von den drei Jungs. »Sind die Eltern und die Lehrer erst einmal außer Sichtweite, dann geraten sie außer Rand und Band«, betont Mutter Lässig und holt noch einmal aus: »Die Kinder aus diesen Elternhäusern kennen doch kein Halten mehr, wenn sie sich ohne Aufsicht fühlen, die schlagen dann über die Stränge.«

Die Kinder der Lässigs haben keine so pingeligen Eltern. Sie genießen alle Freiheiten, gehen ins Bett, wann sie wollen. Von Respekt keine Rede. Sie turnen mit Gummistiefeln über die Polstergarnitur. Ihre Mutter hat das zwar gar nicht gerne, scheut aber davor zurück, ihren Bewegungsdrang einzuengen. Das ist ein Problem bei den Lässigs. Kreativität und Fantasie der Kinder gelten hier viel und wenn sich da mal was an der Wohnzimmerwand entlädt, bleibt der Tadel sehr mild: »Du, ich find das überhaupt nicht gut, wenn du die Wand anmalst.« Wenn man bei Familie Lässig anruft, muss man sich mit Geduld wappnen. Papa hebt ab und noch bevor man Guten Tag wünschen kann, hat das Nesthäkchen den Hörer erobert. Dann muss man ein Kreuzverhör des Sechsjährigen über sich ergehen lassen (»Wer bist'n du eigentlich? Was willst'n du von meinem Papa?«). Man versteht ihn kaum, weil schon die Schwester mit Gekreisch das Wort verlangt. Man sieht vor dem inneren Auge, wie Papa Lässig in gespielter Heiterkeit einen neuen Anlauf macht, das Gespräch entgegenzunehmen. »Du, ich hab hier grad Stress«, kommt es irgendwann gepresst, »kann ich dich heute Abend zurückrufen?«

Bei Lässigs gibt es keine Schläge. Aber die Stimmung ist oft geladen, weil es drüber und drunter geht. Es wird viel geschimpft und gebrüllt. Wenn ihnen die Kinder auf der Nase herumtanzen, versuchen die Lässigs lange, sich nichts anmerken zu lassen. Bis irgendwann Schluss ist. Aber wann? Einmal darf jedes Kind einzeln ins Telefon plappern wie es will, am nächsten Tag schon wird ihm der Hörer sofort aus der Hand gerissen. »Kann ich denn nicht einmal in Ruhe telefonieren, ihr verdammten Tyrannen«, brüllt der Vater entnervt, weil er mit dem Vermieter über die fällige Reparatur des verstopften Abflusses verhandeln muss.

Erinnerungen an die eigene Erziehung

Weil sie selbst so ähnlich aufgewachsen sind, wie es bei den Habachts zugeht, wollen die Lässigs nun bei ihren eigenen Kindern alles besser machen. Die Erinnerungen an die eigene Erziehung sind einfach zu unangenehm. Viele Erwachsene, die unter ihren autoritären Eltern gelitten haben, beschließen, was die eigenen Kinder angeht: so nicht! Frau Lässig hat bei ihren Eltern immer die Nestwärme vermisst. Anstatt sich selbst gelegentlich zu verwöhnen, werden nun die Kinder gehätschelt. Selbst die unangenehmsten Verhaltensweisen der beiden quittiert sie mit einem alles verstehenden, alles verzeihenden Blick. Der sechsjährige Max kann noch so unverschämt gewesen sein, bevor er zur Schule aufbrach, sie wedelt mit dem vergessenen Turnbeutel am hastig geöffneten Fenster. Herr Lässig hat sich als Kind vor allem nach Freiheit gesehnt. Jetzt ist er fest entschlossen, seinen Kindern nichts zu verbieten, ihnen keine Einschränkung durch irgendwelche Zwänge und Regeln zuzumuten: »Wir sind immer für sie da!«

Als neulich der Sohn der Lässigs einem Klassenkameraden den Schulranzen weggenommen und in den Kanal geworfen hat, war das Wasser auf die Mühlen der Habachts: »Die Kinder lernen eben keine Disziplin mehr. Das kommt davon, wenn man den Kindern dauernd ihren Willen lässt.« Die Habachts haben kein Problem damit, ihre Kinder so streng zu erziehen, wie sie es selbst in ihrer Kinderzeit erlebt haben. Aber sie stehen damit heute ziemlich allein.

Autorität und Strafen haben heute für Eltern einen bitteren Beigeschmack, weil sie an Einschränkungen erinnern, die sie selbst erlebt haben. Viele Mütter und Väter nehmen sich vor, alles ganz anders zu machen. Haben deren Eltern sie als Baby seinerzeit streng nach Plan im Vier-Stunden-Rhythmus gefüttert, werden sie als Mutter das Prinzip »Füttern auf Verlangen« hochhalten. Hakte man früher kühl und sachlich die in der Zeit erfolgten Entwicklungsschritte ab, bringen Mütter heute viel Einfühlung und Begeisterung über die Wachstumsphasen ihrer Kinder auf. Weil früher seine Trotzphase schlicht unterbunden wurde, schaut der Vater heute ehrfürchtig bis hilflos zu, wie sich ein kleiner Charaktermensch zu entfalten anschickt.

Welche Art von Erwachsenenverhalten ist dazu angetan, Kinder zu selbständigen, leistungsfähigen und verantwortlichen Persönlichkeiten werden zu lassen? Die Verunsicherung bei Eltern ist groß. Um nur ja nichts falsch zu machen und auch, um sich der mühseligen und manchmal quälenden

Auseinandersetzung darüber zu entziehen, was Kindern und Jugendlichen zugute kommt und was nicht, haben sich viele Erwachsene aus der Rolle der Erzieher verabschiedet. Die Unsicherheit der Eltern hat zwei Gesichter – das der unflexiblen Strenge und forcierten Autorität und das der unmäßigen Nachgiebigkeit, des permissiven Gewährenlassens. Autoritäre Eltern erkennen ihren Kindern weniger Rechte zu und nehmen ihre Bedürfnisse nicht ernst, verlangen aber ein hohes Maß an Disziplin und Gehorsam. Permissive Eltern erlauben so gut wie alles, weil sie den Bedürfnissen der Kinder immer nachgeben, erwarten aber von ihren Kindern ein hohes Maß an Selbstdisziplin.

Autoritär oder permissiv – beides bringt nichts

Das Hauptargument gegen autoritäres Verhalten, das mit Schimpfen, Strafen und meist auch Schlägen arbeitet, ist: Es bringt nicht das, was Eltern für ihre Kinder anstreben. Erziehungsprozesse, die mit Bestrafung arbeiten, sind nicht nur schwer zu handhaben, sondern sie sind ineffektiv im Blick auf die erwünschten Ziele: Selbständigkeit, Leistungsfähigkeit und Verantwortung. Taschengeldentzug, Fernsehverbot und Hausarrest engen ein. Sie hindern ein Kind nicht nur an seinem Vergnügen, sondern auch daran, seine Fantasie zu entfalten und seinem Entdeckungsdrang zu folgen. Sie blockieren es, seine Fähigkeiten zu erproben und Verantwortung für sein Handeln zu übernehmen. Sie machen das Kind schwach, nicht stark.

Werden die Bedürfnisse des Kindes nicht beachtet oder dauernd verletzt, führt das zu tiefen Enttäuschungen. Eine der am meisten verbreiteten Reaktionen auf solche Frustrationen ist die Aggression. In Familien, in denen die Eltern oft strafen, wachsen viele hyperaktive, aggressive und gewalttätige Jugendliche heran. Auf Strafen und Schläge antworten sie mit Trotz und Widerstand, rebellieren und sinnen wütend auf Rache und Vergeltung. Andere flüchten und schalten auf innere Emigration, brechen den Kontakt zu den Eltern ab, weigern sich, die Schule zu Ende zu führen. Wieder andere entwickeln Essstörungen oder beginnen, Drogen zu konsumieren. Und schließlich gibt es auch die Reaktion der demütigen Unterwerfung: Noch als Jugendliche schmeicheln sie sich bei den Eltern ein, wollen immer gut dastehen, auch auf Kosten von anderen. Sie fügen sich dem autoritären Verhalten der Eltern, aber sie wenden ihre Aggressionen gegen Schwächere.

Genauso gilt das auch für den permissiven Erziehungsstil. Eltern, die ihre Kinder immerzu gewähren lassen, erleiden Schiffbruch. Irritation und Unsicherheit sind die zwangsläufige Folge, wenn keine klaren Regeln für das Miteinander existieren. Fehlen Vereinbarungen über Spielregeln des Zusammenlebens, verwirrt das besonders die Kinder. Sie empfinden die Abwesenheit von verlässlichen Regeln leicht als mangelnde Liebe. Ziehen sich Eltern völlig aus der Erzieherposition zurück, sind sie für Kinder nicht mehr greifbar. Viele Aggressionen gerade kleiner Kinder haben hier ihren Ursprung. Sie setzen ein deutliches Zeichen: »Ich weiß nicht, wie es weitergehen soll, ich bin unzufrieden, kümmert euch um mich, ich stecke in Schwierigkeiten.« Regeln sind für ein Kind, was für ein Haus die Wände sind. Sie geben seinem Leben und Tun Maßstäbe, Grenzen und letztlich Geborgenheit.

Ein Kind, das sich im Niemandsland des schrankenlosen Gewährenlassens verloren hat, erlebt Eltern als beherrschbar und schwach. Freiheit ohne Geborgenheit ist für ein Kind wie eine Gefangenschaft in den eigenen Zwängen. Kinder fühlen sich leicht wie in der sprichwörtlichen Gummizelle: Man kann toben so viel man will – niemand reagiert.

Instinktiv weiß auch schon ein kleines Kind, dass diejenigen, die zu manipulieren sind, letztlich keinen Schutz gewähren können. Und das provoziert Verachtung. Also attackiert das Kind seine Eltern: Es fordert und fordert, um endlich einmal ihre Stärke in Form einer Begrenzung zu spüren. Denn Stärke bedeutet ja auch: Hier kann ich mich anlehnen. Begrenzung heißt nicht nur Einschränkung, sondern auch Berührung und Kontakt. Als Abwehr gegen das weiche, schummerige Irgendwie suchen Kinder die klare Linie des ernsthaft Verbotenen und wirklich Erlaubten. Wenn Kinder ihre Eltern immer als die Schwächeren und sich selbst als die Stärkeren erleben, vermissen sie die Geborgenheit und Orientierung, die sie dringend brauchen. Manchen Kindern bleibt dann nichts anderes übrig, als selbst die Herrschaft zu übernehmen.

Der täglich prügelnde Vater vom Modell der Familie Habacht und die schrankenlos nachgiebigen Eltern vom Modell Familie Lässig stehen sich als krasse Gegensätze gegenüber. Beide sind auf verschiedene Art als Erzieher hilflos, beide sind pädagogisch auf dem Holzweg. Beide Strategien führen die Kinder eher zu störendem, gesellschaftlich nicht akzeptablem Verhalten, das von Aggressionen über kriminelle Verhaltensweisen bis zum Konsum legaler und illegaler Drogen reicht, zu einer nur schwach ausgeprägten sozialen Verantwortung und zu wenig Selbständigkeit. Mit diesen Strategien können Eltern ihre Kinder nicht stark für das Leben machen.

Verunsicherung über den richtigen Erziehungsstil

Über das Ziel ihrer erzieherischen Anstrengungen sind sich die meisten Eltern heute einig: Sie wollen kindliche Persönlichkeiten – Kinder, die selbständig, selbstbewusst und entscheidungsfähig für ihre eigenen Belange eintreten können.

Sie sollen belastbar, leistungsmotiviert und selbstdiszipliniert sein, im sozialen Bereich Kooperationsfähigkeit, Hilfsbereitschaft und Verantwortungsgefühl zeigen.

Bei den Großeltern war das anders. Da standen Ordnung, Gehorsam, Fleiß und Disziplin im Vordergrund. Früher beanspruchten Eltern selbstverständlich, ihrem Kind Vorschriften zu machen. Aus der Verantwortung, die sie für das geliebte Kind empfanden, leiteten sie die Aufgabe ab, ihren Sprössling mit fester Hand und großer Autorität als Mutter oder als Vater zu führen. Die Bedürfnisse des Kindes wurden bewusst unterdrückt, um Kontrolle über das Kind zu erlangen.

Nur noch sehr wenige Eltern folgen heute diesem autoritären Muster, das in der Kaiserzeit Deutschlands den Lehrkräften in Schulen offiziell vorgegeben wurde. Aber was sollen Eltern tun, wenn sie nicht autoritär sein wollen? Ein klares Gegenmodell gibt es nicht. Jede Mutter und jeder Vater ist auf die eigene Intuition angewiesen – und die ist ein guter Kompass. Darüber hinaus achten sie auf die Bedürfnisse ihres Kindes, pflegen einen gleichberechtigten Diskussionsstil. Entscheidungen kindgemäß zu begründen, mit sanftem Nachdruck auf bestimmte Umgangsformen zu bestehen und ganz unaufdringlich Hilfestellung bei der Persönlichkeitsentwicklung zu leisten, steht bei vielen Eltern heute im Vordergrund ihrer Bemühungen.

Manche vergessen dabei, dass sie Eltern sind, und legen Wert darauf, die besten Freunde ihrer Kinder zu sein. Man muss nur mal sehen, wie erschreckt eine Mutter um sich blickt, wenn ihr Kind vor dem überquellenden Süßigkeitenregal im Supermarkt in die sehr hohe Tonlage wechselt und auf irgendwelchem bunten Zuckerzeug besteht. Viele Mütter haben tatsächlich Angst, sie könnten in der Öffentlichkeit mit dem Kind unangenehm auffallen, denn schon der erste Aufschrei des kleinen Sonnenscheins zieht in der Regel von allen Seiten die Blicke auf Mutter und Kind. Ein boshaftes »Na, dem würde ich helfen«, lässt sich bald hören, steigert sich zum vielsagenden »Wenn das meiner wäre, hätte ich ihm schon längst ...«, wenn der Nachwuchs sich dann brüllend auf dem Boden wälzt. Entnervt gibt man nach und wirft die Gummibärchen in den Einkaufswagen, schon giftet das ältere Ehepaar, das einen Wagen voll Katzenfutter vorbeischiebt: »Wunderbar, was sich moderne Mütter so alles gefallen lassen«. Eine kinderentwöhnte bis latent feindlich gesonnene Gesellschaft verstärkt die ganz normalen Unsicherheiten ganz normaler Eltern.

Die meisten Eltern wissen heute, was sie nicht wollen: Erziehungsstile, die Kinder in ihrer geistigen und seelischen Entwicklung behindern, die blockieren, dass sich Selbstwert und Ich-Stärke ausbilden, die soziale Angst und Verunsicherung mit sich bringen. Dazu zählt die Missachtung physischer und psychischer Grenzen des Kindes, körperliche Gewaltanwendung als Mittel der alltäglichen Erziehung, darunter fällt auch die andauernde seelische Erniedrigung des Kindes durch emotionale Leere, Liebesentzug, aber auch die Über- und Unterforderung des Kindes.

Aber nur die wenigsten Eltern haben ein klares Gegenprogramm und sind sich ganz sicher, was der für sie beste Erziehungsstil ist. Deswegen flüchten so viele ins Ungefähre und landen beim Gegenteil des autoritären, nämlich beim permissiven Erziehungsstil. Diese nachgebende Laisser-faire-Methode, oft auch als anti-autoritär bezeichnet, ist heute weit verbreitet. Den meisten Eltern dämmert, hier auf ein falsches Pferd gesetzt zu haben. Auch vielen Berufspädagogen geht es so, die – noch unter dem Eindruck der Studentenrevolte nach 1968 – voll auf Partnerschaft, Freundschaft und Duzen der Schülerinnen und Schüler gesetzt hatten. Die Zeit ist längst reif für ein überzeugendes Gegenmodell zum autoritären Stil, das aber auch die Hilflosigkeit des permissiven Stils überwindet.

Kontrolle und Wärme gehören zusammen

Die wissenschaftliche Forschung hat seit vielen Jahren belegt, wie unwirksam sowohl der autoritäre als auch der permissive Erziehungsstil ist. Sie kann auch beantworten, warum sich beide Formen so lange gehalten haben: In ihnen steckt nämlich jeweils ein Fünkchen Wahrheit. Eltern, die Selbständigkeit, Leistungsfähigkeit und soziale Verantwortung bei ihren Kindern entwickeln und sie damit stark machen wollen, kommen um eine fordernde und kontrollierende Haltung nicht herum. Diese aber müssen sie mit der akzeptierenden, sensiblen und kinderzentrierten Haltung verbinden, die beim permissiven Stil vorherrscht. Der beste und erfolgreichste Erziehungsstil, so zeigen seit 30 Jahren übereinstimmend alle wissenschaftlichen Studien, ist die Mischung aus konsequenter und flexibler Kontrolle und emotionaler Wärme und Anerkennung. Schaffen Eltern diese Mischung, dann legen sie den Grundstein für gute intellektuelle und soziale Kompetenzen ihrer Kinder.

So einfach ist das! Den Kindern müssen konsequente und klare Strukturen vorgegeben werden. Die Eltern sollten sich über das informieren, was die Kinder gerade tun, ihnen aber auch eindeutige Grenzen setzen. Sie sollten gezielte Anregungen und Unterstützungen geben, die sich entwickelnde Autonomie des Kindes sensibel herausfordern, ihm so viel Selbstdisziplin wie möglich abverlangen, und bei alledem stets die mütterliche und väterliche Wärme, Wertschätzung und vorbehaltlose Anerkennung vermitteln.

Das ist ein Erziehungsstil, der zugleich fordert und fördert. Die wissenschaftliche Fachliteratur nennt ihm mal autoritativ, mal partizipatorisch, mal demokratisch und mal sozial integrativ. Alle diese Eigenschaften stimmen: Die Autorität von Mutter und Vater wird eingesetzt, aber in einer moderaten und nachvollziehbaren Weise, die gegenüber dem Kind erläutert und deswegen als natürlich empfunden wird. Das Kind wird zur Partizipation eingeladen, denn es kann im Gespräch und in Verhandlungen mit den Eltern seine eigenen Bedürfnisse einbringen und Kompromisse mit gestalten. Demokratisch ist an diesem Erziehungsstil, dass die Interessen sowohl von Eltern als auch von Kindern anerkannt werden und feste Regeln und Vereinbarungen für den Umgang miteinander ausgehandelt werden. Und sozial integrativ ist der Erziehungsstil, weil er die kooperative Komponente des Zusammenlebens von Eltern und Kindern betont und eine stabile Beziehung als Basis für den Erziehungsprozess abgibt.

Es handelt sich um einen Forder-Förder-Stil. Er besteht aus der richtigen Kombination von Anregung, Anleitung und Anerkennung.

Anregung bedeutet, dem Kind immer wieder Rückmeldungen zu seinem erreichten Stand im sozialen und im intellektuellen Verhalten zu geben, zugleich aber auch kräftig herauszufordern. »Du kannst schon sehr viel, ich bin sehr beeindruckt. Aber ich weiß, du kannst mehr!« Das muss gut dosiert sein, darf das Kind nicht überfordern, sondern muss den kleinen stimulierenden Schubs ausmachen, der dem Kind Ansporn gibt, sich weiterzuentwickeln.

Anleitung bedeutet, klare Umgangsformen für das Zusammenleben festzulegen, die Orientierung und Halt geben. Je nach Alter kann das Kind aber seine Vorschläge und Wünsche geltend machen, die werden dann bei der Festlegung der Regeln angemessen berücksichtigt.

Anerkennung heißt, dem Kind gegenüber Wärme, emotionale Zuwendung und Akzeptanz zu zeigen. Es muss sich im Heimathafen der Familie sicher und pudelwohl fühlen und immer die Gewissheit haben, dass die Eltern zu ihm stehen.

Das magische Dreieck: Herzenswärme, klare Regeln und Freiräume

Wer Kinder erzieht, jongliert mit diesen drei Bällen, mit Anerkennung, Anleitung und Anregung, mit Herzenswärme, klaren Regeln und Freiräumen. Sie bilden zusammen ein magisches Dreieck, die Zaubermischung für die beste Form der Erziehung, die wir heute kennen.

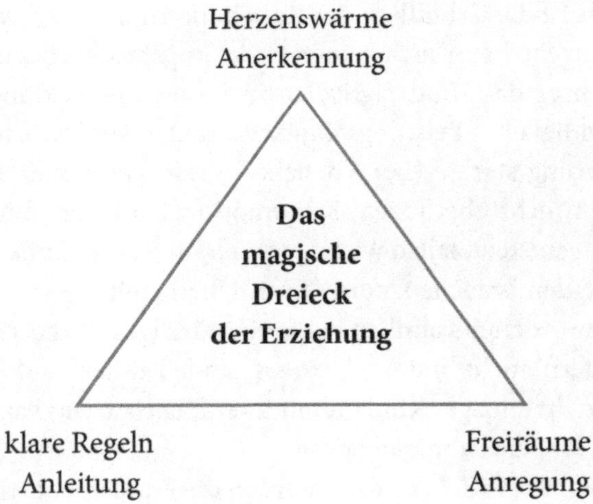

Die drei Bälle bilden ein Dreieck, weil nicht nur jeder Ball für sich gut gespielt werden will, sondern alle drei zusammengehören. Die Mischung macht es, die Kombination aus Wärme, Liebe und Anerkennung, klaren Regeln, festen Grenzsetzungen und Anleitung, Freiräumen, Anforderungen an die Selbständigkeit und Anregung. Ein Kind hat gar nichts davon, wenn nur einer der Bälle gespielt wird, die anderen aber am Boden bleiben. Zwar darf der eine Ball für einige Zeit mal etwas stärker glänzen als die beiden anderen, weil es besonders auf ihn ankommt. Aber alle drei müssen sich immer in der Luft befinden, nur zusammen stellen sie die

Form von Erziehung her, die Eltern und Kinder zufrieden und glücklich macht. Die Regeln stützen das Zusammenleben, die ständige Ermutigung zur Selbständigkeit lässt das Kind groß und stark werden, aus Liebe fühlt es sich angenommen.

Ob groß oder klein – die Familie ist nun mal das einzige Nest, das die Kinder haben. Hier erfährt ein Kind Herzenswärme, hier darf es sich angenommen, geliebt und aufgehoben fühlen. Das Kind muss merken: Ich mag dich so, wie du bist. Das ist die Grundlage der Beziehung zum Kind – wer sie nicht eingeht, kann auch keinen Erziehungsprozess beginnen, mit dem er das Kind tagtäglich in seiner Entwicklung zur Selbständigkeit, Leistungsfähigkeit und Verantwortungsorientierung stärkt. Aber Vorsicht – diese Wärmebeziehung darf sich nicht überhitzen. Der emotionalen Überbehütung, die dann entsteht, fallen wichtige Spielräume, die Kinder zum Großwerden brauchen, zum Opfer. Überbehütung ist in den klein gewordenen Familien heute ein ständiges Risiko, dessen sich Eltern nicht immer bewusst sind. Mütter und Väter schütten ihr einziges Kind oft mit ihrer Liebe zu. Das kann auf Kosten der Selbständigkeit gehen.

Schon in der Kleinkindzeit werden die Fundamente für die Stärke der Persönlichkeit gelegt. Eltern müssen ihre Kinder ermuntern, ihre kleinen alltäglichen Probleme selbst zu lösen. Nur wenn die Kinder immer wieder die Erfahrung machen, dass ihnen das gelingt, wächst ihr Selbstbewusstsein. Erziehung soll die Selbständigkeit des Kindes immer wieder herausfordern. Dazu gehören alle Schritte, die Kinder in die Lage versetzen, selbst Entscheidungen zu treffen und ihr Leben jeden Tag ein Stückchen mehr in die eigenen Hände zu nehmen. Dazu gehört auch das Loslassen zum richtigen Zeitpunkt. Wer das nicht kann, macht sein Kind abhängig und hält es fest. Umgekehrt überfordern diejenigen Eltern ihre Kinder, die ihre eigenen Leistungsmaßstäbe auf sie projizieren. Das ist gar nicht gut für das Gefühl, von den Eltern so angenommen zu werden, wie man gerade ist. Auch hier kommt es auf die richtige Dosierung an.

Erziehung lebt von der ständigen gemeinsamen Absprache, vom Aushandeln von Umgangsformen und Regeln, angemessen begründet und erläutert für jedes Alter und jeden Entwicklungsstand. Ohne ein festes Familienritual ist kein gleichberechtigtes Familienleben möglich, in dem jeder seinen Platz gefunden hat und in dem seine Stimme zählt. Wer die Familienregeln verletzt, der muss die Folgen spüren. Aus Bequemlichkeit und Unsicherheit lassen viele Eltern Regelverletzungen der Kinder durchgehen. Sie trauen sich nicht, auf Konfliktkurs zu gehen und Regelverletzungen konsequent anzusprechen. Begründet »Nein« zu sagen, fällt den meisten Eltern heute ungeheuer schwer. Aber es ist so wichtig. Vater und Mutter müssen unbedingt den Bruch der Vereinbarung ansprechen. Nicht Strafen und Belohnung, sondern persönliche Botschaften legen die eigene Situation als Erwachsener offen und versuchen zugleich, sich in die Lage des Kindes zu versetzen. Nicht: »Du nervst!«, sondern »Ich fühle mich gestört!« Aus der Abwägung beider Bedürfnisse suchen Eltern und Kind eine geeignete, von beiden getragene Lösung. Autorität entsteht durch Beziehung und nicht durch Zucht oder einfaches Gewährenlassen.

Anerkennung aussprechen – aber richtig

Soeben hat Julius freudestrahlend sein gutes Zeugnis präsentiert. »Super. Nur Einsen«, lobt sein Vater, »aber die Zwei hier in Religion«, tippt er aufs Blatt, »muss das denn sein?« Eine Ohrfeige hätte nicht schlimmer wirken können. Man sieht förmlich, wie der Zehnjährige in sich zusammensinkt. Er hat sich unheimlich angestrengt. In der Klasse ist er einer der besten. Und zu Hause nicht gut genug. Der Vater hat es vielleicht gar nicht böse gemeint und sich die Bemerkung als eine Art von Ansporn gedacht. Lob kommt von ihm nie ohne entsprechenden Kommentar »Gut, dass du beim 100-Meter-Lauf gewonnen hast. Warum nicht gleich so?«

Als Julius stolz sein erstes Diktatchen mit nach Hause bringt, redet sein Vater erst einmal über die Fehler – »in dieses A regnet es rein, das F ist viel zu weit runtergezogen, und das B kann man gar nicht lesen.« Eilig verspricht Julius, sich ab sofort noch mehr Mühe zu geben. Sein Vater denkt sich nichts Böses dabei, wenn er immer wieder sagt: »Junge, du bist so begabt. Wenn du nur mal richtig lernen würdest, wärest du doch spitze!« Auf allen Gebieten erwarten Julius' Eltern hervorragende Leistungen. Er soll nicht nur der Schnellste beim Sportfest, sondern auch der pfiffigste Rechner der Klasse sein. In der Basketballmannschaft kann sich Julius' Vater seinen Sohn nur als Shooting Star, im Schulchor nur als Solist vorstellen. Jede Note schlechter als Eins ist ein Unglück. Dann runzelt er die Stirn: »Ob aus dir wohl noch mal was Richtiges wird?« Solche Bemerkungen treffen Julius ins Mark. Er fühlt, dass er nur geliebt wird, wenn er bestimmte hochgespannte Erwartungen erfüllt. Julius ist sicherlich ein außergewöhnliches Kind mit vielen Talenten. Aber er kaut dauernd an seinen Fingernägeln und hat einen unruhigen Schlaf.

Anerkennung und Bestätigung sollten nicht nur an gute Leistungen geknüpft sein. Kinder haben ein Recht auf Anerkennung und brauchen die Grunderfahrung, dass ihre Eltern viel von ihnen halten und sie ohne Vorbehalte annehmen. Übergroße Erwartungen sind eine Form von Gewalt; sie zwingen das Kind immer wieder in die Rolle des Versagers und Verlierers, aus der es kaum ausbrechen kann.

Kinder blühen hingegen auf, wenn Eltern sie richtig fordern. Wenn Julius' Vater merkt, wie gut sein Sohn in die Grundschule gestartet ist, dann hat dieser erst einmal ein dickes fettes Lob verdient. Nach einiger Zeit kann dann einmal scherzhaft über die schief geratenen As, Fs und Bs geplaudert werden. Scheinbar beiläufige Bemerkungen, die aber die Aufmerksamkeit des Kindes in die richtige Richtung lenken. Das Kind merkt zugleich, »Hey – der hat sich das ja alles genau angeguckt und interessiert sich dafür, was ich in der Schule mache!« Eine geschickte und unterschwellige Form der Anregung ist das, die am Ende viel mehr bringt als die Holzhammermethode. So kann sich Julius auch bei kleinen Fehlern nicht als Versager fühlen. Er spürt, die Zuwendung seines Vaters ist ihm sicher. Wenn es dann beim nächsten Mal schon etwas besser mit der Schrift aussieht, dann hebt das sein Selbstvertrauen. Der Vater hat ihm einen kleinen Schubs gegeben, der ihn genau richtig herausgefordert hat.

Solche kleinen Schubser – der gezielte Hinweis an der richtigen Stelle, immer verbunden mit der nie in Frage gestellten Anerkennung und Wertschätzung – sind es, die Schritt um Schritt das Kind selbstsicher und selbständig machen. Rückfälle sind dabei unvermeidlich und gehören dazu. Natürlich wird Julius zwischendurch auch einmal absacken, und jetzt muss sein Vater einfach Geduld und Ruhe bewahren. Eine kleine Krise, die man am besten auch als solche benennt. Da kann Julius gleich lernen, wie man mit so etwas umgeht. Das Gefühl, der Vater steht weiter zu ihm, gibt ihm einen sicheren Rückhalt.

Mitbestimmung praktizieren – aber ehrlich

»Möchtest du vielleicht deine Zähne putzen gehen?« Wer mit Kindern lebt, weiß, dass solche Fragen verpuffen. Denn die Beziehung zwischen Eltern und Kindern kann einfach nicht immer demokratisch sein. Das hingeschnodderte »Manno, ich will aber nicht«, das entrüstete »Neiiinn!« und das dreiste

Überhören jeder noch so höflich als Frage getarnten Aufforderung dazu, jetzt endlich zu tun, was sie sollen, kann täuschen. Kinder wissen es durchaus zu schätzen, wenn sie gefragt werden – und manchmal geht das ja auch gut. Mit einem Fünfjährigen kann man sich zusammensetzen, ein ernstes Gesicht machen und sagen: »Also, wie machen wir das jetzt: Wir können heute Nachmittag kurz schwimmen gehen und danach einkaufen. Oder wir gehen gleich nach Hause und dafür gehen wir morgen den ganzen Tag ins Schwimmbad.« Wenn das Kind dann verständnisvoll nickt, kurz abwägt und sich für den ausgedehnten Schwimmbadbesuch am nächsten Tag entscheidet, kann die Mutter aufatmen. Denn zu Hause wartet ein Berg Wäsche, die Küche sieht aus wie ein bewohnter Bombentrichter, im Kühlschrank herrscht gähnende Leere und abends werden Gäste erwartet …

Erziehung gibt immer vor, nur an den Bedürfnissen der Kinder orientiert zu sein. Manchmal – genaugenommen öfter als man zugeben möchte – stehen die Vorlieben und Abneigungen oder auch die Alltagszwänge und Bedürfnisse der Erwachsenen im Vordergrund. Das ist halb so schlimm wie es klingt. Im Gegenteil: Der Wunsch nach Ruhe und Bequemlichkeit, die unterschiedliche Tagesform, das enge Zeitbudget und eine notorisch knappe Haushaltskasse sind nun mal die Rahmenbedingungen für Erwachsene, die eine ganze Familie zu managen haben. Mit dem Kind partnerschaftlich umgehen zu wollen, ist ein hehres und sehr modernes Erziehungsziel, das von allen am wenigsten verdächtig ist, dem Eigennutz der Eltern zu dienen. Schließlich lässt man sich auf ein langwieriges, mitunter anstrengendes Verfahren ein: Das Mitspracherecht der Kinder bei allen Entscheidungen führt nicht zu schnellen Ergebnissen. Gleichberechtigung ist schön und gut, aber können Kinder da wirklich mithalten? Oder ist das Kind in der Rolle des Partners, dessen Meinung zu wichtigen Familienentscheidungen gehört werden müssen, nicht von vorneherein dazu verurteilt, hochfliegend Erwartungen zu enttäuschen?

Starke, selbstbewusste Kinder – ein Erziehungsziel ersten Ranges

Eltern verlangen sich selbst viel ab: Das Einfühlungsvermögen soll groß, das Verständnis fürs Kind soll breit und die freudvoll miteinander verbrachte Zeit reichlich bemessen und auf der Basis gleichberechtigter Partnerschaft freundlich gestaltet sein.

Früher beanspruchten Eltern selbstverständlich, ihrem Kind Vorschriften zu machen und auf deren Befolgung zu dringen. Wenn Menschen heute kleine Menschen großziehen, liegt der Akzent auf Partnerschaft. Der Wandel stellt deutlich höhere Anforderungen an die Fähigkeiten der Eltern, sich auf die Kinder einzustellen. Uneigennützigkeit und pädagogische Fachkenntnisse sind ein Muss in der zeitgemäßen Eltern-Kind-Beziehung. Manche Eltern vergessen dabei, dass sie Eltern sind. Manche Mütter und wenige Väter, besonders die, die alleine erziehen, legen Wert darauf, die besten Freunde ihrer Kinder zu sein. Sie sehnen sich nach einem anderen Erwachsenen, mit dem sie die Bürden der Elternschaft teilen können und landen damit dann bei ihrem Kind, dem sie dann zu viel Verantwortung aufladen, wenn sie in ihm den Partner sehen. Sie bitten um Verständnis, wo ihre eigenen Eltern vielleicht noch auf die Befolgung von Anweisungen gesetzt haben. Doch wenn es nicht immer wieder dabei enden soll, einen trotzigen Vierjährigen zu umschmeicheln, der sich nun mal vorgenommen hat, dem Schneesturm da draußen im T-Shirt zu trotzen oder sich bei dem Siebenjährigen zu erkundigen, wann ungefähr er seine Hausaufgaben erledigen möchte, kommen Eltern nicht umhin, das Mitspracherecht der Kinder sorgsam abzuwägen. Es muss ja nicht so weit kommen, dass man fragt »Was meinst du, mein Schatz, sollte Mami einen Halbtagsjob annehmen?«, wenn man im Grunde weiß, dass einem sowieso keine andere Wahl bleibt. Manche Eltern fürchten, ein bisschen Familiendemokratie würde die Kinder verwöhnen, aber wenn man sie immer nur herumkommandiert, werden sie schon bald aufbegehren und jede Regel umgehen, wann immer sich die Gelegenheit dazu bietet. Andere versuchen, das Kind früh bei Entscheidungen mitbestimmen zu lassen und übertragen den Kindern Stück für Stück etwas mehr Verantwortung. Das lohnt sich durchaus.

Kinder sind keine Partner

Denn es gibt sie ja durchaus, die schönen Momente, in denen es gelingt, ein willensstarkes Kind zum Einlenken zu bewegen – mit nichts als der Überzeugungskraft eines Arguments, einem sorgsam dosierten Gegenvorschlag, einem Appell an die vier-, fünf- oder sechsjährige Vernunft …

In diesen Sternstunden, wenn das Kind ein Einsehen hat, blitzt er wieder auf: der schöne Elterntraum von einer guten, liebevollen Beziehung, die wie eine gute Ehe oder Freundschaft funktioniert – eine Partnerschaft eben, in der die Bedürfnisse des Kindes ebenso wichtig sind wie die Bedürfnisse der Eltern. Kinder und Eltern als gleichberechtigte Partner im Familienunternehmen, wo Konflikte ausdiskutiert werden, sodass es weder Gewinner noch Verlierer gibt – das hätten wir wohl gerne.

Was sich in der Theorie so gut anhört, gleich in der Praxis der Aufgabe, eine Wandergruppe aus Spitzensportlern und Behinderten bei Nebel und ohne Kompass durch unwegsames Gelände in nordsüdlicher Richtung zu führen, und zwar so, dass alle bei bester Laune und möglichst gleichzeitig an einem Ziel ankommen. Anders gesagt: Alles aushandeln zu wollen, treibt selbst wohlmeinende Eltern in den Wahnsinn.

Das Kind kann nicht immer ein gleichberechtigter Partner sein. Das lehrt die häusliche Erfahrung, und das sagen auch die Pädagogen. Natürlich muss man Kinder angemessen am Familiengeschehen beteiligen und Dinge, die alle angehen, auch gemeinsam bereden. Aber mal ehrlich: Die gefundenen Lösungen und Entscheidungen sind in den allermeisten Fällen doch das Ergebnis der erwachsenen Ansichten und Einsichten – und die Kinder müssen sich damit arrangieren.

Sie sind nämlich keine Partner. Von einem guten Partner darf man erwarten, dass er abends, nachdem er sich verabschiedet hat, auch ins Bett geht und nicht noch zehnmal wieder auftaucht, um ein Glas Wasser, eine Geschichte, einen Kuss und noch ein Gutenachtlied zu verlangen. Einem Partner darf man übelnehmen, wenn er einen mitten in der Nacht wachrüttelt, weil er aufs Klo muss und sich vor den Silberfischchen fürchtet oder weil ihm plötzlich eingefallen ist, dass er noch ein Gedicht auswendig lernen muss. Partner dürfen mit Recht voneinander erwarten, dass einer des anderen Bedürfnisse achtet und bei dem, was er tut, auch das Wohl des anderen mit bedenkt. Gute Partner sind im gleichen Interesse vereint – die von Eltern und Kindern gehen bisweilen auseinander. Paul möchte morgens sein Piratenschiff auftakeln, sein Vater möchte, dass er endlich seine Schuhe anzieht und zum Kindergarten geht Denn Pauls Vater muss schleunigst zur Arbeit. Lisa will auf dem Spielplatz bleiben, ihre Mutter möchte unbedingt den Termin beim Kinderarzt einhalten. Marie will singen, ihr kleiner Bruder soll schlafen. Es hilft nichts: Eltern haben manchmal keine andere Wahl als darauf zu bestehen, dass bestimmte Dinge stattfinden und andere unterbleiben. Doch in der Grauzone dazwischen darf munter diskutiert werden.

Gute Partner muss man nicht erst mit Nachdruck für die eigene Sicht der Dinge gewinnen. Kinder schon. Und es ist auch ihr gutes Recht, langsam und ihrem Entwicklungsstand entsprechend in das Dickicht von Notwendigkeiten und Verpflichtungen hineinzuwachsen. Demokratie und gleichberechtigtes Entscheiden – das erlernen Kinder schrittweise. Kinder mögen es, gefragt zu werden. Dadurch lernen sie, das Für und Wider einer Sache zu bedenken, die Wahl zwischen mehreren Möglichkeiten zu treffen, abzuwägen und Entscheidungen zu begründen. Und sie lernen, selbst Verantwortung zu übernehmen. Wie wichtig dieser Prozess ist, kann man überall da beobachten, wo er fehlt. Gibt es Erstaunlicheres als schuldbewusst zusammenzuckende Mütter, die von ihren acht- oder neunjährigen Kindern getadelt werden, weil sie vergessen haben, morgens an den Turnbeutel zu denken oder den Fahrradhelm zur Klassenfahrt mitzubringen? Die von ihren Kindern zusammengestaucht werden, weil sie versäumt haben, den Besuch bei der Oma am Nachmittag rechtzeitig anzukündigen? Eltern, die praktisch niemals vergessen, das Einverständnis des Kindes einzuholen – ganz gleich, ob es um die Wahl des Brotaufstrichs, des Ausflugsziels oder der weiterführenden Schule geht, legen einen Gehorsam an den Tag, der erstaunt und hauptsächlich dazu dient, Auseinandersetzungen mit dem Kind zu vermeiden.

Eltern können über die fixe Idee, man könne das Kind bei allem mitentscheiden lassen, ihr Kind gewaltsam zum Partner machen – und das sind die wirklich besorgniserregenden Momente: Wenn Eltern ihre Kinder ganz partnerschaftlich in Situationen bringen, die sie im Grunde gar nicht überschauen können. Man kann dem Kind die eigenen Sorgen aufladen (»Wenn ich meinen Job verliere, kann ich kein Geld mehr verdienen und nichts mehr zu essen kaufen. Dann ist alles aus.«), man kann es aus Enttäuschung über den anderen Elternteil zum Verrat anstiften und als Horchposten missbrauchen (»Und wie war sie so, Papas neue Freundin? Haben sie über mich geredet?«) oder als Vollzugshelfer der eigenen Pläne benutzen (»Wenn du Opa das nächste Mal besuchst, dann erzählst du ihm, dass Mama und Papa große Sorgen wegen dem Geld haben. Aber du musst so tun, als ob wir nichts davon wissen dürften!«).

Am besten hält man es mit den langweiligen alten Ratschlägen: Es gibt durchaus Dinge, die man von Kindern fernhalten muss, die Kinder nichts angehen und bei denen Kinder nicht mitentscheiden dürfen.

(Mit-)Entscheiden will gelernt sein

Es hat nämlich keinen Sinn, einen Dreijährigen zu fragen, welches Autos seiner Meinung nach angeschafft werden soll oder wo die Familie den Jahresurlaub am besten verbringt. Fangen Sie also mit Entscheidungen an, die eher belanglos sind: Milchreis oder Würstchen zum Abendessen? Roter oder blauer Pullover? Steigern Sie langsam: Wollen wir am Wochenende ins Puppentheater oder in den Zirkus gehen? Schon kleine Kinder kann man veranlassen, das Für und Wider verschiedener Möglichkeiten zu überdenken und die Folgen dieser oder jener Entscheidung mit zu berücksichtigen. Der Alltag ist ein weites Übungsfeld für künftige Selbstentscheider, das Gelegenheiten in Hülle und Fülle liefert. Lassen Sie Ihre Kinder verschiedene Joghurtmarken probieren, den Preisunterschied errechnen und überlegen, was man mit dem eingesparten Geld anfangen kann. Stellen Sie anheim, den Bus zu nehmen oder den Weg zu Fuß zu gehen und mit dem Geld etwas anderes anzufangen.

Pläne zu schmieden, eine Wahl zwischen verschiedenen Möglichkeiten zu treffen und aus einem Dilemma das Beste zu machen – das ist eine gute Übung fürs Leben. Aber man geht es besser sachte an; Demokratie entsteht schrittweise. Diskussionen sind manchmal wenig hilfreich: Mit einem Kind, das sich weigert, sich im Auto anschnallen zu lassen, wird man sich kaum auf einen Disput über die vielfältigen Risiken im Straßenverkehr einlassen. Ein dreijähriges fieberndes Kind, das sich weigert, den Löffel bittere Medizin zu schlucken, wird man mit medizinischen Erläuterungen genauso wenig umstimmen können wie mit flehentlichen Bitten. Wenn nichts mehr hilft, muss man es festhalten und zwingen, die Medizin zu schlucken. Ist es vier Jahre alt, kann man schon eher ein kleines Geschäft abschließen: »Liebes, komm, das musst du jetzt nehmen, damit du schnell wieder gesund wirst, und danach lese ich dir eine Geschichte vor.« Sind noch einmal vier Jahre vergangen, wird man vielleicht schon Pro und Kontra schulmedizinischer oder homöopathischer Behandlung mit dem Kind erörtern können. Und hinterher doch darauf bestehen, dass eine bestimmte Medizin genommen wird.

Lassen wir unsere Kinder so oft es geht bei Entscheidungen mitreden, aber überfordern wir sie nicht. Und übertragen wir ihnen nach jedem Geburtstag eine etwas größere Portion Verantwortung.

Doch, doch, ein bisschen Familiendemokratie kann nicht schaden. Aber fangen Sie klein an und überfordern Sie weder sich noch das Kind, aber fangen Sie an. Je früher ein Kind damit beginnt, Entscheidungen zu treffen, deren Folgen es auch tragen kann, desto eher dämmert ihm eine schlichte Wahrheit aus dem Erwachsenenleben – wie man sich bettet, so liegt man.

Interesse für das Kind haben – aber wirklich

Laura kennt bei Süßigkeiten kein Halten mehr, Sven lügt und petzt und schwänzt die Schule. Kevin prügelt sich und Moritz macht neuerdings wieder ins Bett. Paul schläft nachts schlecht und kaut an den Fingernägeln. »Was mache ich bloß falsch?«, fragen sich viele Mütter und Väter, wenn ihr Kind plötzlich seltsame Verhaltensweisen an den Tag legt. Freunde sagen dies, Psychologen das, und dann ist auch noch jedes Kind anders. Die eigene Mutter ist sowieso der Meinung, dass man ihre Enkel maßlos verwöhnt.

Es zahlt sich immer aus, nicht nur in Krisenzeiten, sein Kind genau zu kennen. Ihm nahe zu sein, ohne es mit Affenliebe zu ersticken und nah genug, um die Signale aufzufangen, die es aussendet. »Man sieht nur mit dem Herzen gut«, lässt Antoine de Saint-Exupery seinen kleinen Prinzen sagen, »das Wesentliche ist für die Augen unsichtbar.«

Hören Sie zu, wenn Ihr Kind mit Ihnen spricht. Das ist genauso wichtig wie Rechenaufgaben zu üben, die Zähne zu putzen und darauf zu achten, dass es genug Gemüse isst. Es ist auch wichtiger als die gute Note im Zeugnis, der tadellose Umgang mit Messer und Gabel oder die Siegerurkunde im Weitsprung, und es ist viel wichtiger als die Ballettstunde und der Aikido-Kurs. Wenn Eltern sich die Zeit nehmen und die innere Ruhe haben, ihr Kind wirklich zu sehen, und zu hören, was es gerade beschäftigt, zu spüren, wie es ihm geht, erfahren sie genau, was es braucht und was zu welchem Zeitpunkt richtig ist.

Feinfühliges Eingehen und emotionales Unterstützen sind starke Voraussetzungen, um Herausforderungen zu bewältigen. Es ist keine Schnüffelei, wenn sich Mutter oder Vater genau erkundigen, wohin das Kind will, mit wem es dahin geht und was dort getan werden soll. Es ist wichtig, Kinder auszufragen, wenn sie von ihrem Ausflug zurückgekommen sind. In der psychologischen Fachliteratur heißt dieses sorgende Elternverhalten: Informierendes Monitoring. Das machen Eltern, die genau wissen wollen, wo ihr Kind gerade was macht, ohne das Kind dabei zu überwachen, sondern nur um mitdenken und mitfühlen zu können.

Das grundsätzliche Interesse ihrer Eltern ist für die Entwicklung eines Kindes so nötig wie die Luft zum Atmen. Eltern haben eine Fülle von Gelegenheiten, ihr Kind zur Selbstständigkeit zu ermutigen – sie sollten keine auslassen, auch wenn es manchmal schwer fällt, sich diesen berühmten kleinen Ruck zu geben. Der Drang ist ja von Anfang an da: Schon Zweijährige sind ganz wild darauf, alles alleine zu können. Sie können auch schon viel, wenn man sie lässt.

Eltern neigen dazu, die Fähigkeiten ihrer Kinder zu unterschätzen. Und wenn uns niemand darauf hinweist, werden wir noch dem 16-jährigen Sohn die Brote schmieren und zweifeln, ob eine Neunjährige wirklich schon alleine Milch holen gehen kann.

Die Gefahren übermäßigen Beschützens müssen Eltern sich bewusst machen. Enge Grenzen entmutigen geborene »Selberkönner« schon früh: Um einen Teller zu retten, nehmen wir ihnen die Chance, ihre Geschicklichkeit beim Abwasch zu erproben. Ist ein Schnitt im Finger des Dreijährigen wirklich so schlimm, dass seine Mutter ihm mit einem Schrei das Küchenmesser aus der Hand reißt, das er sich gerade geholt hat, um ihr beim Bohnenschnippeln zu helfen? Ohne Ermutigung kann ein Kind nicht wachsen, sich nicht entwickeln und keine Freude beim Tun entwickeln. Ermutigung spornt das Kind auf dem weiten Weg an, auf dem es ein Gefühl der Selbstachtung und der Leistungsfähigkeit erwirbt und auf seine Unabhängigkeit zusteuert – so lange, bis wir überflüssig sind. Halten wir sie nicht klein, nur um uns groß zu fühlen!

Bausteine für das Selbstvertrauen

Selbstachtung ist die entscheidende Kraft für das, was sich in einem Menschen abspielt: die Vorstellung vom eigenen Wert, die jeder mit sich herumträgt. Wissen, dass man etwas bedeutet und dass die Welt ein kleines Stückchen reicher ist, weil man da ist. Glauben an die eigenen Fähigkeiten. Fähig sein, andere um Hilfe zu bitten, aber an die eigene Entscheidungskraft zu glauben. Wer sich selber wertschätzt, kann auch den Wert seiner Mitmenschen wahrnehmen und achten. Nur aus der Erfahrung, Probleme zu meistern, baut sich Vertrauen in die eigenen Fähigkeiten auf. Daraus wiederum entsteht Selbstsicherheit und wächst der Stolz auf die eigenen Leistungen – eben ein gutes Selbstwertgefühl.

Dazu gehört die Einsicht in die eigenen Grenzen und das Wissen darüber, was man leisten kann und was nicht. Eltern sind keine Heiligen und sind genauso wenig perfekt wie ihre Kinder. Gut so! Unvollkommenheit ist eine gute Basis, wenn man dazu stehen kann. Unsichere Eltern können nicht über Nacht selbstsicher werden, aber sie können den Mechanismus, der in ihrer Familie wirkt, durchschauen lernen und erkennen, warum das Kind sich immer tyrannischer aufführt.

Alles, was sie dazu tun müssen ist, hin und wieder innehalten, genau hinschauen und erkennen, warum sich das Kind so verhält. Zwischen Kindern und Eltern sind nicht nur starke Gefühle, sondern auch verschlungene Wechselwirkungen am Werk. Eltern, die bisher noch nicht gelernt haben, ihre Launen zu zügeln, können ihre Kinder kaum lehren, wie sie die ihren unter Kontrolle bringen können.

Erziehen ist schon deshalb schwer, weil man es immer mit zwei Kindern zu tun hat: dem Kind vor einem und dem Kind in einem. Je präsenter das innere Kind, desto mehr Wirkung hat es auf das äußere. Schmerz, Wut, Trauer, Verzweiflung sind nicht über Stellvertreter auszuleben, sondern müssen den direkten Weg nehmen. Was das innere Kind vielleicht schmerzlich entbehrt hat, kann das äußere nicht wieder gut machen. Jede Mutter, die ihr kleines Pummelchen zur Ballettstunde oder zum Eislaufen anmeldet, jeder Vater, der seinen bebrillten kleinen Bücherwurm zum Fußballtraining schubst, mag zwar hoffen, dass der Funke überspringt. Eine Frage aber muss jeder Vater und jede Mutter sich selbst beantworten, bevor das Kind zu diesem oder jenem Kurs angemeldet wird: Ist es möglich, dass ich insgeheim wieder fünf Jahre alt bin und mir einen Kinderwunsch erfüllen will?

Die Vorstellungen von uns allen darüber, wie die Menschen sein sollten, was sie tun und lassen und wie sie miteinander umgehen sollten, wurzeln in dem, was wir zu Hause erlebt haben. Was man voneinander hält, spiegelt sich in dem Gespräch wider, das die Mitglieder einer Familie miteinander führen – in Gesten und Worten, bewusst und unbewusst. Was wir über Macht und Konflikte, Zusammenleben und starke Gefühle wissen, haben wir zuerst in der Familie gelernt. Gegenseitige Achtung ist der Anfang von allem; mit ihr steht und fällt das Selbstwertgefühl von Eltern und Kindern. Wer sein Kind achtet, fördert seine Selbstachtung, und das ist die wichtigste Voraussetzung für den Aufbau des Selbstwertgefühls, der positiven Wertschätzung der eigenen Person; sie schützt vor solchen abweichenden und ausweichenden Bewältigungsmechanismus wie Aggressivität, Selbstaggressivität und Depressivität.

Autorität gewinnen Eltern nicht, wenn sie so tun, als hätten sie alle Antworten in der Schublade parat. Es gibt ihn nicht, den fertigen Plan, den Eltern für den Weg ihrer Kinder bereithalten könnten. Autorität können Eltern nur gewinnen, wenn sie sich selbst als Persönlichkeit verhalten und ihren Kindern gegenüber erkennbar machen. Sie müssen sich vorbildlich verhalten, sie müssen ein soziales Modell für das Verhalten der Kinder abgeben. Sie müssen zugleich ein offenes Ohr für die Sorgen und Nöte ihrer Kinder haben und Hilfestellung bei der Selbstentwicklung leisten. Sie müssen mitdenken und mitfühlen und doch Distanz halten.

Vom Verbotsschild zum Wegweiser: Grenzen orientieren

Philipp liegt abends im Bett und schiebt sich ein Bonbon nach dem anderen in den Mund. »Aber Schatz, du sollst doch nach dem Zähneputzen nichts Süßes mehr essen«, mahnt Mama milde. »Du weißt doch, dass du davon ganz schlechte Zähne kriegst.« Philipp nimmt die Worte seiner Mutter weiterlutschend zur Kenntnis. Kopfschüttelnd verlässt sie nach dem Gutenachtkuss das Zimmer. Dann Papa: »Schlaf schön. Sag mal, muss das denn sein mit diesem ewigen Süßkram?« – Ist es die Sorge, er könnte wieder Theater machen vor dem Einschlafen, dass seine Eltern sich nicht zu mehr als einem ärgerlichen Appell aufraffen können?

Die Familie sitzt im Wohnzimmer bei Kaffee und Kuchen, alte Freunde sind zu Besuch. Anselm und seine Schwester Marie betreten das Zimmer und steuern zielsicher auf den Schreibtisch in der Ecke zu und holen sich Klebeband und Schere. Das etwas aufgesetzt klingende Räuspern ihrer Mutter wird geflissentlich überhört. Bevor die beiden wieder gehen, sagt sie: »Also, ihr zwei, ich habe das nicht so gern, wenn ihr auf meinem Schreibtisch einfach etwas wegnehmt.« Gemurmel bei den Kindern. Und in halb gespielter, halb echter Empörung zu den Gästen: »Die sind furchtbar, die beiden. An alles gehen sie mir ran, wirklich, nichts ist vor ihnen sicher.« Ist es die Furcht, sich vor den Gästen in die Wolle zu kriegen und den schönen Nachmittag mit Kindergeschrei zu verderben, die die Mutter das unannehmbare Verhalten ihrer Kinder hinnehmen lässt?

Ohne zu fragen, schaltet Sebastian den Fernseher an und hockt sich davor, egal, was gerade läuft. Aus der Küche ruft seine Mutter: »Was machst du denn da, bist du überhaupt schon fertig mit deinen Hausaufgaben?« Sebastian nuschelt irgendetwas Unverständliches. »Wir haben doch besprochen, dass es kein Fernsehen gibt, bevor nicht die Hausaufgaben erledigt sind.« Sebastian rollt stumm mit den Augen. Morgen erzählt er seinem Freund Marko, wie seine Mutter ihn wieder zugetextet habe wegen der Hausaufgaben und dann aber, als er auf Durchzug geschaltet habe, so getan hat, als hätte sie nichts gesagt. Warum hat Sebastians Mutter die Sache auf sich beruhen lassen? Es gibt doch die klare Regel: Fernsehen erst dann, wenn alle Hausaufgaben gemacht sind.

Erziehen heißt konsequent sein

Für Eltern, die neben der Erziehung ihrer Kinder auch noch etwas anderes zu tun haben – also für alle Eltern – ist die Versuchung groß, einem sich anbahnenden Konflikt aus dem Wege zu gehen. Man drückt schon mal beide Augen zu und schluckt den Ärger hinunter, wenn Kinder gegen Regeln verstoßen, oder stellt sich taub, wenn freche Antworten kommen, die man eigentlich angemessen quittieren müsste. Man gibt auch mal achselzuckend nach, um nicht schon wieder das Gequengel oder nervtötende Gebrüll hören zu müssen. Es kommt eben auch auf die Tagesform an. Kein Vater, keine Mutter bringt immer die Kraft auf, konsequent zu sein. Hat man gute Laune, freut man sich an dem fröhlich hopsenden Kind auf dem Sofa. Ist man schlecht drauf, schimpft man, wenn es da herumturnt.

Nach einem langen Arbeitstag, kurz vor Ladenschluss in der Schlange vor der Kasse, hat das Kind gute Chancen, Bonbons abzustauben, weil die Eltern überhaupt keine Nerven mehr haben, sich groß rumzustreiten. Sitzen die Eltern mal einen kleinen Moment ohne die Kinder (»Wie lange hatten wir das nicht mehr?«) am Küchentisch und wechseln in Ruhe ein paar Worte, lassen sie den unerlaubten Knopfdruck am Fernsehgerät durchgehen. Ganz schwierig wird es, wenn man Ehekrach hat und eine Riesenwut auf den anderen schiebt, der Verlockung zum Paktieren zu widerstehen: »Was, die Mama hat gesagt, Pommes sind ungesund? Ach, lass die doch. Die hat aber auch an allem was auszusetzen. Los, komm her, wir gehen jetzt mal zur Imbissbude. Willst du mit Ketchup oder Mayo? Ach, beides! Na gut. Bleibt aber ein Geheimnis, unter uns Männern«, sagt Papa mit Verschwörerblick.

Wer sich gesund, innerlich tatkräftig und wohl fühlt, kann viel leichter mit freundlicher Festigkeit darauf dringen, dass bestimmte Dinge stattfinden und andere unterbleiben. Ist man müde, erschöpft und schlecht gelaunt, hat man Schulden oder den Kopf voll mit anderen Problemen, verschiebt sich die Toleranzschwelle – ob nach oben oder unten, hängt auch vom Ort des Geschehens ab: Haben Sie etwa noch nie im Restaurant Ihr Kind in Hörweite des Kellners extra laut ermahnt, um kundzutun, dass Sie sehr viel Wert auf Tischmanieren legen – und zu Hause lassen Sie Ihrem Kind die Manscherei meist durchgehen?

Ob nun ein Familienklima konservativ streng oder liberal locker ist – mangelnde Konsequenz kommt in allen Familien vor. Es kommt auch gar nicht so sehr auf Strenge an, sondern auf die Zuverlässigkeit, mit der man bestimmte Linien durchhält. Inkonsequenz verunsichert.

Solche Wechselbäder sind nicht gut für Kinder. Was heute erlaubt ist, darf doch nicht morgen verboten sein. Kinder ziehen daraus den Schluss: »Egal, wie ich mich verhalte, ich kann die Reaktion darauf sowieso nicht kalkulieren.« Kinder müssen genau wissen, woran sie sind, damit sie ihren Spielraum nicht täglich und sogar stündlich neu vermessen müssen.

Unbeständigkeit macht orientierungslos, weil die Kinder keine logische Verbindung zwischen ihrem Verhalten und der Art, wie sie behandelt werden, erleben.

»Ich will ein Eis«, verlangt Leon. Seine Mutter überhört den drohenden Unterton und plappert munter weiter: »Ach sieh mal, Liebes, der Himmel da oben ist ganz dunkel. Gleich wird es regnen. Es ist viel zu kalt für ein Eis.« Leon ist unbeeindruckt: »Ich will aber«, tönt er, jetzt schon eine Tonlage höher. »Du kriegst einen kalten Bauch und könntest krank werden«, seine Mutter hofft auf Einsicht. »Dann werde ich eben krank«, kommt es trotzig. Vielleicht kriegt sie jetzt die Kurve, er scheint sich abzufinden. Da schiebt Leons Mutter hinterher: »Und außerdem habe ich gar kein Geld dabei.« Was soll das jetzt? Zu kalt? Kein Geld? Gestern musste die Sorge um Leons Zähne für ein »Nein« herhalten, allerdings nur für ein vorläufiges Nein. Gestern hat sich der große Leon mit seinen sechs Jahren auf den Boden geworfen und ein mörderisches Gebrüll ausgestoßen. Das war Mama so peinlich, dass sie wie von selbst die Geldbörse zückte: »Jaja, schon gut, was für eine Sorte möchtest du denn. Hör doch mal auf zu schreiben. Aber nur eine Kugel, hörst du?« Gestern hat es also geklappt, denkt sich Leon. Warum sollte es heute nicht gelingen? Schon holt er tief Luft …

Bei näherem Hinsehen ergibt sich für nahezu alle Brennpunkte des Geschehens zwischen Eltern und Kindern dieses Grundmuster. Quengeln im Supermarkt, ausgefallene Speisewünsche und immer spätere Schlafenszeiten sind die üblichen Trainingsstätten für elterliche Inkonsequenz und kindliche Beharrlichkeit.

Regeln und Routinen erleichtern den Alltag

Kinder brauchen überschaubare Regeln und Rituale, wiederkehrende Rhythmen und Routinen, um sich – fraglos und klaglos und ohne zu feilschen – zurechtzufinden. Das sind die Grenzen, die Kindern Sicherheit, Orientierung und Halt bieten. Innerhalb dieser Grenzen entstehen die Freiräume, die Kinder brauchen, um sich zu entwickeln. Grenzen bedeuten aber auch Berührung und Kontakt.

Viele Eltern befürchten, wenn sie ihren Kindern Grenzen setzen, dämpfen sie ihre Neugier und hindern sie an ihrer Selbstentfaltung. Manche sind besorgt, dass sie die Liebe ihrer Kinder verlieren könnten, wenn sie ihr Verhalten beschränken. Das Gegenteil ist der Fall: Eine liebevolle, sorgende Umgebung darf nicht regellos sein. Je mehr Grenzen und Regeln Zuverlässigkeit bieten, umso besser halten Kinder ihren Krisen stand. Für kleine Kinder sind Grenzen nicht nur die Gitterstäbe, an denen sie voller Wut rütteln. Sie sind auch Wegweiser, die sagen: »Da geht es lang!« Eltern, die immer nachgeben, die jeden Ärger hinunterschlucken und jedes Verbot als zarte Bitte formulieren und höchstens zum weinerlichen Appell steigern, wenn ihre Wünsche übergangen werden, tun weder sich noch ihren Kindern einen Gefallen.

Eltern wissen genau, wo ihre eigene, ganz persönliche Grenze verläuft. Dazu können sie auch stehen! Denn nur so spüren sie rechtzeitig, wann das Verhalten ihres Kindes unannehmbar wird und ihre Kräfte übersteigt. Es hat wenig Sinn, mit gequältem Gesicht Begeisterung zu heucheln, wenn der kleine Schatz im Essen manscht und man genau das auf den Tod nicht ausstehen kann. Oder sich schnell und lieblos durch das Märchen von Hänsel und Gretel zu haspeln, weil man gerade heute nicht erwarten kann, bis die kleinen Quälgeister endlich in ihren Betten verschwunden sind, weil man keinesfalls den Anfang vom Spätfilm, auf den man sich den ganzen Tag gefreut hat, verpassen will.

Kindern kann man da wenig vormachen – sie haben eine ungeheuerliche Fähigkeit, wortlose Botschaften zu verstehen und richtig zu deuten. Für die Gefühlswelt ihrer Eltern haben die Kinder sehr feine Antennen. Wenn sich da ein Widerspruch auftut zwischen dem, was Mama tut und dem, was Mama ausstrahlt, muss man dem nachgehen – und wenig nervt mehr, als wenn Kinder testen, wie weit sie jetzt gehen können. Deswegen fällt ihnen zu guter Letzt dann immer noch das Glas Wasser ins Bett, ganz aus Versehen, versteht sich. Und schon eilt Mama mit frischer Bettwäsche heran. Spätfilm hin oder her.

Gibt man immer zu viel, führt das leicht dazu, dass man einfach ausflippt und einem schließlich doch noch die Hand ausrutscht, weil man sich ausgenutzt und missachtet fühlt. Spätabends, wenn alle Nervensägen schlafen, schleichen ihre Mütter und Väter dann mit abgrundtief schlechtem Gewissen ans Kinderbett. Schuldgefühle wiegen schwer: »Ich habe als Vater total versagt!« oder »Was bin ich eigentlich für eine Rabenmutter?« Sie nehmen sich vor, morgen noch geduldiger, liebevoller und nachgiebiger zu sein und überfordern sich damit aufs Neue.

Wer oft zwischen Anschreien und reuiger Wiedergutmachung schwankt, wer sich oft ohnmächtig und unzulänglich fühlt, hat wahrscheinlich zu wenig Absprachen mit seinen Kindern getroffen, die den Alltag regeln und kritische Momente abpuffern. »Was sind das für Situationen, in denen es immer wieder Krach gibt?«, »Weiß mein Kind eigentlich, worum es mir in diesem Moment geht?«, »Welche Absprachen könnten wir treffen?«, »Gibt es klar abgesprochene Folgen, wenn das Kind eine Regel verletzt?«

5. Kapitel

Streiten will gelernt sein

Immer dasselbe: In vielen Familien beginnt der Kampf schon morgens, wenn die Eltern ihre Kinder nicht rechtzeitig aus den Betten kriegen. »Philipp! Wann stehst du endlich auf?« Ungerührt lässt Philipp seine Mutter vor sich hinschimpfen. »Jaja«, knurrt er unter seiner Decke hervor, »lass mich in Ruhe. Ich will schlafen.« Seine jüngere Schwester zieht ihm kichernd die Decke weg. Mit geballten Fäusten stürzt er sich auf sie. Kreischend rennt sie aus dem Zimmer, stolpert im Flur über ihre Schuhe. Das Geheul ist ohrenbetäubend. Kein Wunder, dass das Baby jetzt wachgeworden ist und weint. »Wenn du dich nicht beeilst, kommst du zu spät zur Schule. Los jetzt, steh bitte auf«, tönt es zwischen Tellerklappern aus der Küche. Wenige Minuten später fegt seine Mutter ins Kinderzimmer: »Wo bleibst du denn? Wie oft soll ich dir noch sagen, dass du dich jetzt anziehen sollst?« Philipp hockt im Schlafanzug auf dem Boden, Legoteile um sich herum verstreut und gähnt: »Gar nicht mehr. Ich habe heute keinen Bock auf die Schule.« Die Stimme seiner Mutter wird schriller: »Was denkst du dir eigentlich? Und überhaupt, nicht in diesem Ton, klar?« Wenn er nicht in zehn Minuten aus dem Haus geht, wird er wieder zu spät kommen. Es ist zum Verrücktwerden! »Jaaaa«, erhebt er sich betont langsam und trottet zum Schrank. »Wo ist meine Hose?« Jeden Morgen dasselbe.

Wer kennt das nicht? Im Alltag von Familien gibt es jede Menge Ärger, Reibereien und Streit. Eine Reihe von häuslichen Situationen scheint sich für Konflikte zwischen gereizten Eltern und widerborstigen Kindern geradezu anzubieten: dass die Kinder morgens aus dem Bett kommen und sich anziehen, dass sie essen und sich bei Tisch ordentlich zu benehmen wissen, dass sie nicht dauernd mit ihren Geschwistern streiten, dass sie ihr Zimmer aufräumen und ihre Hausaufgaben machen, dass sie bestimmte Haushaltspflichten erledigen und sich an Absprachen halten, dass sie sich in der Öffentlichkeit gut benehmen und auf Fragen antworten, dass sie grüßen, wenn sie gegrüßt werden, und abends rechtzeitig nach Hause kommen, dass sie beizeiten ins Bett gehen und nachts nicht dauernd angedackelt kommen … Schier endlos ließe die Reihe sich fortsetzen.

Der Machtkampf zwischen Eltern und Kindern

Die Gründe, die zu Reibereien und Streit zwischen Eltern und Kindern führen, sind vielfältig. Ist jedoch das Verhältnis ohnehin gespannt, suchen Kinder den Konflikt meistens genau dort, wo sie die Verletzlichkeit ihrer Eltern spüren – oft unbewusst und nicht mit Absicht, aber auch nicht ganz ohne: Sobald ein Kind bemerkt, dass seine Eltern auf bestimmte Verhaltensweisen besonders empfindlich reagieren, wird es sich häufig gerade so benehmen, wie seine Eltern das nicht hinnehmen wollen. Ein Kind, das sich vor aller Augen unmöglich aufführt und selbst bei freundlichen Begrüßungen stumm wie ein Fisch und stocksteif dasteht, tut das vielleicht, weil seine Eltern sehr viel Wert auf gutes Benehmen legen. Nicht selten verhalten sich Kinder gerade vor Publikum schlecht; sie spüren die Verletzlichkeit ihrer Eltern, die eine peinliche Situation fürchten oder Angst haben, sich vor aller Augen mit ihren Kindern zu blamieren – nicht aus böser

Absicht legen Kinder gern den Finger in die Wunde. Sie wollen nur einfach herausfinden, wo es langgeht.

Philipp steht nicht pünktlich auf, weil er weiß, dass er damit seine Mutter auf die Palme bringt. Sie muss nämlich pünktlich um neun Uhr im Büro sein, und bis dahin muss alles wie am Schnürchen laufen. Es stört ihn maßlos, dass morgens keine Zeit mehr zum Kuscheln ist und er nicht mehr wie früher, als er noch nicht in die Schule ging und seine Mutter noch nicht ins Büro musste, erst einmal gemütlich erzählen kann, was er nachts geträumt hat.

Jedes Kind in der Familie stellt sich anders auf einen wunden Punkt seiner Eltern ein. Manche wollen morgens nicht aufstehen, andere erwachen in aller Herrgottsfrühe und scheuchen die Geschwister auf. Die einen weigern sich zu essen, andere essen plötzlich zu viel. Einige Kinder widersetzen sich offen, andere ziehen passives Verhalten vor und entziehen sich.

Erkennen die Eltern nicht, warum ihr Kind sich so verhält, können sie die Absichten und das störende Verhalten ungewollt verstärken. Ehe sie sich versehen, sind sie in einen Machtkampf verwickelt und tragen mit ihrem Kind einen Wettstreit um Sieg oder Niederlage aus. Der spielt sich gewöhnlich so ab, dass zuerst gestritten und dann nachgegeben wird. Zuerst gewinnt das Kind, weil es nicht aufstehen oder essen oder lernen will, dann gibt es Streit, zuletzt gibt das Kind klein bei und die Eltern gewinnen, oder die Eltern resignieren und das Kind gewinnt.

Anfangs verlegen sich viele Eltern noch aufs Erinnern oder Überreden; sie schmeicheln, bitten und mahnen. Schließlich sprechen sie ein Machtwort: »Du gehst jetzt sofort ins Bett.« Oder drohen: »Wenn du nicht auf der Stelle deine Hausaufgaben machst, fällt der Zoobesuch für dich aus.« Nicht wenigen Müttern und Vätern rutscht auch schon mal die Hand aus. Es ist ein Dilemma: Eltern, die das Kind zum Nachgeben zwingen, verletzen die Achtung vor dem Kind. Wenn sie beide Augen zudrücken und um des lieben Friedens willen immer nachgeben, verletzen sie die Achtung vor sich selbst.

Für die Beziehung zwischen Eltern und Kindern ist mit dem Nachgeben nichts gewonnen. Im Gegenteil – empfindet sich ein Kind im Zweifelsfall als der stärkere Part, verliert es die Aussicht, Geborgenheit und Halt zu empfinden. Um sich selbst sicher zu fühlen, bleibt ihm nichts anderes, als die schwächeren, manipulierbar erlebten Eltern selbst zu beherrschen. Auf der anderen Seite erreichen Eltern, die auf ihre Macht pochen, vielleicht Gehorsam. Aber jedes Mal, wenn sie ihr Kind zu etwas zwingen, versagen sie ihm eine Gelegenheit, Selbstverantwortung zu üben und aus Auseinandersetzungen über erträgliche Lösungen herauszufinden.

Genauso wenig kann ein Kind lernen, wenn es nie ein richtiges Gegenüber spürt. Wut und Ärger zu äußern, ohne den anderen zu verletzen, die eigenen Interessen und Wünsche zu vertreten, Fantasie für Kompromisse zu entwickeln und auch einmal eine Niederlage einstecken zu können – das alles sind die Fähigkeiten fürs Leben, die Kinder im Zusammensein mit ihren Eltern erwerben können. Es geht darum, Lösungen für Konflikte zu finden, die für beide Seiten annehmbar sind.

Machtspiele ins Leere laufen lassen

Bevor die fünfjährige Klara mit ihrem Vater den Kindergarten verlässt, bringen die beiden ein unangenehmes Ritual hinter sich. Klara zieht sich hartnäckig ihre Schuhe verkehrt herum an. Das ärgert ihren Vater.

»So kannst du nicht mitkommen.« Klara rennt weg, ruft »Fang mich doch, du Eierloch.« Irgendwann wird sie lauter: »Du sollst mir die Schuhe anziehen.« Hin- und hergerissen zwischen der selbstverständlichen Handreichung für sein kleines Kind, seiner Unsicherheit darüber, ob sie vielleicht wirklich nicht weiß, wie herum die Schuhe gehören oder zu müde ist und seinem wachsenden Ärger über die Szene, wird Klaras Vater immer ungeduldiger. »Nein«, beharrt er, »erst ziehst du die Schule richtig herum an. Und zwar alleine.« Die anderen Eltern kommen, holen ihre Kinder ab. Klaras Vater fühlt sich beobachtet – hat da nicht eine Mutter schadenfroh gegrinst? Da gibt er nach: Mit einem resignierten Seufzen kniet er sich hin und zieht seiner Tochter die Schuhe richtig herum an. Später wird er sich bei seiner Frau beklagen, dass Klara heute wieder so ein Theater gemacht hat.

Klara probiert aus, wie weit sie gehen kann: Wenn ihr Vater die Versuchsanordnung seiner Tochter erkennt, kann er gegensteuern. Sie hat ihn in ein kleines Machtspielchen verwickelt. Er ist drauf und dran seiner Frau zu sagen, dass er Klara nachmittags nicht mehr abholen will, weil ihm das Theater auf die Nerven geht.

Gelingt es Kindern, ihre Erwachsenen in die Arena zu zerren und mit ihnen darum zu ringen, wer hier der Stärkere ist, führt das häufig zu wütendem Stillstand: Keiner kann mehr zurück, jeder hat ein Gesicht zu verlieren, und es ist keine Lösung in Sicht, die einen ehrenvollen Rückzug erlaubt. »Du oder ich«, scheint die Alternative zu heißen, und der vermeintliche Ausweg lässt nur Sieger und Besiegte zu. Triumphiert das Kind, nimmt die Beziehung genauso Schaden wie durch einen Sieg der Eltern.

Gut beraten sind Eltern, die es erst gar nicht so weit kommen lassen. Mütter und Väter können sich zurückziehen und sich weigern, sich in einen Streit verwickeln zu lassen. Bildlich gesprochen: Sie können nicht verhindern, dass Ihr Kind Wind macht, aber Sie können Ihr Segel aus seinem Wind nehmen. Niemand muss mit einem Kind streiten, wenn er es nicht will. Solange Klaras Vater mehr als sie selbst daran interessiert ist, seine Tochter schnell und vollständig angezogen aus dem Kindergarten zu kriegen, wird sie das ausnützen. Ändert er sein Verhalten, läuft Klaras Machtspielchen ins Leere.

Um Kampf und Nachgeben zu vermeiden, müssen Eltern sich aus Konfliktsituationen zurückziehen und den Kern der Auseinandersetzung erfassen. Wenn sie sich weigern, ihre Rolle in diesem Stückchen weiterzuspielen, muss das Kind entscheiden, ob es mit verkehrt herum angezogenen Schuhen nach Hause gehen, ob es aufstehen oder zu spät in die Schule kommen will. Offensichtlich ist Unpünktlichkeit die Konsequenz, wenn man zu spät aufsteht. Sie tritt ein, sobald die Eltern den Zankapfel fallen lassen und nichts anderes als den Druck der Wirklichkeit weitergeben. Es macht einen Riesenunterschied in puncto Eigenverantwortung, ob man rechtzeitig früh aufsteht, weil die Eltern das verlangen oder weil man nicht zu spät zur Schule kommen will. Die meisten Grundschüler finden es peinlich, als letzter in die Klasse zu kommen, wo alle anderen schon sitzen …

Klaras Vater kann leicht sein Segel aus dem Wind nehmen, den seine Tochter macht: Die offensichtliche Folge fehlender oder falsch herum angezogener Schuhe ist, dass man auf der Straße schlecht laufen kann. Das kann Klara verstehen, wenn ihr Papa das einmal erklärt und dann mit ein bisschen Geduld abwartet, bis sie ihre Schuhe angezogen hat. Es ändert leicht den Blick auf die ganze Beziehung, wenn Eltern nicht mehr mitspielen.

Kinder müssen die Gelegenheit haben, für sich selbst zu sorgen, Verantwortung zu übernehmen. In vielen Fällen ist das der erste Schritt. Es ist die wohlwollende Beiläufigkeit der Haltung: »Das ist dein Problem. Du wirst es lösen, wenn du so weit bist.« Wenn die Befriedigung für das Kind durch die besondere Aufmerksamkeit der Mutter oder des Vaters ausbleibt, wenn die Chance auf den Sieg verbaut ist, weil sich die Gegenpartei nicht auf das Tauziehen einlässt, kann das Kind sich entscheiden, das störende Verhalten aufzugeben.

Der Ton macht die Musik

Oft weiß man schon vorher, dass der Sohn sich heute wieder weigern wird, am Abend zu duschen oder fürs Diktat zu üben oder die Tochter Ausflüchte finden wird, wenn man sie bittet, den Müll herunterzubringen. Ohne es wirklich zu wollen, neigen Eltern schon im Vorfeld dazu, Schärfe in die Stimme zu bringen, wenn sie den Widerstand und die Verweigerung ihrer Kinder gedanklich vorwegnehmen. Widerstand fordern sie so erst recht heraus. »Marie, nimm den Mülleimer mit«, befiehlt ihre Mutter. »Och Mama, warum immer ich«, mault die Achtjährige. »Hör auf zu motzen und tu, was ich dir sage!« Marie zockelt mit dem vollen Mülleimer los, hinter dem Rücken ihrer Mutter schneidet sie Fratzen. Einen Augenblick später scheppert es im Treppenhaus. Leider ist der Kleinen alles aus der Hand gefallen, aus Versehen natürlich.

Hätte Maries Mutter einen Moment innegehalten, wäre ihr aufgefallen, in welchem Ton sie mit ihrer Tochter gesprochen hat. Sie hätte sich selbst wahrscheinlich auch verweigert, wenn jemand sie so herumkommandiert hätte. Der Ton unserer Stimme und die Art, etwas zu sagen, entscheiden mit darüber, ob es gelingt, Kinder zur Mitarbeit zu gewinnen oder nicht. Höflichkeit alleine bringt es oft fertig, Verständnis zu signalisieren: »Ich weiß, dass du es nicht gern tust, aber es würde mir viel helfen, wenn du mal eben den Mülleimer ausleeren könntest.« Oder auch »Ich würde es sehr zu schätzen wissen, wenn du heute Abend noch duschen würdest.«

Solche Sätze helfen, Streit zu vermeiden, Widerstand zu überwinden und die Mitwirkung der Kinder zu gewinnen. Sie signalisieren dem Kind, dass seine Gründe verstanden, anerkannt und geschätzt werden und lassen das Gefühl, gezwungen zu werden, erst gar nicht aufkommen. So ist der Blick für Kinder frei auf die Situation – und was gerade geboten ist.

Jede Kommunikation zwischen Menschen transportiert

mehr als Worte von einem Ohr zum anderen. Es geht nicht nur um das Thema, die Sache über die man redet, sondern die Sprechenden verleihen auch ihrer Wertschätzung des anderen Ausdruck. Hier schlägt sich die Beziehung zwischen den Gesprächspartnern nieder. Welches Gefühl man sich in diesem Moment entgegenbringt und was man sich durch Gesten, Mimik und Tonfall noch außerhalb der Worte mitteilt, das wird von jedem Beteiligten registriert. Gesprächspartner spiegeln in der Art, wie sie miteinander reden, wider, was sie voneinander halten. Kinder spüren genau, ob Achtung und Respekt das Gesagte tragen.

Konflikte werden weniger, wenn man eine Sprache der Ehrlichkeit, der Gleichwürdigkeit und des Respekts wählt: Nicht »Geh jetzt spielen!« sondern »Ich möchte gerne ein bisschen in Ruhe lesen. Was möchtest du machen?« Statt »Halt jetzt den Mund!« kommt es viel besser an, zu sagen: »Einen Moment bitte noch. Ich möchte gerne mit deinem Vater diese Sache zu Ende besprechen.«

Durch Fragen die Motive erkunden

Jonas hat ausgeholt und seinen Bruder Leon mit einem Faustschlag in den Magen getroffen. Der wälzt sich am Boden. »Warum hast du das gemacht?«, fragt sein Vater. »Der hat angefangen!«, bekommt er zur Antwort.

Anna quetscht immer wieder abends die Zahnpastatube im Waschbecken aus, wirft die leere Tube anschließend auf den Boden. »Was soll das denn? Warum machst du das?«, will ihre Mutter wissen. »Darum!«

Fragen nach dem Warum helfen nicht, die Motive für Provokationen von Kindern aufzudecken, geschweige denn sie dazu zu bewegen, ihr Verhalten zu ändern. Das ist noch nicht einmal böse Absicht. Bis weit in die Grundschulzeit hinein sind Kinder überfordert, wenn sie über ihre Beweggründe reden sollen. Sie geben »dumme Antworten« oder erzählen langatmige Geschichten, bei denen man vergebens auf die Pointe wartet, die alles erklären soll. Fragen nach dem Warum sind rückwärts gerichtet, suchen nach Gründen und Ursachen und führen eher zur Selbstanklage oder zu gegenseitigen Beschuldigungen der Kontrahenten als dazu, Veränderungen anzuregen. Das liegt daran, dass Kinder über auffälliges Verhalten ein bestimmtes Ziel erreichen wollen – entweder die Aufmerksamkeit auf sich zu lenken, ihre Überlegenheit zu beweisen, sich zu rächen oder den anderen in Hilflosigkeit zu verwickeln.

Durch geschickte Fragen können Erwachsene herausfinden, welche Ziele das Kind verfolgt: »Könnte es sein, dass du möchtest, dass ich mich mehr mit dir beschäftige?« wäre die Frage, wenn man vermutet, dass das Kind mit seinem Verhalten die Aufmerksamkeit der Eltern auf sich ziehen will. »Könnte es sein, dass du mir zeigen willst, dass du machen kannst, was du willst?« kann Machtkämpfe entlarven. »Könnte es sein, dass du mich bestrafen willst?« bringt Rachegelüste an den Tag, wenn man sich ungerecht behandelt fühlt. Und »Könnte es sein, dass du deine Ruhe haben willst, weil du etwas nicht kannst?« durchbricht den Bann gespielter Hilflosigkeit.

Jede Frage, die mit »Könnte es sein, dass …?« beginnt, zeigt dem Kind, dass seine Eltern nicht alles wissen und nur es selbst weiß, was mit dieser oder jener Aktion beabsichtigt ist. Es lenkt die Aufmerksamkeit weg vom Verhalten auf das Kind – sein Befinden, seine Gefühle, seine Situation. Diese Fragen enthalten keine verdeckte Anklage, sondern bekunden aufrichtiges Interesse, deshalb muss das Kind sich auch nicht zur Wehr setzen, im Gegenteil: Schon in der Frage sieht es die Antwort erraten und fühlt sich verstanden. Kleine Störenfriede müssen so weder ihre Unschuld beteuern noch andere beschuldigen. Mit einem Kopfschütteln können sie die Frage als falsch zurückweisen. Wenn allerdings die Eltern auf der richtigen Spur zu den eigentlichen Beweggründen sind, fällt es dem Kind viel leichter, das zu erkennen zu geben. Es kann seinen Widerstand ablegen und wird, ohne das Gesicht zu verlieren, viel eher bereit sein, sich anders zu verhalten.

Durch Zuhören verstehen

Alles Verständnis und Verstehen beginnt mit dem Zuhören. Viele Konflikte zwischen Eltern und Kindern rühren aus bloßen Missverständnissen.

Max kommt aus der Schule nach Hause, wirft den Ranzen in die Ecke und stöhnt: »Ich hasse die verdammte Schule.« Sein Vater riecht Lunte. »Was hast du wieder angestellt?« Wortlos verschwindet Max in seinem Zimmer. »Sei doch nicht gleich beleidigt«, ruft sein Vater hinterher, und »Sag mir lieber gleich, was los ist, ich kriege es ja doch raus. Heute ist Elternabend!«

Damit hat er voll daneben gelangt. Bevor er richtig zugehört und überhaupt in Erfahrung gebracht hat, was sein Sohn heute erlebt hat, winkt er innerlich schon ab und meint trotzdem, Bescheid zu wissen.

Wer zu schnell bei der Hand ist mit Kommentaren, Wertungen und Unterstellungen, kann nicht sehen, worum es eigentlich geht. Und er schlägt eine Tür zu, die, wer weiß, vielleicht doch einen Spalt weit geöffnet war. Pauschalerklärungen wie »Jetzt ist er wieder bockig« oder »Sie ist so eifersüchtig auf das Baby« sind oft nur stereotype Deutungen, die über das, was ein Kind eigentlich bedrückt, nichts aussagen. Und sie verschließen dem Kind, das etwas auf dem Herzen hat, den Mund. »Wird schon nicht so schlimm sein« oder »Ich wäre froh, wenn ich noch mal zur Schule gehen könnte, das ist die schönste Zeit im Leben« sind Bemerkungen, die Kinder sich anhören müssen, wenn sie wie Max mal über die Schule schimpfen und eigentlich nur eine Gelegenheit bräuchten, Dampf abzulassen. Die Versuchung ist groß für Eltern, dem Kind vorschnell zu sagen, was es tun soll. Rat und gute Vorschläge sind zwar gut gemeint, bewirken aber, dass die Kinder sich nicht verstanden fühlen dürfen – und mit ihrem Problem allein bleiben.

Malte hat mehr Glück als Max. Dass er nicht mehr in die Schule gehen würde, hat er seinem Vater neulich mitgeteilt. Sein Gesichtsausdruck ließ keinen Zweifel daran, dass es ihm ernst war. Sein Vater hielt sich zurück. »Hm, also du gehst nie wieder zur Schule«, wiederholte er. Fürs Erste verkniff er sich alle Fragen, die seinem Sohn den Eindruck geben könnten, er solle belehrt, kritisiert, bemitleidet oder beschwichtigt werden. »Na ja, diese Woche nicht mehr«, ergänzte Malte. »Danach sind Herbstferien und dann sehen wir weiter.« Sein Vater blieb ruhig. »Du brauchst ‚ne Pause?« Malte nickte. Das ging eine ganze Weile so weiter. Malte konnte seinen Gefühlen freien Lauf lassen und sein Vater blieb dabei, nur in seinen eigenen Worten wiederzugeben, was Malte sagte und wie er es verstanden hat. Außerordentlich klug!

Maltes Vater belässt es bei der Rückmeldung des Gehörten, er enthält sich jeden Kommentars. Damit bleibt auch das Problem bei dem, der es hat – bei Malte. Der fühlt sich wiederum verstanden, angenommen und hat schon angefangen, selbst weiterzudenken. »Also wegen dieser Arbeit morgen, einen Vokabeltest nur einen Tag vorher anzukündigen«, empört er sich, »das ist doch eine Sauerei.« Aber seine Wut ist verraucht. Er hat gemerkt, dass sein Vater ihn verstanden hat, und das ist das Allerwichtigste: Einen Vokabeltest zu fürchten ist etwas ganz anderes als nie wieder in die Schule gehen zu wollen.

Wer sich mal Luft machen kann, ohne gleich gemaßregelt zu werden, sieht bald wieder klar. Der Lösung seines Problems ist er damit schon einen Schritt näher gekommen. Das kennt man doch von sich selbst. Da kommt man wutschnaubend nach Hause, weil einen der Kollege, der so viel unbegabter als man selbst ist, beim Chef angeschwärzt hat. »Ich könnte ihn umbringen, diesen Arsch«, sagt man noch so dahin, und dann versucht einem der beste Freund, die eigene Mutter oder der Ehemann die Wut auszureden. »Er wird schon einen Grund haben, auf dich so sauer zu sein« oder »Wie kannst du so böse über diesen reizenden Menschen reden?« oder ein beiläufiges »Na, so schlimm wird es schon nicht sein und jetzt sei so gut und räum dein Zimmer auf« – das sind Bemerkungen, die sogar Erwachsene gleich noch viel höher auf die Palme treiben und die Wut gleich noch auf den ausdehnen, der einen da so beschwichtigen will. Sagt das Gegenüber jedoch: »Das kann ich verstehen, der Kollege macht dir schon länger Probleme …«, wird es dem Aufgebrachten gut tun. Bleibt das Echo noch ein Weilchen geduldig, steigt man vermutlich auch wieder runter von der Palme, und es kommt der Moment, an dem man tief durchatmet und feststellt, »Na gut, davon geht die Welt nicht unter« oder »Egal, jetzt essen wir erst mal was Schönes«, und sich angenehmeren Dingen zuwendet.

Eltern, die erst einmal genau zuhören und sich darauf beschränken, die mitgeteilten Gefühle wiederzugeben, vermitteln ihrem Kind: »Ich akzeptiere, was du empfindest, egal wie schlimm dir das vorkommt.« Sie sind dabei, wenn sich ihr Kind mit einer Schwierigkeit plagt, ohne jedoch stellvertretend für ihr Kind zu denken oder zu handeln. Genau darin liegt der Gewinn für beide Seiten. Wer Kindern zuhört, ohne sich aufzudrängen, nimmt ihnen ihre Schwierigkeiten nicht ab, sondern er traut ihnen zu, ihre Probleme selbst zu lösen. So kann die Selbständigkeit und das Verantwortungsgefühl wachsen.

Durch Ich-Botschaften Konfrontation vermeiden

Kinder sind anspruchsvoll und fordern rücksichtslos, auch wenn man selbst schon lange meint, gar nichts mehr geben zu können. Sie halten einen auf, wenn man in Eile ist und bekleckern einen mit Kakao, wenn man ein neues Kleid trägt. Sie quasseln pausenlos, wenn man einen Moment Ruhe braucht. Viele Kinder verlangen lautstark, dass ihre Bedürfnisse erfüllt werden und sind gegenüber den Bedürfnissen ihrer Eltern taub und blind.

Eltern, deren Grenzen durch das Kind verletzt werden, gehen oft unüberlegt auf Konfliktkurs. Sie sprechen das störende Verhalten an, indem sie dem Kind sagen, wie ungeschickt es ist und was es tun sollte: »Musst du denn immer alles kaputtmachen. Finger weg!«, »Du gehst mir auf die Nerven, wenn du mich dauernd unterbrichst« oder »Du hast das schon wieder falsch gemacht. Hör doch mal zu!« – Sicher müssen Eltern Regelverletzungen ansprechen und darauf dringen, dass ihre Bedürfnisse auch geachtet werden. Nur wie? Sie sollten es nicht durch Vorwürfe tun. »Immer schreist du hier herum. Du machst mich noch wahnsinnig!«, das ist keine Bemerkung, die die Bereitschaft steigert, sich rücksichtsvoll und ruhig zu benehmen.

Besser geht es mit Ich-Botschaften. Sätze, die mit »Ich« beginnen und beschreiben, wie einem zumute ist, sind aufrichtig. Ich-Botschaften helfen dem Kind, Verantwortung für sein Verhalten zu übernehmen, gerade weil sie ihm nicht vorschreiben, was es tun soll. Vorwürfe sind wenig hilfreich; sie greifen die Selbstachtung an und betonen die Unzulänglichkeit des Kindes. Wer hat schon Lust sein Benehmen zu ändern, wenn er beschimpft oder mit Vorwürfen überhäuft wird?

Ich-Botschaften springen über: Sie beeinflussen das Kind,

sich ähnlich zu äußern und seinerseits mit Ich-Botschaften seine Empfindungen zu beschreiben. Sätze, die mit »Ich« beginnen, verzichten darauf, den anderen zu beschuldigen. Der Sender einer aufrichtigen Ich-Botschaft offenbart dem anderen seine Empfindungen, nämlich durch dessen Verhalten verletzt, enttäuscht, in Verlegenheit gebracht oder verärgert zu sein. Aufrichtigkeit und Offenheit lassen Vertrautheit zwischen Menschen wachsen. Das Gegenteil geschieht, wenn Eltern in eine Konfrontation mit Du-Botschaften einsteigen, die sich ganz schnell zu einem handfesten Streit hochschaukelt, in dem beide Seiten sich nun abwechselnd angreifen und verteidigen.

Die fünfjährige Pia stürzt sich jeden Abend, wenn die Haustür aufgeht, sogleich auf ihren Papa. Sofort ist sie mit Vorschlägen zur Stelle: mit der Kugelbahn spielen, Memory-Karten legen, ein Buch vorlesen. Einen Packen neuer Bilder, »alles für dich gemalt« hält sie ihm unter die Nase. Und jetzt will sie sofort auf Papas Schoß sitzen. Der ist aber ziemlich müde und möchte sich am liebsten erst einmal in den Sessel fallen lassen und die Zeitung lesen. Er erklärt seiner Tochter das Problem aus seiner Sicht und ermuntert sie, sich eine Lösung auszudenken: »Ich bin so müde, wenn ich abends nach Hause komme. Du willst, dass ich mit dir spiele. Aber ich brauche erst mal eine Verschnaufpause. Was machen wir denn da?« Von Pia kommt der Vorschlag, ihm eine Ruhepause zu lassen. »Aber wenn der große Zeiger oben ist, spielst du mit mir.« Beide halten sich an ihre Abmachung und Pia achtet streng darauf, dass niemand, auch ihre Mutter nicht, ihren Papa beim Zeitunglesen stört.

Kein Wunder, dass Pia sich anstrengt, ihren Teil der Vereinbarung zu erfüllen. Sie hat schließlich an der Lösung mitgewirkt. Viele Kinder trauen sich so wenig zu, weil ihre Eltern ihnen nichts zutrauen. Dabei sind Kinder sehr erfinderisch, weil ihr Bedürfnis zu tun, was sie gerne wollen, so ausgeprägt ist. Man kann es fast in ihren kleinen Köpfen arbeiten sehen, wenn sie nach einer Lösung suchen, die einerseits die Wünsche der Eltern berücksichtigt und sie andererseits nicht von ihrem Vorhaben abhält. Sie brauchen oft nur eine Gelegenheit, um ihre Fähigkeiten unter Beweis zu stellen.

Miriam und Lars wollen eine Märchen-CD hören. Gerade hat ihre Mutter die ganze Anlage blank geputzt. »Lasst mich die CD einlegen, ihr macht sonst wieder Fingerabdrücke überall hin«, wollte sie eigentlich sagen. Aber sie hält inne, überlegt und sagt dann: »Wenn ihr den Deckel anfasst, sieht man nachher Streifen und ich muss alles noch mal abwischen.« Ohne ein Wort fällt Lars die Lösung ein: Sorgsam zieht er seinen Pulloverärmel über die Hände und öffnet den CD-Player, ohne Fingerabdrücke zu hinterlassen. Eltern, die ihre Kinder mit überlegen lassen, werden schnell spüren, wie sie einander näher kommen. Feindseligkeit und Unmut weichen einer Atmosphäre der Zuneigung. Streiten verbindet, wenn man es richtig macht.

Spielregeln für Familien

Kinder sind verschieden und Eltern sind es auch. Was in der einen Familie heftigen Krach auslöst und tagelang für dicke Luft sorgt, ist in der anderen kein Thema. Es gibt kein Patentrezept, wie man Konflikte aus der Welt schafft. Verschiedene Familien können zu verschiedenen Lösungen des gleichen Problems finden. Hilfreich ist es, eine Routine zu entwickeln, einen Ablauf, der hilft, Auswege aus Konflikten zu finden. Wenn bei Ihnen das nächste Mal der eine dies, der andere jenes will, lassen Sie es doch mal auf einen Versuch ankommen.

Dies könnten zum Beispiel Spielregeln sein, die auch in Ihrer Familie helfen:

- Jedes Familienmitglied sagt, was es möchte.
- Alle machen Lösungsvorschläge.
- Gibt es einen Vorschlag, auf den sich alle einigen könnten?
- Was machen wir, wenn sich einer nicht an die Abmachung hält?

Nach einer Weile müssen dann alle wieder zusammenkommen, zum Reden: Taugt die Lösung noch? Was wollen wir anders machen?

Mit solchen Schritten können Sie einen Ausweg zeigen und ein Verfahren etablieren, mit dem es immer öfter gelingt, Konflikte so aufzulösen, dass niemand verliert. Streiten nach Regeln geht leichter als man manchmal, wenn man schon auf hundertachtzig ist, wahrhaben will. Erwachsene geben durch ihr Handeln ein Vorbild dafür ab, wie man miteinander umgeht. Wenn Eltern ihre Kinder immer wieder ermahnen: »Haut euch nicht, sondern vertragt euch endlich!« und selbst aber, wenn es ihnen zu bunt wird, immer mit einem Machtwort alles im Keim ersticken wollen, dann ist das Machtwort wirksam und nicht die sanfte Ermahnung, Frieden zu halten.

Nicht immer ist Zeit für lange Debatten, manchmal muss schnell entschieden werden, nicht immer ist ein Kompromiss möglich. Und fraglos gibt es Dinge, die keine Debatten brauchen. In Wahrheit sind es sehr wenige: Zähneputzen nach dem Essen, Anschnallen im Auto – die Erfahrung zeigt, dass die Dinge, die Eltern wichtig sind, auch stattfinden, wenn Eltern darauf bestehen.

Dafür müssen Eltern auch keine Säulenheiligen sein. Der dickste Geduldsfaden kann reißen und kein Kind nimmt Schaden, wenn mal ein lautes Wort fällt, ein Hausschuh durch die Luft fliegt. Aus Fehlern kann man viel lernen, wenn man sie erkennt. Wer eine Niederlage einstecken musste, verdient Trost. Wer einen Kompromiss eingeht, verdient Anerkennung und die Versicherung: Beim nächsten Mal darfst du bestimmen. Versöhnung ist immer möglich. Eltern können sich jederzeit entschuldigen, wenn sie ihr Kind angebrüllt oder sogar geohrfeigt haben, ohne dass ihnen ein Zacken aus der Krone bricht. Woher sonst sollte ein Kind lernen, es ebenso zu handhaben?

Bei allem, was wir können, hat Übung den Meister gemacht. Streiten ist da keine Ausnahme. Selbst die ungeduldigsten Eltern werden das leicht einsehen, wenn sie sich daran erinnern, wie lange ihr Kind üben musste, um Schleifen zu binden oder Fahrrad zu fahren. Es fällt uns schwer zu begreifen, dass die Fertigkeit, eine bestimmte Verhaltensweise zu lernen, ebenso probiert und trainiert werden muss. Mit einer Konfliktlösung über gemeinsam getroffene Abmachungen gewinnen Kinder wie Eltern, weil sie erfahren, wie man Interessensgegensätze und Meinungsverschiedenheiten nicht durch Kämpfe, sondern durch Verständnis und mit Fantasie löst, eben indem man verhandelt. Beginnen Sie in Ihrer Familie, solange die Kinder noch klein sind. Beginnen Sie heute, vielleicht am Wochenende, nach dem Frühstück, wenn ein bisschen mehr Zeit zum Reden ist.

Regeln schaffen einen geschützten Raum

Miteinander zu verhandeln ist ein guter Weg, das Prinzip gegenseitiger Achtung zu beleben. Die Wünsche eines anderen kann aber nur achten, wer selbst Achtung erfährt. Über Regeln und Rituale in der Familie gemeinsam zu entscheiden, vermeidet nicht nur viele Konflikte, es gibt auch jedem die Sicherheit, dass seine Bedürfnisse berücksichtigt werden.

Regeln sind notwendig für das Zusammenleben in einer Familie, einer Gesellschaft und zur Sicherheit des Einzelnen. Regeln als Grenzen annehmen zu können, heißt aber auch, einen geschützten Raum zu betreten, in dem man sich ausprobieren kann. Wie im Straßenverkehr – 50 Stundenkilometer beträgt die Geschwindigkeitsgrenze in der Stadt. Aber jedem steht frei, langsamer zu fahren: Regeln schaffen Spielräume. Kinder brauchen diese Räume wie Erwachsene auch, weil sie dort etwas Wichtiges über sich selbst und das Zusammenleben mit anderen erfahren können. Sie erleben sich als Verursacher, wenn ihre Handlungen Reaktionen hervorrufen, und können ihr Verhalten überdenken.

Ärger, Zorn, Neid, Enttäuschung und das Gefühl, missachtet zu werden – das kennt jeder. Sich dafür nicht schämen zu müssen und offen seine Empfindungen ausdrücken zu dürfen, dazu hat jeder Mensch das Recht. Besonders aber die kleinen Streit-Lehrlinge brauchen den Raum und die Zeit, ihre Konflikte offen, fair, laut und auch körperlich auszutragen, um sich abzureagieren. Die Fantasie für schöpferische Lösungen gedeiht in dieser Freiheit.

Familienregeln sind der kleinste gemeinsame Nenner. Eltern dürfen sie nicht den Kindern einseitig aufzwingen, sondern müssen sich selbst daran halten. Es freut Kinder nicht nur ungemein, darauf zu bestehen, dass Papa noch einmal vom Tisch aufstehen muss, weil er vergessen hat, sich vor dem Essen die Hände zu waschen, oder Mama zu tadeln, weil sie das Wasser aus der Flasche getrunken hat und zu faul war, sich ein Glas zu holen. So ganz nebenbei und ohne viel Gerede erleben die Kinder auf diese Weise einen wichtigen Grundsatz der Demokratie: Autoritätspersonen dürfen schwächere Mitglieder der Gesellschaft nicht zu sozialem Verhalten zwingen, sondern man erreicht es mittels einer Übereinkunft innerhalb der Gemeinschaft – die für alle gilt.

Eine Familie, in der sich alle mal zusammensetzen und versuchen, ihre mitunter auch unausgesprochenen Regeln zu ergründen, kann etwas Wertvolles über sich erfahren. Plötzlich werden Konfliktlinien oder empfindliche Punkte, an denen sich immer wieder Streit entzündet, sichtbar. Da stellt sich vielleicht heraus, dass der zehnjährige Sohn es für eine Regel hält, dass er nur dann das Geschirr abwaschen muss, wenn seine ältere Schwester nicht zu Hause ist. Die wiederum glaubt, dass sie nur spülen muss, wenn ihre Mutter sie ausdrücklich darum bittet. Oder der Vater ist insgeheim der Meinung, dass seine schmutzigen Socken ihn eigentlich nichts angehen …

Welche Regeln gelten bei uns? Wer hat sie aufgestellt? Was bewirken sie? Was passiert, wenn sie nicht eingehalten werden? Routinen können Familien dabei helfen, Krisen zu überbrücken, weil sie Sicherheit geben. Regeln können Rituale sichern. Wiederkehrende Zeiten und Handlungen geben Gewissheit und Selbstverstrauen. Die Geschichte vorm Schlafengehen gehört ebenso dazu wie das Kuscheln am Sonntagmorgen. Alle Beteiligten wissen, woran sie sind. Rituale geben die Möglichkeit, sich auf vorher vereinbarte Absprachen berufen zu können und damit die Endlosschleife der immer gleichen Ermahnungen abzukürzen. Kinder gewinnen durch solche Rituale. Gewohnheiten bilden Fertigkeiten aus und versetzen Kinder in die Lage, auch mit unvorhergesehenen Situationen fertig zu werden.

Rituale schützen den Freiraum des Einzelnen. Wenn es zum Bestandteil der Absprache gehört, dass die Kinder abends nach dem Gutenachtkuss nichts mehr im Wohnzimmer zu suchen haben, schützt das die eigene Zeit, die Eltern für sich brauchen. Natürlich stehen die Kinder dann doch wieder auf und haben jede Menge Verzögerungstricks auf Lager: »Da ist ein Tiger«, »Ich habe noch Hunger«, »Ich kann nicht schlafen«. Aber Eltern können freundlich und gelassen auf die Regel hinweisen und darauf bestehen, dass sie eingehalten wird. Nichts fördert die Einsicht in die Notwendigkeit, sich an Absprachen zu halten, mehr als strikte Gegenseitigkeit. Eltern müssen dann auch den Anspruch ihrer Kinder auf eigene, nach Lust und Laune verbrachte, von Pflichten freie Zeit am Nachmittag respektieren, ohne zu meckern.

Die besten Regeln wachsen mit

Auch die Verhandlungsmasse wird immer größer. Kinder sind kooperativer als wir denken – auch wenn ihre Mitarbeit je nach Alter ganz verschieden aussieht: Ein Baby ist überfordert, wenn es an dem glitzernden Ohrring der Mutter nicht ziehen darf, ein Elfjähriger kann schon selbst Vorschläge machen, wie er sich an den anfallenden Hausarbeiten beteiligen möchte. Ihr Teampartner wird immer kompetenter – daran können Sie anknüpfen. Kinder wollen die Anerkennung ihrer Eltern gewinnen und behalten – das ist ein wesentlicher Antrieb ihrer Kooperationsbereitschaft. Sie brauchen Eltern, die ihnen auf halbem Weg entgegenkommen und ihre Erwartungen begründen und erklären.

Mit Babys kann man nicht diskutieren

Babys und Kleinkinder sind neugierig und wollen ihre Umgebung erkunden und begreifen. Risiken und Gefahren können sie noch nicht einschätzen. Vorbeugen und zurückhaltend begleiten – mit diesem Kurs liegen Eltern richtig. Kleine Kinder kann man nicht wohnungssicher, aber die Wohnung sehr wohl kindersicher machen. Ein verlässlicher Tagesrhythmus und einige Rituale – zum Beispiel beim Schlafengehen – geben Ihrem Baby Sicherheit und die Orientierung, die es braucht, um kooperieren zu können.

Kleinkinder sind die geborenen Entdecker: furchtlos, rastlos, erfinderisch und voller Energie. Die Zeiten sind stürmisch, denn die Entdeckung des eigenen Willens macht ihnen (und ihren Eltern) ganz schön zu schaffen.

Versuchen Sie im Umgang mit Ihrem Kleinkind, mit möglichst wenigen Regeln und Verboten auszukommen. Versuchen Sie, öfter positiv als negativ zu antworten: »Oh ja, das ist ein schönes großes Messer. Und so scharf. Eines Tages, wenn du fünfzehn bist, werde ich dir auch so ein Messer schenken.«

Doch das wenige Nein muss klar und einfach sein und immer wieder geduldig erklärt und wiederholt werden. Achten Sie darauf, dass Sie dabei in gutem Kontakt mit Ihrem Kind sind: Hingehen, Anschauen, Anfassen. Meiden Sie das Nein, wo immer es sich umgehen lässt: Besser Sie sagen Ihrem Kind, was es tun soll, und nicht, was es nicht tun soll. »Mach bitte …« hört jeder lieber als »Lass das …«, »Lässt du mich mal vorbei?« ist viel besser als »Geh weg da!«.

Ablenkungen und Ersatzangebote sind ganz wichtige Hilfsmittel für dieses Alter: Wer nicht mit Kartoffelpüree manschen soll, braucht Knete. Wer furchtbar gerne mit Wasser spielt, darf ins Badezimmer gehen – im Wohnzimmer ist das verboten. Wer nicht Mamas Bücher zerfleddern soll, dem kann mit einem alten Telefonbuch zum Zerreißen geholfen werden. Einem Kleinkind fällt es unendlich schwer, von einem interessanten Vorhaben abzulassen. Nehmen Sie die neue Zeitschrift ruhig und bestimmt weg, trennen Sie die Streithähne, ohne Vorwürfe zu machen, stellen Sie den Blumentopf nach oben … Aber handeln Sie rechtzeitig zur Orientierung für Ihr Kind und bevor Sie die Nerven verlieren.

Turbulent sind die Zeiten um den zweiten, dritten Geburtstag herum: Eltern fordern, dass Verbote beachtet werden und Zweijährige ahnen, welche Taten ihre Eltern missbilligen. Zwischen dem vollmundigen »Ich will« und dem »Du darfst aber nicht« hin- und hergerissen, finden sie die eigenartigsten Kompromisse. »Nein, daffss nich, nein, nein«, flüstert Philipp angestrengt vor sich hin, während er an den Knöpfen und Schaltern der Stereoanlage herumdrückt. Alle Achtung – die ersten schwankenden Schritte zur Selbstkontrolle sind gemacht.

Das zarte Pflänzchen Vernunft will gepflegt werden: Wieder und wieder darauf hinzuweisen, dass kleine Kinder dies tun und jenes lassen sollen, bleibt ihren Eltern nicht erspart. Denn noch sind ja eigentlich sie das Gewissen ihrer Kinder – und wenn die Stereoanlage verlockend blinkt, fällt es Philipp leichter sich zu bremsen, wenn Mama oder Papa dabei sind. Kleine Pannen kommen immer wieder mal vor. Geduldig lässt sich Paul von seiner Mutter immer wieder erklären, dass man Bonbons lutscht und nicht runterschluckt. »Bombom«, sagt er brav und schluckt sein Bonbon hinunter, »nich runterslucken«.

Kindergartenkinder sind so gerne schon groß

Kindergartenkinder wollen alles ganz genau wissen und verlangen Erklärungen. Ihre Antworten werden immer wichtiger, denn auf diese Weise zollen Sie dem Wunsch Ihres Kindes Respekt, die Welt und ihre Regeln zu begreifen. Aber überschätzen Sie noch nicht die Kraft Ihrer Argumente. Mit klaren Regeln, einer positiven Erwartungshaltung, Ermutigungen und Ihrem Vertrauen unterstützen Sie Ihr Kindergartenkind, sich Schritt für Schritt in der Erwachsenenwelt zurechtzufinden. Ablenkungen sind jetzt nicht mehr angebracht, ein »Ich weiß, dass du das schaffst.« stärkt jedoch die Bereitschaft Ihres Kindes zur Kooperation und seine Selbstachtung. Ihre Anerkennung ist Rückenwind für die Entwicklung seiner Selbständigkeit. Wenn Ihr Kind eine wichtige Regel verletzt, können Sie ihm das mit aller Entschiedenheit sagen. Aber behalten Sie dabei im Hinterkopf, dass es ohne solche Überschreitungen Ihre und seine eigenen Grenzen nicht kennenlernen kann.

Gewissen ist mehr als Gehorsam: Über Verbote hinaus verkörpert das Gewissen ein inneres moralisches Gerüst, das Halt und Orientierung gibt. In den Jahren zwischen drei und sechs wachsen Haltungen und Werte, die als Richtschnur taugen und ein Kind selbständiger und unabhängiger von seinen Eltern machen. Wenn sich bei kleinen Kindern das Gewissen zu regen beginnt, kommen Eltern nicht umhin, über ihre eigenen Werte nachzudenken – und über ihr Verhalten. Dass Autos stinken, ärgert jeden, ganz klar. »Aber Papa«, fragt Philipp, »stinkt unser Auto eigentlich auch?«

Wo das Baby noch unbeschwert in den Tag hinein lebt, tragen Vierjährige bereits die Bürde unerfüllter Wünsche und verbotener Verlockungen: Das Gewissen ist schon an der Arbeit. Was man selbst nicht darf und was zu lassen so schwerfällt, das sollen auch andere nicht tun. »Ich soll immer nicht schreien«, empört sich Laura, »aber selber machst du es!«

Kinder haben ein feines Gespür für die Risse in der inneren Haltung ihrer Eltern und ziehen aus Widersprüchen ihre eigenen Schlüsse. Sie formen sich in der Auseinandersetzung mit dem Vorbild, das ihre Eltern ihnen geben. Es ist gut, wenn Eltern sich immer wieder daran erinnern.

Mit Schulkindern ist gut verhandeln

Schulkinder schätzen das Gespräch und brauchen Eltern, die gut zuhören können, damit sie verstehen, was ihr Kind beschäftigt und was ihm wichtig ist. Beschwichtigungen, Besserwisserei und Schuldzuweisungen untergraben seine Bereitschaft, Verantwortung zu übernehmen und selbständiger zu werden. Ganz anders wirkt ein Zuhören, das verstehen will, ohne sich einzumischen. Denn wenn Ihr Kind sich verstanden fühlt, kann es selbst weiterdenken. Wenn Sie mit Ihrem Kind sprechen und Sie wollen, dass es zuhört, achten Sie darauf, dass Sie mit ihm und nicht über es reden.

Kommt Ihnen das bekannt vor? Um acht Uhr sollen Leon und Charlotte im Bett liegen und schlafen. Aber bis neun, zehn Uhr erscheinen sie immer wieder im Wohnzimmer. Sie haben was Dringendes zu berichten, sie machen Unsinn oder verpetzen sich gegenseitig. Die Eltern mahnen erst geduldig, dann grantig. Irgendwann brüllt einer, Türen knallen, Tränen fließen. Schließlich hocken die Eltern allein im Wohnzimmer und haben keinen Spaß mehr daran.

Wenn Ihr Sohn oder Ihre Tochter immer wieder Dinge tut, die Sie schrecklich ärgern, wenn Sie manchmal überhaupt nicht mehr wissen, wie Sie reagieren sollen und am liebsten aus der Haut fahren würden, dann ist vielleicht einiges nicht klar genug abgesprochen.

Kinder brauchen Regeln, an denen sie sich orientieren können. Nicht Ge- und Verbote sind damit gemeint, die Eltern aufstellen und an die sich Kinder zu halten haben. Regeln fürs Zusammenleben müssen gemeinsam von allen gefunden werden, die damit leben wollen. Wenn Kinder an solchen Entscheidungen beteiligt werden, verstehen sie, dass das gute Zusammenleben aller auch ihre Angelegenheit ist. Dann fällt es ihnen auch leichter, sich an Absprachen zu halten. Das kann zum Beispiel so aussehen: Die Eltern erklären, warum sie der Kinderterror am Ende des Tages so sauer macht: Wir möchten uns in Ruhe unterhalten. Wir möchten den Krimi im Fernsehen sehen, ohne unterbrochen zu werden. Wir möchten uns nach einem turbulenten Tag ausruhen und endlich mal für uns sein. Und die Kinder? Die sind um die Zeit noch nicht müde, sie finden es im dunklen Kinderzimmer unheimlich, sie wollen gucken, was die Eltern machen, ihnen ist noch was ganz Wichtiges eingefallen. Gemeinsam kommen sie überein, dass die Kinder um acht nicht schlafen müssen, aber in ihrem Zimmer bleiben sollen. Das Licht kann anbleiben. Wenn sie nicht müde sind, dürfen sie noch spielen. »Und was machen wir, wenn uns was ganz Wichtiges einfällt …?« Was passiert, wenn sich einer trotz allseitiger Zustimmung nicht an die Absprachen hält? Auch das sollte gleich mit festgelegt werden.

Wenn dann die Kinder einsehen, dass sie sich daneben benommen haben, fällt es ihnen oft nicht leicht, die Konsequenzen zu akzeptieren. Sie motzen, schneiden Grimassen oder lachen, als ob sie völlig unbeeindruckt wären. Sie tun das nicht, um uns noch mehr zu ärgern, sie tun das, um ihr Gesicht zu wahren. Das Selbstwertgefühl eines Sechsjährigen ist oft weniger stabil, als es scheint. Auch wenn ein Kind eine Regel, eine Absprache gebrochen und eine Grenze überschritten hat, darf es nicht gedemütigt werden. Luise hat bei einem Sprint durchs Kinderzimmer das Plastikauto ihres großen Bruders zertreten. Ihre Mutter möchte, dass sie hingeht und sich entschuldigt. Luise ist sehr schüchtern und fürchtet sich vor dem Zorn ihres Bruders. Sie möchte lieber eine neues Auto kaufen und es ihm vors Bett stellen. Diese selbst gewählte Wiedergutmachung ist besser als jede erzwungene.

Beschränken Sie auch nicht zur Strafe die Freizeitpläne Ihres Kindes. Klar, dass Paul sein Regal wieder einräumen muss, das er in blinder Wut umgekippt hat. Aber muss das jetzt gleich sein, wo er gerade zum Fußballspielen verabredet ist? Seine Mutter besteht aber darauf, dass er früher nach Hause kommt, um sein Zimmer noch vor dem Abendessen wieder in Ordnung zu bringen. Andererseits darf die Zeit zwischen »Untat« und Folge auch nicht zu lang werden. Wenn das Kind schon gar nicht mehr weiß, worum es eigentlich ging, kann es auch nichts daraus lernen.

Regeln, die sich nicht bewähren, muss man auch wieder ändern können. Unumstößlich sind sie nicht: Wenn einer mit einer Absprache unzufrieden ist, muss er das vorbringen können. Planen Sie eine günstige Zeit dafür ein. Jede Woche zu einer festgelegten Stunde? Dann wird es nicht so leicht vergessen. Oder lieber nach Bedarf? Gibt es eine bestimmte Mahlzeit in der Woche, zu der erfahrungsgemäß immer alle da sind? Im Anschluss daran könnte ein Familiengespräch stattfinden. Solche Verabredungen geben dem Ablauf des Tages, der Woche ein festes Gerüst, das das Zusammenleben erleichtert.

Würde und gegenseitigen Respekt müssen auch Eltern lernen

Erwachsene neigen dazu, die Gefühle von Kindern zu übergehen und als Belanglosigkeit abzutun – »Nun stell dich nicht so an«, heißt es schnell, wenn es einem Kind zu peinlich ist, das verschimmelte Gemüse zum Laden zurückzubringen und umzutauschen. »Der tut doch nichts«, muss noch jedes Kind sich anhören, wenn es angesichts des Hundes, der mit gebleckten Zähnen angerannt kommt, sich ans Bein seiner Mutter klammert. »Das ist doch nicht so schlimm«, sagen wir leichthin, wenn ein Kind vor Schulbeginn plötzlich über Bauchschmerzen klagt – und vergessen, wie flau uns manchmal ist, wenn wir uns vor Bürobeginn ausmalen, was die Kollegen wohl heute wieder an Klatsch und Tratsch, Hohn und Spott für uns bereithalten.

Für Kinder sind Gefühle genauso bedeutend wie für Erwachsene, vielleicht sogar noch mehr, weil ihnen die Erfahrung fehlt, gelassen damit umzugehen. Es gibt keinen Grund dafür, den Gefühlen von Kindern nicht mit der gleichen Achtung gegenüberzutreten wie denen von Erwachsenen, auch wenn die Konsequenzen in unseren Augen lächerlich erscheinen. Ein Vierjähriger, der sein Feuerwehrauto verliert, spürt dieselbe Verzweiflung wie sein Vater, dessen Fahrrad über Nacht gestohlen wurde. Die Enttäuschung einer Siebenjährigen, die ihr Puzzle nicht zusammensetzen kann, fühlt sich für sie genauso an wie die ihrer Mutter, der das Essen angebrannt ist. »Ich will siebzehn Eiskugeln«, sagt ein Sechsjähriger aus tiefster Überzeugung. »So große Lust auf Eis hast du also?« oder »Spinnst du? Das schaffst du doch gar nicht!« – Entscheiden Sie selbst: Welche Antwort transportiert das Quäntchen Achtung, das wir alle brauchen, um uns gut zu fühlen, deutlicher? Wir sagen doch auch solche Sachen wie »Ich brauche jetzt ein Jahr Ferien!«

In Auseinandersetzungen wird meist zuerst die Würde des anderen mit Füßen getreten. Jedem gewalttätigen Handeln geht die Entwertung des Opfers durch Beschimpfungen, Demütigungen und Herabsetzungen voraus. Konflikte zwischen Eltern und Kindern sind ein gutes Übungsfeld für Auseinandersetzungen, die ohne Verachtung für den anderen ausgetragen werden können. Kinder haben ein Recht auf Takt und ein beträchtliches Gespür für Würde, dem ihre Erwachsenen den gleichen Respekt zollen müssen, wie sie ihn für sich gerne in Anspruch nehmen.

Respekt, Toleranz und, ja, ein gewisses Taktgefühl stehen jedem Menschen zu und – gut an. Aus Gedankenlosigkeiten werden schnell Respektlosigkeiten und selbst in den besten Absichten erziehender Menschen wimmelt es nur so von Taktlosigkeiten. »Musst du mal pullern???«, kreischt es im Puppentheater über drei Reihen hinweg. Einem Baby mag es noch egal sein, wenn seine Mutter mit anderen Müttern die Beschaffenheit seines Stuhlgangs erörtert. Aber wenig ist großen Kindern so unangenehm wie die Erörterung ihrer Schwachstellen, während sie gesenkten Kopfs daneben stehen.

Auch sind in kritischen Momenten die besten Vorsätze schnell dahin. Wir reagieren oft schon auf kleine Missgeschicke überzogen. Vermitteln wir den Kindern doch lieber, dass wir sie als Menschen mit allen guten und schlechten Seiten annehmen, nur ihr Verhalten in bestimmten Situationen nicht hinnehmen wollen.

Wenn ein sechsjähriges Mädchen seinen Apfelsaft umkippt, kann das für sie zu einer ziemlich unterschiedlichen Erfahrung werden, je nachdem, in was für einer Familie sie lebt und wie man dort mit Fehlern, Missgriffen und Ungeschick umgeht. »Hoppla, wohl ein bisschen viel Schwung heute. Lass uns mal schnell einen Lappen holen und die Bescherung aufwischen, bevor der ganze Saft noch auf den Teppich läuft.« Oder: »Ach du meine Güte. Das passiert mir auch manchmal. Ich fühle mich dann immer ziemlich dämlich.« Darauf fällt es doch viel leichter, ohne Gesichtsverlust einzugestehen: »Ich fühl mich jetzt auch blöd. Hab ich nicht mit Absicht getan.«

Eine andere Mutter herrscht ihre Tochter vielleicht an und schickt sie weg vom Tisch. Noch während sie hinausschleicht, sagt die Mutter: »Ich weiß nicht, was ich mit diesem Kind noch machen soll. Sie ist ein solches Trampeltier.« Die nächsten Eltern reagieren noch härter: Während der Saft über den Tisch läuft, blickt der Vater zur Mutter, zieht die Augenbrauen hoch und isst weiter. Eisiges Schweigen. Die Mutter holt wortlos, aber mit einem geplagten Seufzer einen Schwamm und wischt den Saft auf, während sie ihrer Tochter missbilligende Blicke zuwirft.

Überlegen Sie selbst: Welche Variante lässt die meiste Achtung und Wärme zwischen den Familienmitgliedern spüren? Welche Familie wird dem Kind am ehesten vermitteln, dass seine Ungeschicklichkeit vorübergeht? Welche ist wohl am ehesten geeignet, einem Kind klar vor Augen zu führen, dass zwischen Kritik an der Sache und Kritik an der Person ein himmelweiter Unterschied besteht?

Bis hier her und wie weiter? Strafen ohne zu demütigen

»Was hast du dir nur dabei gedacht?«, schimpft die Mutter. Vor der frisch tapezierten und strahlend weiß gestrichenen Wand, die jetzt mit unzähligen Kringeln bemalt ist, steht eine ziemlich betrübt dreinschauende Lisa und schweigt. »Ich habe dir doch eben noch erklärt, dass du das nicht darfst!« Lisa zuckt mit den Schultern und wirft den Filzstift weg. Jetzt platzt ihrer Mutter der Kragen: »Mir reicht es. Der Ausflug ins Puppentheater heute Nachmittag fällt aus.« Lisa versteht gar nichts mehr und fängt an zu weinen.

»Gewissensbisse« jedenfalls hat sie dabei nicht gehabt. Um ihr Verhalten in geordnete Bahnen zu lenken, brauchen auch fast alle Vierjährigen noch die Kontrolle von außen: Sind die Eltern außer Reichweite, gerät ein kleines Kind noch leicht in Versuchung. Mit vier, fünf Jahren entwickeln die Kinder erst langsam ein Gewissen, das wie ein innerer Stellvertreter der Eltern wirkt. Immerhin schämt sich Lisa schon wegen ihres Verhaltens – aber erst nach der Tat und vor allem deshalb, weil ihre Mutter außer sich ist. Das Verbot, Wände zu bemalen, Spielkameraden zu verletzen oder Tiere zu quälen, hat seinen Weg ins Innere noch nicht gefunden; geschweige denn, dass es kräftig genug wäre, solche Taten zu verhindern – Regeln hin oder her.

Eltern können ihre Kinder dabei unterstützen, dieses innere Steuergerät Gewissen langsam aufzubauen. Lächelnd über alle Untaten hinwegzusehen (»Es sind doch Kinder ...«) hilft dabei genauso wenig wie ein fürchterliches Donnerwetter bei jeder Kleinigkeit. Angemessen muss die Reaktion sein. Wenn Max einen Stein auf Johnny wirft, müssen seine Eltern ihn mit aller Entschiedenheit auf die Folgen hinweisen – aber Max ist deswegen kein böses Kind. »Wenn du das nächste Mal sauer auf Johnny bist, dann sag es ihm. Steinewerfen will ich bei dir nicht mehr sehen.«

Muss Strafe sein?

Für ein vierjähriges Kind ist es Strafe genug, wenn seine Eltern mit ihm schimpfen. Durch die ernsthafte Missbilligung seiner Eltern erfährt es deutlich genug, dass es etwas falsch gemacht hat. Kinder wollen die Liebe ihrer Eltern gewinnen und erhalten. Das ist die Grundlage für ihre Mitarbeit am Aufbau des Gewissens. Das Gewissen reift mit der Fähigkeit, sich in einen anderen hineinzuversetzen, den man belogen oder dem man etwas weggenommen hat. Das braucht geduldige Erklärungen: »Wie würdest du dich denn fühlen, wenn dir jemand den Bagger aus der Hand reißt?« Eigenverantwortung lernt ein Kind am besten aus den einsehbaren Folgen seines Verhaltens. Wer mit dem Essen rumspielt, ist wohl satt und kann aufstehen. Wer seinen kleinen Bruder ärgert, kann nicht mehr mitspielen.

Gibt es keine natürliche Verbindung zwischen der Handlung und den Folgen, wird das Kind jede Strafe als Vergeltung empfinden. Was hat die voll gekritzelte Wand mit dem Puppentheater zu tun? Durch diese Strafe lernt Lisa jedenfalls nicht, sich an das Verbot, die Wand zu bemalen, zu halten. Fällt der Nachtisch aus, weil man tags zuvor den kleinen Bruder angespuckt hat, wird man mit vier Jahren kaum einen Zusammenhang erkennen – und erst recht wütend auf den kleinen Bruder sein. Aus einer solchen Strafe kann ein Kind nichts lernen!

Ein Kind sollte wissen, welche Reaktion es von seinen Eltern zu erwarten hat. Unterdrücken Sie Ihren Unmut nicht, bis Ihr Kind Sie so auf die Palme gebracht hat, dass Ihnen womöglich die Hand ausrutscht. »Wenn du weiter mit dem Auto auf der Tür rumkratzt, nehm ich es dir weg.« Tun Sie dann aber auch, was Sie angekündigt haben – Kinder werden sonst leicht elterntaub. Eine Tür zur Versöhnung sollte immer offen bleiben. Wer mit den Worten: »Ich will dich hier nicht mehr sehen« aus dem Zimmer geschickt wird, kann kaum auf gute Gedanken kommen. »Wenn du dich beruhigt hast, kannst du wieder reinkommen« lässt die kleine Nervensäge wissen: »Du kannst dich auch anders verhalten. Dann bist du auch wieder willkommen.«

Doch irgendwann müssen Kinder lernen, dass auch ihre Eltern Gefühle haben – und äußern: Sie sind ärgerlich, wenn man ein Buch zerschneidet, werden wütend, sogar stinksauer, wenn man zum fünften Mal die kleine Schwester umschubst. Wenn es ganz offensichtlich ist, dass Ihr Kind Sie austricksen will, schadet es auch nicht, einmal laut zu werden. Bleiben Eltern immer nur gleichmütig, bringt das ein Kind nur dazu, weiter auszutesten, wo die Grenzen sind.

Aber schimpfen Sie nicht gleich wegen jeder Kleinigkeit. Wozu soll ein Kind sich anstrengen, wenn es doch nur dauernd zu hören bekommt, wie schlecht und ungeschickt es ist. Kleine Kinder vergeben und vergessen im Nu – so könnten Sie das auch halten. Der Ansporn ist wichtig: Jedes Mal, wenn ein kleines Kind sich ein Stück Schokolade für später aufhebt, verdient es ein Lob für seine Ausdauer. Auch ein vierjähriger Knirps, der fast eine ganze Stunde auf dem Bahnsteig ausharrt, weil Omas Zug Verspätung hat, verdient Anerkennung und Lob. Das Eis zur Belohnung sei ihm gegönnt, es wird ihn anspornen, sich das nächste Mal wieder zu gedulden. Deswegen muss er nicht bei jeder kleinen Gefälligkeit eine Gegenleistung erhalten. Vierjährige können zwischen Regel und Ausnahme schon gut unterscheiden, wenn man es ihnen erklärt.

Gewissen ist mehr als Gehorsam: Über Verbote hinaus verkörpert das Gewissen ein inneres moralisches Gerüst, das Halt und Orientierung gibt. Es wachsen Haltungen und Werte, die als Richtschnur taugen und das Kind selbständiger und unabhängiger von seinen Eltern machen. Bewusst und voller Absicht eine Regel zu brechen und etwas Verbotenes zu tun, gehört dazu: Sobald Kinder eigenverantwortlich handeln, liegen Erfolg und Misserfolg gefährlich nah beieinander. Es fällt auch Fünfjährigen noch schwer, vorauszudenken. Sie überlegen nicht, was passieren kann, wenn man seinen Eltern vom Rummelplatz wegläuft oder ein Tablett mit Gläsern von einem hohen Schrank herunterzuholen versucht »Aber ich hab gedacht …« beginnt das Kind seine Rechtfertigung und hört dann vielleicht: »Überlass das Denken besser mir.«

Aber wie soll ein Kind mitdenken und selbständig handeln lernen, wenn es von klein auf erlebt, dass es immer gleich handfesten Ärger gibt, wenn es mal ungeschickt ist oder etwas Verbotenes getan hat? Wer ständig Angst vor Strafe haben muss, traut sich immer weniger zu. Die Fähigkeiten eines Kindes zum Vorausdenken zu wecken, kostet viel Geduld und Nerven, aber es lohnt sich: Ein gleichgültiges oder ängstliches Kind ist auf Dauer gesehen viel anstrengender.

Wer nicht hören will, muss fühlen?

Kinder sind manchmal wirklich ungezogen und tun Dinge, die Eltern nicht durchgehen lassen können. Sie ärgern ihre jüngeren Geschwister, halten sich einfach nicht an Abmachungen oder bringen durch ihren Übermut sich und andere in Gefahr. Was tun?

Bevor wir feindselig werden und den Kindern unsere Wut zeigen, müssen wir die Notbremse ziehen. Konflikte mit Kindern schaukeln sich schnell hoch, wenn Erwachsene erst zu spät handeln und dann keinen kühlen Kopf behalten. »Ruhig bleiben« ist deshalb das oberste Gebot, wenn sich das trotzige NEIN häuft, wenn sich der Dreijährige in wilder Wut auf dem Boden wälzt, wenn Sie sich nicht mehr zu helfen wissen …

Eltern wissen, dass Ohrfeigen, Klapse und Schläge gar nichts bringen – jedenfalls nicht das, was sie zu ändern vorgeben. Viele Eltern wissen aus eigener Erfahrung: Gehören

Ohrfeigen und Schläge zum Alltag, lernen Kinder schnell, den Schmerz wegzustecken. Sie werden trotzig, sinnen auf Rache oder lassen ihre Wut an Schwächeren aus. Dennoch kann es passieren, dass einem die Hand ausrutscht. Anna läuft blindlings über die Straße, Moritz geht mit einer Schere auf seine kleine Schwester los – Situationen, die Eltern alle guten Vorsätze vergessen lassen. Eine schallende Ohrfeige ist keine Glanzleistung, aber sich mit Vorwürfen und Schuldgefühlen zu quälen, bringt auch nicht weiter. Da hilft eher, sich die Situation hinterher noch mal in Ruhe anzusehen und gedanklich durchzuspielen, was man in solche Momenten tun könnte: Wenn der Wutpegel steigt, müssen wir die Notbremse ziehen. »Bis hierhin und nicht weiter«, das steht auf dem Stoppschild, das vor dem inneren Auge spätestens dann erscheinen muss, wenn die Hand zuckt. Es erinnert uns daran, dass Kinder die Schwächeren sind, auch wenn wir uns gerade ohnmächtig fühlen. Es erinnert uns daran, dass wir die Erwachsenen sind. Und es erinnert uns daran, dass Kinder ein Recht haben, ohne körperliche und seelische Gewalt heranzuwachsen.

Wenn Sie merken, dass Sie sich nicht mehr lange kontrollieren können, gehen Sie aus dem Ring. Gehen Sie aus dem Zimmer und zwar noch bevor Ihnen der Kragen platzt. Schön, wenn Sie Ihrem Kind noch ein Signal geben, dass Sie für kurze Zeit auf Abstand gehen, »ich muss mich erst mal abkühlen«. Entweder gehen Sie selbst raus und lassen das tobende Kind allein – wenn es kein gefährlicher Ort ist – oder Sie bringen das Kind in sein Zimmer und machen die Tür zu. (Um nicht missverstanden zu werden: Für ein Kind, das einen Wutanfall hat, ist es sehr viel besser, wenn seine Eltern dableiben, den Kontakt halten und abwarten, bis der innere Kampf des Kindes abklingt. Aber wenn Sie befürchten, selbst auszurasten, dann ist es besser, Sie steigen aus.) Auch ein schreiendes Baby kann man in sein Bett legen und kurz allein lassen – das ist immer noch besser, als es anzubrüllen oder gar kräftig durchzuschütteln.

Beruhigen Sie sich wieder: Werfen Sie ein Kissen an die Wand, atmen Sie tief durch, zählen Sie bis 10 oder besser bis 40, bürsten Sie Ihr Haar oder schauen Sie sich ein Foto aus der Zeit an, als der brüllende Derwisch noch ein süßes Baby war … Sprechen Sie freundlich und begütigend mit sich selbst, tun Sie etwas für sich, etwas, das Ihnen guttut. Und wenn Sie sich beruhigt haben, gehen Sie wieder auf Ihr Kind zu. Nehmen Sie es auf den Arm, zeigen Sie ihm Ihr Bedauern über Ihre heftige Reaktion. Sie werden beide erleichtert sein, dass das Gewitter vorbeigezogen ist. Am besten lassen Sie den Konflikt erst einmal auf sich beruhen – so gewinnen Sie Zeit zum Nachdenken.

Gibt es überhaupt sinnvolle Strafen?

Eine gerechte Strafe sichert die Regeln. Am besten ist, wenn das Kind durch die Strafe lernt, die vereinbarte Regel zu verinnerlichen, sodass es sie künftig nicht aus Angst vor Strafe, sondern aus Einsicht einhält. Eine gerechte Strafe muss deshalb immer etwas mit dem falschen Verhalten – dem Regelbruch oder der Grenzverletzung – zu tun haben. Sie muss logisch sein: Kein allgemeines Fernsehverbot wegen Rumpöbelns am Abendbrottisch. Keine Machtdemonstration, sondern im Verhältnis stehen. Nicht den Täter, sondern die Tat bestrafen. Botschaft: Mein Kind, du hast unsere gemeinsame Regel verletzt. Darauf reagiere ich damit, dass ich …

Ohne Schimpfen schafft es kaum einer. Aber nur wer selten schimpft, wird auch etwas damit erreichen. Wenn Eltern dauernd an allem etwas auszusetzen haben, schalten Kinder beide Ohren auf Durchzug. Wer hat schon Lust sich anzustrengen, wenn er ständig ausgeschimpft wird? Bessere Erfolge erzielen

Eltern, die loben, wenn etwas geklappt hat: Schön, dass du so lange gewartet hast, bis die Ampel auf Grün umgeschaltet hat.

Hausarrest, Besuchsverbot für Freunde und Fernsehverbot sind Strafen, zu denen genervte Eltern schon mal greifen. Ob sie allerdings bewirken, dass ein fünfjähriges Kind überlegt, wie es sich das nächste Mal besser verhalten kann, ist fraglich. Wenn Max sich voller Eifersucht in einem unbeobachteten Augenblick am Baby vergreift und seine Eltern ihn zur Strafe in sein Zimmer schicken, wird ihn das in seinem Verdacht, die Eltern hätten das Neugeborene viel lieber, nur noch bestärken. Unter solchen Voraussetzungen kann ein Kind keine Einsicht entwickeln. Solche Strafen lassen Kinder nur empfinden, dass sie sich auf nichts verlassen können, dass die Eltern ihre Pläne jederzeit durchkreuzen können und ihre Versprechen sowieso nicht halten. Eigenverantwortung und Selbstkontrolle lernen Kinder am besten aus den Folgen, die sich aus ihrem Verhalten ergeben.

Was haben Lisas Filzstiftkringel mit dem Puppentheater zu tun? Wenn ihre Mutter die Nerven gehabt hätte, erst einmal zu überlegen, wäre sie darauf gekommen, dass sie am besten einen Weg findet, Lisa an der Wiedergutmachung zu beteiligen. Neue Farbe kaufen und noch einmal streichen – das ist keine Strafe, sondern ergibt sich als Konsequenz aus Lisas Verhalten. So kann ein Kind lernen, sein Tun und Lassen zu verantworten. Und darum geht es ja schließlich.

Ein Stufenplan, an dem Sie festhalten können

Erinnern Sie an die Abmachung, fordern Sie das Verhalten ein und ignorieren Sie die Protestwelle. Und wenn nach der dritten Aufforderung immer noch nichts passiert ist, wird das Konsequenzen haben. In der Spielgruppe klappt das ganz selbstverständlich: »Bevor ein neues Spiel angefangen wird, räumen wir das alte auf.« Auf dem Fußballfeld übrigens auch: gelbe Karte, rote Karte und raus. Vielleicht können Sie dieser Schrittfolge, die der Schiedsrichter den Spielern vorgibt, auch für Ihre Familie etwas abgewinnen.

Doch Regeln, Absprachen und klaren Grenzen sind keine Garantie dafür, dass immer alles harmonisch verläuft. Bonbons schmecken auch nach dem Zähneputzen, Fernsehen macht mehr Spaß als Hausaufgaben und matschige Fußspuren im Flur können einem ziemlich egal sein, wenn andere sie wieder wegputzen. Und ehrlich gesagt, Spaghetti mit Tomatensoße schmecken auch mit ungewaschenen Händen.

Aber Kinder müssen wissen, was folgt, wenn sie eine Regel missachten – damit sie eben nicht stündlich ihren Freiraum neu vermessen müssen. Schon wenn Sie Ihr Kind auffordern, etwas zu tun, müssen Sie im Kopf haben, was passieren soll, wenn nichts passiert. Und auch Ihr Kind sollte wissen, wohin das führt. Eigenverantwortung lernen Kinder am besten aus den Folgen, die sich aus ihrem Verhalten ableiten lassen. Wer vor dem Schlafengehen noch nascht, muss halt wieder aufstehen und noch mal die Zähne putzen. Wer seinen kleinen Bruder piesackt, kann nicht mehr mitspielen. Wer sein Taschengeld an einem Tag auf den Kopf gehauen hat, ist für den Rest der Woche pleite. Wer alles stehen und liegen lässt und sich auch nach der dritten Ermahnung nicht ans Aufräumen macht, der muss in Kauf nehmen, dass keine Zeit zum Vorlesen bleibt, denn die geht nun fürs gemeinsame Aufräumen drauf. Schade – aber vielleicht klappt es morgen besser! Sinnvolle Folgen eines Regelverstoßes sind auch für Kinder einsichtig. Sie helfen, Regeln einzuhalten. Wenn absehbar ist, was folgt, kann man vorher entscheiden, wie man sich verhält.

Wenn ... dann ...

»Wenn du dich noch einmal losreißt, ist das Vorlesen gestrichen!« – Wem rutscht solch ein Satz nicht schnell mal raus. Aber Vorsicht – jetzt stehen Sie bei Ihrem Kind im Wort. Die Drohung hat das Kind vielleicht beeindruckt und es bleibt wirklich an der Hand, hört auf zu quengeln oder rückt die Puppe der kleinen Schwester wieder raus. Aber was machen Sie, wenn das nicht so ist? Zwei Stunden später am Abend ist wieder alles eitel Sonnenschein und naja, es wäre doch herzlos, jetzt nicht vorzulesen ... Liest man jetzt vor, verliert man ein Stückchen Glaubwürdigkeit; lässt man es sein, fühlt man sich kleinlich und nachtragend. Strafen und Verbote, selbst Drohungen sollte man besser nur aussprechen, wenn man sie auch durchstehen kann! Was hilft ein Hausarrest, den Sie in der Hitze des Gefechts schnell verhängt haben, wenn Sie sich damit einen endlos langen, verquengelten Nachmittag mit einem schlecht gelaunten Kind bescheren? Oder ein drohendes »Wenn du dich nicht sofort anziehst, gehe ich weg und lasse dich allein hier!«, während Sie zu anderer Gelegenheit doch immer wieder betonen, dass Mama und Papa niemals weggehen und ihren kleinen Schatz allein zurücklassen. Ohne gelegentliches Schimpfen, Verbieten und Drohen wird kaum jemand auskommen. Doch wenn es zur täglichen Übung geworden ist, sollten Eltern eine Denkpause einlegen: Kinder wollen ihren Eltern doch gefallen! Sie gehorchen (meistens), weil sie die gute Beziehung nicht aufs Spiel setzen wollen – aus Liebe und nicht aus Angst vor Strafe!

6. Kapitel

Kinder brauchen Kinder

Das knapp einjährige Krabbelkind freut sich ohne Wenn und Aber über jedes andere, das seine Eltern ihm auf die Decke setzen. Kindergartenkinder sind da schon wählerischer: Wenn Lilith genauso hingebungsvoll wie Pia mit dem Stoffhasen spielt, wird Freundschaft geschlossen. Philipp und Paul haben seinerzeit, kaum dass sie laufen konnten, ihr Herz füreinander beim Bauen mit Legosteinen entdeckt. Die Leidenschaft für komplizierte Weltraumfahrzeuge mit blinkenden Lämpchen, eine gewisse Kompetenz beim Bau von Ozeanriesen und die Hingabe ans Bauen von Verladestationen weiß einer am anderen wohl zu schätzen. »Philipp ist mein bester Freund«, sagt Paul. »Und wenn Philipp verreist, dann ist Samuel mein bester Freund.« Kinder im Vorschulalter suchen ihre Freunde danach aus, ob sie auf ihre Wünsche beim Spielen eingehen und ob sie in greifbarer Nähe wohnen.

Mit dem ersten Schultag beginnen dann richtige Kinderfreundschaften. Weil der Kreis der Kinder größer wird, ist jetzt auch noch stärker die Fähigkeit, Konflikte auszutragen, gefragt. Hier, mitten unter den anderen Jungen und Mädchen, muss sich das Kind behaupten und arrangieren. Freunde zu finden und Freundschaften zu pflegen ist eine der wichtigsten Herausforderungen für die Kinder, denn allein kann ein Mensch im Leben fast nichts erreichen.

Spielkameraden wissen das: »Was wollen wir spielen?«, heißt es und schon geht es los. Da wird jedes Ansinnen geprüft, zurückgefragt, Bedingungen gestellt, auf Gegenseitigkeit gedrängt. Vergangene Ereignisse werden gegen jetzige aufgerechnet, überzogene Forderungen zurückgewiesen und unhaltbare Drohungen probiert. Sie begegnen sich von gleich zu gleich. Von Spielgefährten und Freunden sind Kinder allenfalls episodisch abhängig, von Angesicht zu Angesicht haben alle gleich viel Entscheidungsmacht, jedenfalls nicht mehr als man selbst. Sie kennen die Welt ebenso wenig und haben mit denselben alltäglichen Schwierigkeiten zu kämpfen. Umso hartnäckiger pochen Kinder darauf, dass keinem ein besonderes Vorrecht zugestanden wird. Zur Debatte steht alles, zur Verhandlungsmasse zählt viel. Unzählige Male am Tag stecken Kinder in Situationen, aus denen sie nur durch Verhandlungen von gleich zu gleich wieder herauskommen.

Das ist manchmal mühselig. Kommt eine Vereinbarung zustande, gibt es Spaß und vergnügtes Spiel. Was aber wenn nicht? Beleidigt geht der Freund nach Hause und alles erscheint öde. Manche Kinder meiden solche Situationen, ziehen sich zurück. Andere setzen auf Drohungen und haben damit kurzfristig Erfolg. Einige versuchen, sich andere durch Bestechungen gefügig zu machen. Stabile und gute Beziehungen sind so allerdings nicht zu schaffen. Die wirkliche Lösung besteht darin, das Aushandeln zu lernen. Das geht am besten in Freundschaften.

Die Kindergemeinschaft bildet die nächste Generation

Eltern müssen sich klarmachen: Was das Kind mit anderen Kindern unternimmt, ist etwas unerhört Wichtiges – es orientiert sich auf eigene Faust und auf breiter Basis über seine Altersgenossen. Es sucht die Begegnung mit denen, die es ein Leben lang begleiten werden, als Mitschüler, Mitlerner und später als Arbeitskollegen, Liebhaber, Nachbarn, Bekannte und Vorgesetzte, als Objekte leidenschaftlicher Gefühle und als Partner. Der Austausch und das emsige Gerede über bestimmte Comic-Figuren, Barbiepuppen, Markenturnschuhe, über gute Kumpels und beste Freundinnen, darüber, was cool ist und was voll blöd, ist der Anfang einer lebenslänglichen Auseinandersetzung mit der eigenen Generation, mit den Menschen, die dem Kind über alle Unterschiede hinweg auf eine bestimmte Art immer näher sein werden als andere.

Eltern können kaum etwas Besseres für ihre Kinder tun, als sie zu ermuntern, herauszufinden, mit wem sie es jetzt und später einmal zu tun haben werden. Und auch, welche Rolle sie spielen können und wollen in einer Gemeinschaft außerhalb der Familie. Denn die Familienmitglieder kennen einen doch allzu gut: Tricks ziehen nicht und viele Anläufe, die eigene Rolle zu verändern, laufen ins Leere. Kinder brauchen auch die Wertschätzung außerhalb der Familie, da, wo man einen frischen Blick auf sie wirft. Ein Kind, dem es gelingt, einen anderen Menschen für sich zu gewinnen, der ihm nicht wie Eltern oder Geschwister verpflichtet ist, hat eine wirkliche Leistung vollbracht. Sie ist zugleich der erste Schritt in die vielfältigen Sozialformen, in denen sich die Leben der Menschen miteinander verknüpfen.

Kinder bieten sich gegenseitig Anregungen, fordern Fähigkeiten heraus und tun sich zusammen. Wenn man sie dabei sich selbst überlässt, entwickeln sie erstaunliche Wege, miteinander klarzukommen. Hier in der Kindergemeinschaft entsteht die soziale Welt der nächsten Generation. Erwachsene können zwar Werte und Haltungen vermitteln und Vorbilder geben. Aber sie sind doch immer überlegen und können kindliche Partner nicht ersetzen.

Kinder brauchen andere Kinder. Nur in der Diskussion einander Gleichgestellter lässt sich die Erfahrung machen, was ein Beweis, ein Kompromiss und ein Beschluss mit tragfähiger Begründung ist. Gerade die kleinen Sticheleien und das Quatschmachen locken Fähigkeiten hervor. Im Spiel an der Grenze zwischen Unfug und Spaß versuchen Kinder mit viel Ausdauer, die anderen vom harmlosen Charakter ihres Verhaltens zu überzeugen und fürs Mitmachen zu gewinnen. Sie entwickeln erstaunliche Fähigkeiten, das Spiel zustande zu bringen und vorm Umkippen in nicht akzeptable Verhaltensweisen zu schützen. Sie zeigen Einfühlungsvermögen, sie rechtfertigen, erklären, beteuern ihre guten Absichten. Wenn man berücksichtigt, wie wenig Gelegenheiten die veränderte Kinderwelt bietet, eigenverantwortlich unter Kindern Regelungen und Beschlüsse herbeizuführen, sind Elternhaus und Schule doppelt herausgefordert, der Pflege freundschaftlicher Beziehungen unter Kindern mehr Freiraum zu geben.

Das Aushandeln von Standards sozialen Verhaltens ist ein wichtiger Kontinent in der Kinderwelt, der durch Umweltveränderungen stark bedroht ist. Es liegt auch an den beengten Lebenswelten unserer Städte, dass so viele Kinder den uralten Fundus an Regeln nicht mehr kennen, mit denen man Konflikte entschärfen kann. Kinderspiele sind Hilfsmittel, um soziale Kompetenz zu entfalten: Abzählreime führen aus Entscheidungsschwierigkeiten heraus, wenn die sachliche Begründung oder der handgreifliche Interessenkonflikt die Kontrahenten überfordert. Stolperreime, der Ehrenkodex, Geschicklichkeitsspiele und Hohnrituale sind ureigene Formen, die Kinder erdacht haben, um das Miteinander zu regeln. Nehmen wir den Kindern die Straße und andere unbeobachtete Plätze, dann schrumpft dieser Kontinent.

Geschwisterstreit und wozu er gut ist

Wer sie hat, kann sich freuen – und mit dem sozialen Üben früh beginnen.

Doch wenn Geschwister sich in die Wolle kriegen, meinen die Eltern schnell, eingreifen zu müssen. Für alle unangenehmen Verhaltensweisen, zu denen die Kinder fähig sind, für Trotz und hartnäckige Lügen, für Zerstörungswut und Aufsässigkeit kratzen Eltern im Allgemeinen noch mühsam den letzten Rest von Verständnis zusammen. Aber wenn die Kinder ständig mit den albernsten Anschuldigungen aufeinander losgehen, reißt der Geduldsfaden schnell. »Mammmaaa! Er hat mich gehauen!«, tönt es zigmal am Tag und schon fährt man wie ein feuerspeiender Drache dazwischen. Natürlich erwarten die Kinder, dass der herbeigerufene Papa oder die Mama in die Rolle des Schiedsrichters schlüpft. »Ich will schlafen. Aber Malte redet dauernd«, jammert die kleine Schwester. »Papa, du musst ihm sagen, dass er ruhig sein soll.« Papa setzt zu einer Ermahnung an, doch aus dem oberen Bett unterbricht Malte ihn: »Sie hat angefangen, ich habe schon fast geschlafen, und sie hat Kackfurz gesagt. Dann hat sie angefangen zu singen!«

Kluge Eltern hüten sich davor, Partei zu ergreifen. Das macht alles nur noch schlimmer, weil so ein starkes Motiv für den lautstarken Streit entsteht: So können Kinder sich die Aufmerksamkeit ihrer Eltern sichern. Das schaffen sie eigentlich immer, wenn man nicht aufpasst. Ein Schrei und schon kommt Mama angerannt und faucht einen, meistens den größeren und Stärkeren, an: »Was hast du schon wieder gemacht?« Leider ist die Gefahr, den Falschen zusammenzustauchen, sehr groß. Man könnte es am boshaften Glitzern in den Augen des angeblichen Opfers erkennen, wenn man sich schnell genug in seine Richtung umdrehen würde.

Wenn der Streit aufflackert, ist man schließlich nicht dabei, und hinterher können die Kinder viel erzählen – was sie hemmungslos tun, nur um des Vergnügens willen, ihren Widersacher anzuschwärzen und ordentlich ausgeschimpft zu sehen. Außerdem lässt es die zurechtgewiesene Partei umgehend auf Rache und Vergeltung sinnen, und dann läuten die Kampfhähne und -hennen schon ein paar Minuten später die nächste Runde ein.

Wenn die Eltern feststellen wollen, wer recht hat und wer nicht, wer angefangen hat, wer schuld ist, eignen sie sich Probleme an, die nicht die ihren sind. Sie übernehmen die Verantwortung und entscheiden, wie die Lösung aussehen soll. Der Schiedsspruch der Eltern verhindert aber, dass die Kinder sich selbst anstrengen, um eine Einigung herbeizuführen. Besser man gibt zu verstehen, dass man sich einfach nicht angesprochen fühlt, wenn das Gezeter losgeht. Für ein lahm dahin gesagtes: »Schade, dass ihr euch wehgetan habt« oder »Tut mir leid, dass ihr schon wieder Streit habt« lohnt es sich nicht, petzen zu gehen. Das zeigt den streitenden Geschwistern genauso wie beifälliges Kopfnicken zu beiden Seiten: Annahme verweigert, zurück zum Absender.

Wenn aber eine Lautstärke erreicht ist, die das Trommelfell vibrieren lässt und die Kinder sich mit Kraftausdrücken überhäufen, wüste Anschuldigungen hin- und herfliegen oder sogar Blut fließt, sind die Eltern notgedrungen auf den Plan gerufen. Denn jetzt muss Ruhe und Besonnenheit in die Auseinandersetzung gebracht werden. Beruhigen Sie die Hitzköpfe, erwähnen Sie beiläufig, Sie wüssten schon, wer der Schuldige sei, und lassen Sie es dabei bewenden. »Solange ihr euch streitet, kann keiner mit dem Auto spielen. Wollen wir mal zusammen überlegen, wie es weitergeht?« wäre ein Angebot.

Geschwister haben sich zum Streiten gern. Schwierigkeiten mit den Eltern sind dazu nicht so gut geeignet, denn Eltern sitzen doch immer am längeren Hebel. Auseinandersetzungen mit Freunden sind manchmal noch problematischer: Der Gegner kann sich aus der Affäre ziehen, indem er einfach weggeht und nicht mehr zum Spielen kommt. Geschwister haben es besser: Früher oder später müssen alle Kinder lernen, Interessenkonflikte durchzustehen. Wenn das Wutgeheul verstummt ist und die Tränen getrocknet, kann man deshalb einen dankbaren Blick auf die guten Seiten des Geschwisterstreits werfen. Jeder hat annähernd gleich viel aufzubieten, beide haben den gleichen Status, beide sind annähernd gleich stark und wortgewandt. Und keiner kann sich so einfach aus dem Staub machen. Ein Bruder oder eine Schwester wird weder allzu schnell klein beigeben noch die totale Niederlage des anderen anstreben. Es muss zu einer Versöhnung kommen, weil sonst keine Partei in Frieden weiterleben kann. Geschwisterstreit ist schon deshalb eine gute Vorbereitung auf die Auseinandersetzungen in der großen weiten Welt der Erwachsenen: auf Konkurrenz im Berufsleben wie auf Ehekrach. Da lernen die Kinder doch wirklich was fürs Leben!

Vom Mythos gleicher Liebe: Eltern, die Unterschiede zugestehen, entdecken eine neue und befreiende Art, fair zu sein

»Du hast ihn viel lieber als mich!« Für die lautstarken Anschuldigungen ihrer Kinder sind Eltern sehr anfällig. Denn Eltern haben das Gebot der gleich verteilten Liebe so fest verinnerlicht, dass sich unweigerlich das schlechte Gewissen meldet, wenn mal der eine, mal der andere mehr abkriegt. »Ich liebe dich, aber ich kann dich im Moment nicht leiden« – dürfen Eltern sich das eingestehen? Wie können Eltern damit umgehen, dass ihre Liebe sich vorübergehend unterschiedlich verteilt?

»Du Mama, also ich weiß ja, dass du uns alle gleich lieb hast.« Philipp, zur Tatzeit gerade sieben Jahre alt geworden, holt tief Luft. »Also ich finde das auch gerecht und keiner von uns soll jetzt denken, dass du ihn weniger lieb hast, nur weil wir jetzt noch ein Baby haben.« Er hebt die Schultern, legt viel Verständnis auf seine Gesichtszüge. »Aber sag mal«, kommt es dann vertraulich, während er ein bisschen näher an seine Mutter heranrückt, »wen hast du denn jetzt eigentlich am liebsten?«

Natürlich bekommt er auch dieses Mal wieder mit gebetsmühlenhafter Routine zu hören: »So ein Quatsch. Ich habe euch doch alle gleich lieb!« Geglaubt hat er mir kein Wort. Doch was soll man auch sagen? »Du hast ihn viel lieber als mich!« oder »Mir verbietest du immer alles und sie darf machen, was sie will!« Diese Vorwürfe rühren an einen wunden Punkt.

Liebe ist erste Elternpflicht

Schon der Gedanke, Unterschiede zu machen, schmerzt: Eines der eigenen Kinder nicht richtig zu lieben, beschwört das Bild vom totalen Versagen als Mutter (und Vater) herauf. Dabei gilt die Elternliebe doch als stärkste emotionale Kraft und ist uns vielleicht sogar schon in die Gene geschrieben? »Die wichtigste Aufgabe, welche die Gesellschaft heutzutage den Eltern auferlegt, ist es, ihr Kind zu lieben«, stellt Frank Furedi in seinem Buch »Die Elternparanoia« fest. Was auf den ersten Blick eine völlig berechtigte Forderung ist – doch Liebe nehmen wir heute nur noch selten als spontane Empfindung wahr, »sondern sie ist zu einer elterlichen Funktion und Fertigkeit geworden«, sagt Frank Furedi, »aus dem äußerst pragmatischen Grund, dass dieses Gefühl als Voraussetzung für ihr Funktionieren auf Verlangen gilt.« Deshalb rät man Eltern mit schöner Regelmäßigkeit, ihrem Kind bedingungslose Liebe entgegenzubringen und dies bitteschön, wenn mehr als ein Kind da ist, absolut gleich auf alle Kinder zu verteilen. Dahinter lauert eine Drohung: Gib Liebe, sonst wirst du schon sehen, was du davon hast! »Das ist der Grund, warum belehrende Vorträge über elterliche Liebe sowohl etwas Herablassendes als auch etwas Einschüchterndes an sich haben«, erklärt Furedi: »Weil man Eltern doch eigentlich nicht sagen muss, dass sie sich an ihren Kindern erfreuen sollten, und weil die Unfähigkeit, ein Kind zu dessen Bedingungen zu lieben, als Akt elterlicher Böswilligkeit verurteilt wird.«

Eltern haben die Aufgabe, ihr Kind zu lieben und zu fördern, längst verinnerlicht. Doch immer gleich zugewandt, zärtlich und aufmerksam sein zu müssen, entpuppt sich im Alltag mit den Geschwistern als unerfüllbar. Machen wir uns nichts vor: Allein schon das Bemühen, tagtäglich an alle Kinder die gleiche Portion Liebe austeilen zu wollen, ist ein aussichtsloses Unterfangen.

Kinder verändern sich, Gefühle schwanken: was lebt, bewegt sich

Denn jedes Kind ist anders – und ändert sich mit der Zeit. Was wäre ungerechter als die Gleichbehandlung Ungleicher? Kleinere Kinder brauchen mehr Schmusestündchen als größere, für den einen ist Kuscheln das Größte, der andere schätzt die Vorzüge des Gesprächs und macht sich ganz steif, wenn man ihn mal umarmen will. Fast alle Eltern fühlen sich in verschiedenen Phasen der Familiengeschichte einem Kind mehr verbunden. Manche Väter, die sich scheuen, ein Baby zu wickeln, verlieben sich Hals über Kopf in die vierjährige Tochter. Und ziehen sich dann zurück, wenn die kindlich-unbefangene Zwölfjährige plötzlich zur weiblichen Schönheit heranreift. Unterschiedliche Gefühle und unterschiedliche Behandlung der Kinder sind völlig normal, natürlich und angemessen – wer würde auch schon mit einem Einjährigen reden wie mit einem Elfjährigen?

Und doch meldet sich unweigerlich das schlechte Gewissen, wenn mal der eine, mal der andere mehr abkriegt. Viele Eltern fühlen sich schon schuldig, wenn sie eine spontane liebevolle Gefühlsaufwallung gegenüber einem ihrer Kinder bewegt, die sie bei dessen Bruder oder Schwester eben nicht so überkommt. Was tun? Ihm jetzt nicht über den Kopf streicheln? Die Kinder registrieren das Leuchten in den Augen von Mama oder Papa, wenn sich der heimliche Liebling nähert. Also das andere Kind extra fest drücken? Die Küsschen gleich abzählen und die Schokolade mit der Briefwaage aufteilen?

Gleichheitsstress verkrampft!

Es sind eher Sympathie, Verständnis, ähnliche Vorlieben und Abneigungen im Spiel, wenn die Beziehungen zu jedem einzelnen Kind verschieden sind. »Alle Idealisierungen schaden dem lebendigen Miteinander von Menschen«, sagt der Kindertherapeut und Autor Wolfgang Bergmann und rät zur Gelassenheit: »Weder haben Kinder ihre Eltern immer gleich lieb noch müssen Eltern Kinder immer gleich lieben. In seelisch gesunden Familien hört die untergründige Liebe nicht auf – auch wenn einen ein hyperaktives Kind mal ein halbes Jahr lang schier wahnsinnig macht.« Da könnte die Antwort auf die leidige Frage nach der Liebe des Vaters oder der Mutter auch ganz anders ausfallen. »Ach, im Moment weiß ich auch nicht so recht. Ich bin eher traurig, dass wir uns so schlecht verstehen.«

In Wirklichkeit wissen die Kinder ganz genau, wie es um

die Liebe ihrer Eltern bestellt ist – egal, was die immer wieder beteuern. Sie haben feine Antennen für die Gefühle ihrer Eltern, und zwar die echten, nicht die behaupteten. Und wenn sie verunsichert sind, stellen sie diese Gefühle auf die Probe und verlangen lauthals danach, das Gleiche wie der Bruder oder die Schwester zu bekommen. Aus Kindersicht ist gerecht dasselbe wie gleich, aber echte Gleichheit kann manchmal auch ungerecht erscheinen. Jedes Geschwisterkind wird in eine andere Familie hineingeboren: Die Zahl der Familienmitglieder ändert sich, der Erziehungsstil der Eltern wandelt sich und die wirtschaftliche Situation ist bei der Ankunft jedes Kindes eine andere. Und schließlich sind ja auch die Kinder ganz verschieden.

Auch wenn die Eltern einst mit dem festen Vorsatz angetreten sind, alle Kinder gleichermaßen zu lieben, werden sie immer wieder resigniert feststellen, dass das gar nicht geht. Dem kleinen Lockenkopf mit den witzigen Einfällen fühlt sich der Vater näher, weil er selbst als Kind so war, in dem ernsthaften kleinen Mädchen erkennt die Mutter ihre eigene Art, die Welt zu betrachten, wieder. Das macht das Miteinander leichter, oder? Vielleicht reagieren Mutter und Tochter oder Sohn auf dieselbe Art von Humor und können sich ohne viele Worte verständigen. Das kann eine Leichtigkeit in die Beziehung bringen, die Gefühle von Liebe und Nähe am Fließen hält. Auch das Gegenteil kommt vor: Der schusselige Vater, der darüber schimpft, dass sein Sohn alles vergisst. Die streitlustige Mutter, die im Gekeife ihrer Jüngsten nicht umhin kann, ihr eigenes Schimpfen wiederzuerkennen oder, noch schlimmer, das einer zänkischen Tante, die die ganze Familie einst tyrannisiert hat. Wenn Eltern in ihren Kindern Eigenschaften wahrnehmen, die sie selbst an sich ablehnen, bremst das die Liebe manchmal ganz schön – wer erträgt schon, dass seine Fehler bei anderen wieder auftauchen? Da hilft nur, den Blick fest auf die (immer vorhandenen) guten

Seiten des Kindes zu richten und sich bewusst zu machen, wie toll das Kind in anderer Hinsicht ist.

Häufig können Vater und Mutter zu dem Kind die beste Beziehung aufbauen, das die gleiche Stellung in der Geschwisterreihenfolge innehat wie sie selbst. Nicht selten ist es das jüngste Kind, dem die Sympathie der Eltern einfach zufliegt. Oder ein instinktives Bedürfnis, das schwächere Kind zu schützen, führt dazu, dass die Mutter sich auf die Seite der kleinen Prinzessin schlägt und ihren großen Bruder, den Rummelboxer, streng abmahnt. Ob aus der Vorliebe zu einem Kind ein Problem wird oder nicht, hängt auch davon ab, wie schwierig die Beziehung zu den anderen Kindern ist und wie hartnäckig sich die Vorliebe hält.

Wenn das Grundgefühl stimmt, sind Schwankungen völlig okay

Jede Liebe verändert sich – Elternliebe macht da keine Ausnahme. Aber Eltern gewinnen viel Spielraum für ihre eigenen Gefühle, wenn sie ihre Liebe zu den Kindern aus der Umklammerung einer auf Gleichheit festgelegten Bringschuld befreien können. Betrachtet man die Gefühle zwischen Eltern und Kindern gelassen, tritt zutage, was sich bei allen Gefühlen zeigt: dass sie sich ändern und dass sie auch von äußeren Verhältnissen geprägt werden, die man kaum beeinflussen kann. Ein krankes Kind braucht mehr Zuwendung als ein gesundes, ein Kind, das Schwierigkeiten in der Schule hat, braucht mehr Unterstützung als eines, dem alles nur so zuzufliegen scheint. Oder eines strapaziert die Nerven seiner Eltern jeden Tag auf Neue mit seiner Aufsässigkeit. Die Eltern lenken daraufhin ihr Wohlwollen auf das andere, bei dem anscheinend alles glatt läuft. Lieb und pflegeleicht wirkt ein Kind manchmal schon deswegen, weil das andere immer querschießt. Dadurch kann ein unheilvoller Teufelskreis in Gang gesetzt werden, der den Quertreiber zum Sündenbock abstempelt. Und manche Eltern machen gute Erfahrungen damit, sich streng zu disziplinieren, um die Bevorzugung eines Kindes zu vermeiden. Sie nehmen sich bewusst Zeit für das Kind, das sie zwar lieben, aber zur Zeit am wenigsten leiden können. Meist wechseln solche Verhältnisse von selbst: Das kranke Kind wird wieder gesund, und die Schulschwierigkeiten des anderen sind irgendwann überwunden. Die Zuwendung der Eltern zu dem einen oder dem anderen Kind darf durchaus schwanken, aber letztlich ist es wie mit den leidigen überzähligen Pfunden auf den Hüften: mal ein paar Kilo mehr, mal ein paar weniger – aber schön, wenn es übers Jahr verteilt hinkommt. Das Grundgefühl muss stimmen: Wenn es darauf ankommt, ist meine Mama genauso für mich da wie für meinen kleinen Bruder. Wenn es hart auf hart geht, tut Papa dasselbe für mich wie für meine Schwester.

Jedem, was er braucht, und nicht für alle das Gleiche

In jedem Kind schlummert ein Reichtum an Unterschieden. Wenn man jedes Kind als ganz besonderen Menschen mit ureigenen Fähigkeiten und Bedürfnissen betrachtet und seine unverwechselbaren Wesenszüge würdigt, wird es sich aufgehoben fühlen. In einer Familie wachsen nun mal unterschiedliche Kinder heran: Auf ein umgängliches Kind folgt ein eigensinniges, auf das aufsässige ein friedfertiger Zeitgenosse. Jedes verlangt nach der Aufmerksamkeit der Eltern für sein eigenes, ganz besonderes Wesen. Deshalb ist es gerecht, mit dem einen anders umzugehen als mit dem anderen. Verkrampfte Gleichmacherei richtet da nur Schaden an. Ganz anders sieht es aus, wenn Eltern sich zu liebevoller, achtsamer

Ungleichbehandlung durchringen: Dann können sie jedem das seine geben. Anstatt bei allem und jedem peinlich genau auf Gerechtigkeit und gleich verteilte Liebe zu achten, versuchen Mütter und Väter besser, ihrem Kind klarzumachen, dass ein Unterschied besteht zwischen immer gleicher Liebe für alle und spezieller Liebe für ein Kind. Es ist sinnlos, alles gleich machen zu wollen: Die Kinder können nie genug kriegen und die Eltern können nie genug geben.

Gleich geliebt zu werden ist nämlich ein bisschen wie weniger geliebt zu werden – aber auf eine besondere Weise geliebt zu werden, das wünschen wir uns doch. Stellen Sie sich mal vor, Sie sind mit Ihrem Mann zum Ausgehen verabredet. Seine Mutter ruft an und verlangt von ihm, dass er sie ausgerechnet an diesem Abend besucht, was er klaglos tut. Sie setzen ihm daraufhin die Pistole auf die Brust und fragen: »Wen liebst du eigentlich mehr, deine Mutter oder mich?« Wären Sie mit der Antwort: »Ich liebe euch beide« zufrieden? Was aber, wenn er sagte: »Ich liebe meine Mutter. Und ich liebe dich, weil du ein ganz besonderer Mensch in meinem Leben bist.« Ohne Frage sind Schwiegermütter und Ehefrauen nicht dasselbe wie Geschwister, aber es fühlt sich doch ganz anders an, in seiner unverwechselbaren Eigenheit und Wichtigkeit für den anderen liebevoll bestätigt zu werden, als sich unisono mit immer den gleichen Antworten abspeisen zu lassen, oder? Alle Eltern bevorzugen und benachteiligen, ohne dass es ihnen im Alltag großartig bewusst wird. Ob Sie sehr große Unterschiede machen, können Sie herausfinden: Erkundigen Sie sich spaßeshalber mal bei Ihren Kindern, wer ihrer Meinung nach in puncto Elternliebe am schlechtesten wegkommt – sie werden wie aus einem Mund rufen: Ich!

Die lieben Freunde: Anderer Leute Kinder

Große Familien mit vielen Kindern mögen sich selbst genug sein, es gibt sie aber immer seltener. Vielfältige Freundschaften müssen her, um das Bedürfnis von Kindern, mit anderen Kindern zusammen zu sein, zu stillen. Die Kinder anderer Leute sind heute wichtiger denn je für die eigenen. Viele Eltern legen sich schwer ins Zeug, um auf dem Spielplatz Kontakte anzubahnen, im Kindergarten Freundschaften zu stiften und – wo immer es sich ergibt – Spielnachmittage zu arrangieren. Sie wissen: Mehr als Geld und einen tollen Job und viel mehr als gutes Aussehen oder hohe Intelligenz braucht man im Leben echte Freunde. Wer sonst lässt einen schon auf seinem Sofa übernachten, verleiht Geld, ohne zu fragen, wofür und wie lange, bei wem kann man sein Herz ausschütten? Nur Freunde tun das füreinander.

Was Freunde sind, das lernen Kinder zuerst von ihren Eltern. Freuen Sie sich über Ihre Freunde, dann erlebt Ihr Kind unmittelbar, dass Freundschaften wertvoll sind. Erzählen Sie Ihrem Kind, wenn Sie etwas für Ihre Freunde tun. Rollen Sie nicht mit den Augen, wenn schon wieder das Telefon klingelt und Sie fürchten, dass es wieder Dieter ist, der Sie in ein langes Gespräch über den Klatsch im Büro und seine nächsten Karriereschritte verwickelt. Auch wenn Sie hektisch Fratzen schneiden und »Ich bin nicht da« gestikulieren, sobald Ihre Freundin Sie am Telefon zu sprechen wünscht, wird Ihr kleiner Junge oder Ihr kleines Mädchen daraus die richtigen Schlüsse ziehen. Und vielleicht sogar vorschlagen: »Sag doch einfach, dass du jetzt gerade keine Lust zum Telefonieren hast, weil du mir noch die Geschichte zu Ende vorlesen willst.«

Öffnen Sie Ihre Tür: Sie können Ihre Kinder ermuntern, auf andere Kinder zuzugehen und sich freuen, wenn Ihre Kinder Besuch haben. Sie werden ihnen aber die Sympathie für andere ausreden, wenn Sie den Umgang mit bestimmten Kindern verbieten oder klammheimlich die Bereitschaft Ihrer Kinder zu sozialen Kontakten untergraben, indem Sie durch Ihr Verhalten zu verstehen geben, dass die anderen doch immer ein störendes Ärgernis sind.

Wenn die Eltern selbst gesellig sind und gerne Gäste haben, werden auch die Kinder leichter auf die Idee kommen, Spielgefährten einzuladen. An kleinen Gesten erkennen Kinder rasch, ob Freundschaft bei ihnen zu Hause etwas gilt: »Ist es nicht gleich immer furchtbar laut, sobald sie zu zweit sind?«, fragt Finns Mutter ganz nebenbei den Vater von Juri, als der seinen Sohn vom gemeinsam verbrachten Nachmittag abholt. Es stimmt ja – aber Finns Mutter hätte das wohl besser für sich behalten, wenn sie nicht den Eindruck erwecken will, Besuche seien etwas Unerwünschtes und eigentlich eine Last. Auch dem kleinen Valentin, der scheu und zurückhaltend gegenüber anderen bleibt, wird wenig geholfen sein, wenn seine Mutter das noch mit Bemerkungen unterstützt wie »Ach, mein kleiner Schatz, lass doch die Rabauken und komm lieber her zu Mami!«

Kinderfreundschaften können so unbeständig sein wie das Aprilwetter, aber deswegen sind sie nicht oberflächlich. Gerade Mädchen scheinen nur so zum Spaß die ganze Skala der zwischenmenschlichen Töne durchzuprobieren. »Laura ist meine allerbeste Freundin«, hieß es noch gestern und heute ist wieder alles anders: »Ich werde nie wieder mit Laura reden, sie ist total fies«, sagt Marie. Was natürlich nicht heißt, dass Laura nicht übermorgen zu Maries Geburtstagsparty eingeladen ist, denn: »Laura ist schließlich meine Freundin!«

Gute Freunde sucht man sich selber aus

Je früher ein Kind das Gefühl hat, sich frei und unbeschwert einen Freund aussuchen zu können, desto besser. Sie halten den kleinen verhätschelten David aus der Klasse Ihres Sohnes vielleicht für ungeeignet und sehen es gar nicht gerne, wenn die beiden den ganzen Nachmittag im Kinderzimmer verschwinden und erst der Hunger sie wieder heraustreibt. Wenn die Freundschaft hält, atmen Sie tief durch und lassen Sie die beiden gewähren.

Bieten Sie Ihrem Kind, solange es klein ist, eine Auswahl passabler Spielgefährten. Und wenn es seine eigenen Bekanntschaften mit nach Hause bringt, seien Sie freundlich. An diesen Moment werden Sie sich wehmütig erinnern, in ein paar Jahren, wenn Ihre Fragen nach den Freunden der Kinder mit einem höchst beunruhigenden »Das geht dich gar nichts an« abgetan werden.

Besonders ärgerlich ist es für Eltern, wenn die eigene Tochter nach einem Besuch bei anderen Leuten verächtlich die selbst genähte Stoffpuppe in die Ecke wirft und aufzählt, wie viele Barbiepuppen samt unterschiedlichster Outfits Janine hat, bei der sie heute zum ersten Mal den Nachmittag verbracht hat. Schön wäre, wenn Sie Ihrem Kind erklären können, warum Sie dies und jenes nicht gekauft haben, aber reden Sie ihm nicht die Sympathie zu einem anderen Kind aus – auch nicht, indem Sie das andere Kind herabsetzen: »Was, diese aufgedonnerte kleine Gans findest du nett? Kann die denn überhaupt Fahrrad fahren? Ich wette, die hat Angst, sich schmutzig zu machen!«

Die Zuneigung Ihres Kindes zu einem anderen, das immer verdächtig viel Geld bei sich hat, zuviel fernsieht oder über seine Eltern herzieht, lässt Sie vielleicht stutzen. Es ist ärgerlich, wenn Ihr wohlerzogener, lieber kleiner Junge plötzlich mit Ausdrücken auftrumpft, die er bei dem großen Bruder eines neuen Spielkameraden aufgeschnappt hat. Beobachten Sie all diese Bekanntschaften aus gebührender Entfernung und mit wachsamen Augen, halten Sie auch mit Ihrer Meinung nicht hinter dem Berg. Aber wenn es Ihnen Ernst ist mit der Freiheit Ihres Kindes, eigene Freundschaften zu schließen, schreiten Sie besser nicht ein. Wenn Sie offen und aufrichtig interessiert mit Ihrem Kind darüber sprechen, werden Sie herausfinden, was es an diesem anderen Kind so schätzt. Und wenn Ihr Gefühl stimmt, wird der Kontakt auch bald durch einen anderen abgelöst. Wichtig ist die gute Atmosphäre zu Hause, viel Kontakt zum Kind – dann fühlen sich auch andere Kinder angesprochen und kommen gerne vorbei. Da können Sie auch ein wenig nachhelfen und vielleicht ist dann ja ein weiterer Spielkamerad für Ihr Kind dabei.

Geschwister streiten aus Gewohnheit, Freunde brauchen einen guten Grund – das macht sie füreinander wertvoll. Der Beitrag, den die Erfahrung von Freundschaften aller Art für die gesunde Entwicklung von Kindern leistet, ist groß. Freunde sind nicht nur vergnügt zusammen und unterstützen sich gegenseitig. Richtige Freunde konkurrieren auch mal miteinander und streiten hin und wieder.

Kinder lernen von Kindern

Ein paar Jungen um die zehn Jahre spielen Fußball auf dem Hof: kein Spielfeld, keine Auslinien, nur eine Jacke und ein Schulranzen vor der Mauer – das Tor. Und es gibt schon gar keinen Schiedsrichter in schwarzen Hosen, der im Zweifel entscheidet, wer recht hat. Man trifft sich halt in der Nachbarschaft.

Ein Schuss aufs Tor, der Torwart streckt sich, der Ball kracht an die Hauswand und prallt zurück. »Tor!«, brüllt der Torschütze und seine Mannschaft brüllt mit. Sie werfen die

Arme hoch. »Latte!« brüllen die anderen zurück. Da ist aber keine Latte, genauso wenig ein Tor. Sie wollten sagen, dass der Ball zu hoch geflogen kam und deshalb das Tor nicht zählt.

Schon geht der Streit los. Nach den üblichen Beleidigungen, Rempeleien und Knüffen finden beide Parteien einen Kompromiss. Das Tor zählt, dafür bekommt die jetzt ins Hintertreffen geratene Mannschaft nachträglich einen Elfmeter zugesprochen, für ein Foul »von vorhin«. Das Spiel scheint gerettet. Doch schon flackert der nächste Streit auf, darüber, »wo Elfmeter« ist. Kaum hat man sich auf einen Punkt geeinigt, von dem aus geschossen werden darf, schreit der kleinste Junge los: »Mit TeWe!« Sogleich wird darüber gestritten, ob jetzt der Torwart ausgewechselt werden darf. So geht das weiter bis das Spiel endgültig platzt, weil zwei Kicker sich ständig übervorteilt fühlen. Sie nehmen die beiden anderen aus ihrer Mannschaft mit und steigen aus.

Ein missglücktes Spiel? Keineswegs. Denn es ging hier um viel mehr als nur darum, den Ball zu treten. Wenn Kinder miteinander spielen, handeln sie aus, »wie es sein soll«. Sie sind Partner, die versuchen, sich wechselseitig zu übervorteilen und die sich dabei gleichzeitig Grenzen setzen. Denn schließlich braucht der eine den anderen zum Mitspielen. Streiten, Spielen und Aushandeln sind innig gemischt. So entwickeln sie ganz allmählich immer wieder zu erstreitende Vorstellungen vom fairen Spiel, die man im Zusammenleben gut gebrauchen kann.

Kinder, die miteinander spielen, lernen zuzuhören, wenn andere ihre Meinung vortragen, Gegenvorschläge zu machen und ringen sich Zugeständnisse ab, damit das Spiel in Gang bleibt. Will einer in der Gruppe immer der Bestimmer sein, werden die anderen das nicht unwidersprochen hinnehmen. Argwöhnisch achten Kinder auf Gleichheit. Niemand darf sich mit seinen besonderen Anlagen, Ideen und Möglichkeiten über die anderen erheben. Angeber riskieren, ausgeschlossen zu werden. Der Gleichheitsgrundsatz verlangt strikt, dass einer nichts in Anspruch nehmen darf, was er nicht selbst beitragen kann: Wer das spendierte Eis nicht alsbald mit etwas Gleichwertigem zurückzahlt, riskiert den Ausschluss wie auch der, der ein gegebenes Versprechen bricht, ein Geheimnis verrät oder petzt.

Von der Fähigkeit, Konflikte auszutragen, leben Kinderfreundschaften. Ein empörtes »Das gildet aber nicht!« läutet immer wieder eine neue Verhandlungsrunde ein, wenn alles gut geht.

Sie wollen ja zusammen sein, Spiele erfinden, ihren Bewegungsdrang in vergnügliche Bahnen lenken. Kissenschlachten, Raufereien und den Platz zum Toben brauchen Kinder genauso wie lautstarke Debatten über Tore, die gelten und Vorteile, die sich andere verschaffen. Nichts gegen den Judoclub am Dienstagnachmittag, das wöchentliche Eishockeytraining, Voltigieren oder den Ballettkurs. Das alles sind Gelegenheiten, bei denen Kinder Geschicklichkeit lernen, von Erwachsenen moderierte Spielregeln einüben und einen körperlichen Ausgleich für das stundenlange Stillsitzen in der Schule finden. Aber das schier endlose Palaver darum, wer angefangen hat, wie fest man hauen darf, wie viel man abgeben und dass man mit seinen Freunden teilen muss – das Aushandeln ist die eigentliche Aufgabe, an der Kinder zwischen sechs und zwölf wachsen. Die lässt sich besser lösen, wenn die Erwachsenen weit weg sind.

Wie sich die Vorstellungen von Freundschaft verändern

Orte, an denen Kinder unter sich sein und auch mal etwas ausprobieren können, sind allerdings rar geworden. Der käfigartig umzäunte Bolzplatz eignet sich nicht allzu gut zum Straßenfußball. Das Schwimmbad gleicht nicht den Flüssen und Seen, in denen man wild baden kann. Die Hinterhöfe zum Spielen gibt es selten, viele sind mit Garagen zugebaut oder gleich abgesperrt. Auf dem Gehweg ist kaum Raum zum Spielen, dafür aber viel Platz für parkende Autos. Es fehlen schlicht die Räume für unbeaufsichtigte, selbständig gestaltete Spiele.

Kinder halten sich heute den größten Teil des Tages in geschlossenen Räumen auf. Da müssen sich Eltern schon etwas einfallen lassen, um zum Beispiel in einer verkehrsreichen Großstadt, wo jedem Kind statistisch zwei bis drei Autos gegenüberstehen, ihren Kindern angemessene und spontan nutzbare Spielmöglichkeiten mit ihresgleichen zu eröffnen. Notfalls muss man sich gegen die Nachbarn durchsetzen und die Garage zur erwachsenenfreien Zone erklären. Oder akzeptieren, dass die Zehnjährigen sich beim Nachbarn, der erst um sechs nach Hause kommt, nachmittags stundenlang zum Computerspiel verabreden. Sie können ja zwischendurch mal rüberschauen, um die Übersicht zu behalten.

Es ist für Eltern ganz hilfreich, ein Verständnis dafür zu entwickeln, wie sich die Muster von Freundschaften mit dem Alter ihrer Kinder verändern. Bis zum achten, neunten Geburtstag etwa nennen Kinder jeden einen Freund oder eine Freundin, mit dem sie in einem regen Austausch stehen und viel Zeit zusammen verbringen. Deswegen meinen die kleineren Kinder auch, sehr viele Freunde zu haben – es ist leicht, Freundschaften zu schließen. Alle sind Freunde, die einem wohlgesonnen sind und einen nicht verletzen. Der Freund, der einen spitzen Bleistift in die Hand eines anderen Freundes bohrt, ist schnell keiner mehr. Die Beziehung wird einfach abgebrochen.

»Wollen wir schwimmen gehen?«, fragt der sechsjährige Benny seinen großen Freund, den zwei Jahre älteren Johannes. »Nö, keine Lust«, sagt der, darauf Benny »Doch, du hast Lust!« Streit liegt in der Luft, erste Rempeleien werden gegenseitig an den Mann gebracht. Auf einmal hat Johannes wohl zu derb hingelangt, Benny weint. »Dafür kannst du mich jetzt ins Wasser werfen«, bietet Johannes versöhnlich an. Alle Achtung – mit seinem Vorschlag hat er eine Wiedergutmachung angeboten, die zwischen den beiden die Gleichheit wiederherstellt. Benny akzeptiert.

»Wie du mir, so ich dir« heißt das Verfahren. Es zeigt, wie streng sich Kinder auf den Grundsatz der prinzipiellen Gleichheit berufen. Ist die Gegenseitigkeit gewahrt, kann das Spiel weitergehen. Sich zu zanken bedeutet für die meisten Kinder bis weit ins Grundschulalter hinein, körperlich aneinanderzugeraten. Sich gegenseitig etwas wegzunehmen ist ein weiterer klassischer Streitgrund jüngerer Kinder: »Einer will dies haben, und einer will das haben. Der sagt: Nein, das ist meins. Dann kriegst du auch nicht meins. Und dann kloppen wir uns«, erklärt die sechsjährige Anna, wie es zum Streit kommt. »Man kloppt sich, wenn man Streit hat.« Mit Hauen, Beißen, Kratzen oder Sich-an-den-Haaren-Ziehen geraten die Kinder aneinander, folgerichtig ist die Lösung: Auseinandergehen und eine Formel des Vertragens aussprechen.

Sechsjährige können über ihre Motive und ihre Gefühle noch wenig Auskunft geben, geschweige denn die des anderen in Betracht ziehen. Sie nutzen meist Rituale und Formeln. »Wollen wir uns wieder vertragen?« Auch mit einem Händedruck zeigen sie einander, dass der Zank beigelegt ist. Stimmt der andere zu, ist der Streit vergessen.

Wenn die Kinder älter werden, wächst auch ihr Repertoire. Bei Neunjährigen wird schon ein neues Streitmuster sichtbar. Nicht das Aneinandergeraten durch unterschiedliche Handlungen ist der Auslöser, sondern der psychologische Sachverhalt, dass der andere mit seinen Verhaltensweisen die Erwartungen seines Freundes enttäuscht hat: »Weil sie manchmal nicht zuhört und manchmal ich auch nicht, weil sie manchmal mich einfach stehen lässt und mit einem anderen Mädchen spielt«, zählt Nadja die Gründe auf, warum es hin und wieder Streit mit ihrer besten Freundin gibt.

Verletzte Gefühle werden mit den Jahren wichtiger, doch immer wieder löst auch die Missachtung des Gleichheitsgrundsatzes Streit aus. »Der will immer allein bestimmen und wechselt sich nicht ab«, »Sie will immer bestimmen und ich will doch auch bestimmen«, erklärten zwei zehnjährige Kinder, wie es zum Streit kommt. Die Berliner Pädagogikprofessorin Renate Valtin hat 80 Kinder zwischen fünf und zwölf Jahren gefragt, was sie über Freundschaft und Streit denken.

Mit elf, zwölf Jahren wird Freundschaft dann eine auf Freiwilligkeit basierende und länger angelegte Beziehung, die weit über den nützlichen Austausch und den Schutz vor Verletzungen hinausgeht. Jetzt stehen mehr und intensivere Kontakte im Vordergrund, die Beziehung ruht auf Gemeinsamkeiten, die man teilt. Richtige Freunde sind solche, die sich gegenseitig verstehen, Gedanken und Gefühle austauschen, voneinander Verständnis erwarten, aber auch Kritik aneinander üben. Jetzt werden Freunde und Freundinnen zu den wichtigsten Bezugspersonen. Das kann Mütter und Väter schon einmal eifersüchtig werden lassen, wenn Geheimnisse nur noch mit Freunden geteilt und auch Sorgen nur mit ihnen beredet werden. Doch genau das wollen und brauchen die Kinder an der Schwelle zur Pubertät – den gleichberechtigten Austausch, die symmetrische, auf Wechselseitigkeit beruhende Beziehung. Denn mit den Eltern kann die Beziehung nicht gleichberechtigt sein, die entstammen einer anderen Generation und stehen in anderen Lebensumständen. Mit gleichaltrigen Freunden aber kann man intensiv alles erleben und aushandeln, durch dick und dünn gehen. Das treibt die Persönlichkeitsentwicklung mächtig voran. In einer echten Freundschaft gibt es Hochs und Tiefs, man trägt Meinungsverschiedenheiten aus und lernt, mit gegenseitigen Verletzungen zu leben. Sicher lässt man den anderen auch schon mal hängen, plaudert Geheimnisse aus und enttäuscht einander in bestimmten Situationen. Doch wenn alles gut geht, raufen sich Freunde auch wieder zusammen und fühlen sich eng miteinander verbunden.

Eltern bleiben Bezugspersonen

Der Grundsatz der Gleichheit als Basis von Freundschaft tritt bei elf- und zwölfjährigen Kindern allmählich in den Hintergrund und macht dem Gefühl von Gemeinsamkeit Platz. Das beginnt schon ein paar Jahre vorher, wenn Kinder lernen, sich in einen anderen Menschen hineinzufühlen. Immer stärker setzen Kinder sich sprachlich auseinander, betrachten genauer, wer eigentlich recht hat und wie man einen Konflikt beilegen kann. Aber erst mit elf, zwölf Jahren denken Kinder selbstreflektierend und versetzen sich in die Gefühle und Gedanken eines anderen hinein. Deswegen steht die Wechselseitigkeit im Vordergrund der Freundschaftsmotive – man tauscht sich über alles aus, sucht die Nähe des anderen, unterstützt sich emotional und öffnet sich dem anderen. Nach der Pubertät wird hieraus dann in vielen Fällen eine richtig enge, feste und exklusive Beziehung, bei der persönliche Dinge mit Vertrauen und Zuverlässigkeit angesprochen werden können.

Jungen und Mädchen gehen hier unterschiedliche Wege. Bei den Mädchen lassen sich die engen und intensiven Beziehungen schon vom zehnten oder elften Lebensjahr an beobachten. Sie stecken die Köpfe zusammen und tauschen sich über alles Mögliche aus. Bei ihnen entstehen auch schon exklusive Freundschaften, frühe Frauen-Freundschaften, bei denen es darum geht, die weibliche Identität zu entwickeln und sich dabei gegenseitig zu unterstützen. Die Offenheit der Mädchen, sich einander Schwächen und Blößen zu gestehen, scheint sehr groß zu sein.

Die Jungs sind hier zurückhaltender. Auch sie fangen nach dem zehnten Lebensjahr an, sich mit einem besten Freund zusammenzutun, doch das zielt eher auf gemeinsame Aktivitäten. Man geht zusammen zum Sport, zu Pop-Konzerten oder zur LAN-Party und hält sich emotional voreinander bedeckt. Jeder will erst einmal richtig Mann werden, bevor er sich ganz auf eine intensive Freundschaft einlässt.

Eltern haben es in dieser Phase der Freundschaftsentwicklung ihrer Kinder manchmal schwer. Sie spüren, wie ihr geliebtes Kind sich immer mehr abwendet. Die Ablösung setzt mit Riesenschritten ein – Tipps und Ratschläge werden schon mal verächtlich zur Seite gewischt und aggressiv kommentiert. Viele Haltungen, Auffassungen und Einschätzungen der Eltern sind eben von gestern, die Freunde wissen es besser.

Doch Eltern teilen Freud und Leid mit ihren jugendlich werdenden Kindern. Das Selbstbewusstsein wächst, wenn die elfjährige Tochter schon eine richtig beste Freundin hat, auf die sie sich blind verlassen kann. Aber es rutscht in den Keller, wenn diese Freundin, ausgerechnet di… m neuen Schuljahr samt Familie in … ande… und die Tochter plötzlich wie ampu… Schulklasse allein dasteht. Sie kan… rt und gemobbt werden, das Opfer ü… rbreitung gemeiner Gerüchte wer… ungsstress geraten und in einer Cliq… ttut. Eltern sehen zu, dass sie wicht… ben und halten sich bereit, bei Lieb… gen und Ärger aller Art wieder als… er gefragt zu sein.

Das ist, machen wir uns nichts v… tern und Vätern – und doch ist es T… etwa eine zusätzliche Erschwernis. D… Jahre lang eine intensive Beziehung zu…

sich die größte Mühe mit der Erziehung gegeben, einen Großteil ihrer Kraft, ihrer Zeit und ihres Geldes darauf verwandt, diesen vormals so kleinen Menschen gut in ein gelingendes Leben zu begleiten – und nun wendet sich die Tochter oder der Sohn auf einmal ab. Von heute auf morgen haben Mutter und Vater Konkurrenz – der beste Freund oder die beste Freundin, die Clique oder der erste Schwarm ziehen immer mehr Aufmerksamkeit auf sich. Das Elternsein in der Phase der Ablösung der Kinder ist manchmal eine heikle Gratwanderung.

Doch die Erfahrung zeigt: Gerade dann, wenn die Beziehung in den ersten zehn Jahren eine gute Basis abgibt, wenn die Eltern mit der Entwicklung ihrer Kinder Schritt gehalten haben und weder allzu sehr geklammert noch zu früh losgelassen haben, sind sie auch für die Phase der Loslösung gewappnet, die jetzt anbricht.

Kinder brauchen Kinder, die jugendlich gewordenen Kinder noch mehr als die kleinen. Sie brauchen aber auch weiter ihre Eltern, allerdings in einer veränderten Rolle. Die Kinder sind dabei, flügge zu werden und deshalb sind die Eltern immer mehr aus der Rolle entlassen, von frühmorgens bis spätabends das Nest zu richten. Jetzt geht es darum, dafür zu sorgen, dass ihre Kinder immer besser fliegen lernen und auch wieder sicher landen. Die Eltern werden dafür belohnt, denn die Kinder bringen von ihren Ausflügen viele Botschaften und Erfahrungen mit, die auch Mütter und Väter bereichern. Das Zusammenleben mit Teenagern ist in vieler Hinsicht anspruchsvoller als mit kleinen Kindern – das gilt in intellektueller und emotionaler Hinsicht. Freuen wir uns doch auf diese neue Phase im phasenreichen Leben mit Kindern!

7. Kapitel

Freizeit zusammen gestalten

Die Zeit an den Nachmittagen, den oft mitten in der Woche liegenden Feiertagen, den Wochenenden und den Ferien, wenn Kindergarten und Schule geschlossen haben – sie will gut verbracht sein. Weil wir in Deutschland wenige Nachmittagsangebote in Kindertagesstätten und Schulen haben, verbringt der allergrößte Teil der Kinder die Nachmittage in der Familie, die Feiertage, die Wochenenden und Ferien sowieso. Die Gestaltung der Freizeit gehört mit zu den Erziehungsaufgaben von Müttern und Vätern.

Wenn Eltern nicht aufpassen, dann werden Fernseher, Computer und Handy, aber auch Internet und Einkaufszonen zu heimlichen Miterziehern, die großen Einfluss auf die Kinder gewinnen. Heutige Kinder werden in einer Zeit groß, in der es eine ausgebuffte Freizeitindustrie mit den raffiniertesten Werbestrategien schafft, schon die Kleinsten in ihre Fänge zu bekommen und den direkten Weg zu den Geldbeuteln ihrer Eltern anzusteuern weiß.

Kinder wachsen heute nicht nur mit dem Fernsehen, sondern auch mit den allerneuesten Trends der Computer- und Mobilfunkbranche auf. Weil sie von Natur aus neugierig sind, nehmen sie alle Impulse begierig auf. In der Regel sind sie bei der Handhabung elektronischer Geräte ihren Eltern sehr schnell überlegen. Da müssen Eltern schon aufpassen, nicht die Übersicht und vor allem nicht zu früh den Einfluss zu verlieren. Zu ihrer Erziehungsaufgabe gehört auch, Kindern in ihrer freien Zeit ein vielfältiges Angebot zu sichern.

Für den Freizeitbereich gilt das magische Dreieck der Erziehung genauso wie für alle anderen Lebensbereiche der Kinder. Auch in der Freizeit brauchen Kinder das gut komponierte Zusammenspiel von Anregung, Anleitung und Anerkennung. Wenn beim Fernsehen, Computerspielen, Surfen und Telefonieren, beim Einkaufen und Geldausgeben das Kind genau weiß, was es will und was es dafür tun muss, ist Freizeit eine Gewinn bringende Zeit. Kinder brauchen viele Anregungen, viele Vorbilder von Eltern, um zu lernen, sich nicht von Medien und Konsumangeboten überrollen zu lassen, sondern sie souverän zu nutzen.

Für ihre Persönlichkeitsentwicklung ist der Gebrauch des Fernsehers, die Nutzung von Computer und Handy ebenso wie das selbstbewusste Einkaufen und Geldausgeben von großer Bedeutung. Hier lernt man, ein selbstbestimmter Mensch zu sein, der Entscheidungen trifft. Wenig schadet Kindern mehr als dem Medienzauber und Konsumrausch zu erliegen und sich passiv und ohnmächtig zu unterwerfen. Deswegen ist es wichtig, dass Kinder lernen, ihre Freizeit sinnvoll zu füllen. Dazu müssen sie ihre eigenen dringenden Wünsche von wirklichen Bedürfnissen unterscheiden lernen, ihr Wollen verstehen und die Konsumappelle durchschauen. Eltern können dabei helfen – durch Worte und Gespräche, vor allem aber durch ihr eigenes Verhalten, durch ihr Vorbild.

Fernsehen macht dumm …

Das ist doch merkwürdig: Wann immer dieses bläuliche Licht durch die geschlossenen Gardinen der dunklen Wohnung schimmert, machen Vorübergehende abfällige Bemerkungen: Sieh mal, da hocken sie wieder vor der Glotze. Warum geht niemand davon aus, dass sich in diesem Zimmer ein paar wissbegierige Menschen zusammengefunden haben, um einen ausgezeichneten Dokumentarfilm über Meeressäuger, einen Bericht über bevorstehende Vulkanausbrüche in Kalifornien oder das einfühlsame, faktenreiche Portrait von Karl dem Großen anschauen? Stattdessen meint man schnell zu wissen, dass sich da wieder mal eine ganze Familie von kitschigen Hollywoodromanzen, primitiven, brutalen Polizeiserien oder kreuzblöden Quizsendungen unterhalten lässt, anstatt mit den Kindern Quartett zu spielen, Hausaufgaben zu machen oder Gutenachtgeschichten vorzulesen. Der Vorwurf, dass fernsehende Familien eben fernsehen und sich in der fraglichen Zeit nicht anderweitig sinnvoll mit den Kindern beschäftigen, wird immer wieder erhoben und lässt sich kaum widerlegen. Aber es schwingt immer gleich der Verdacht der Vernachlässigung mit, wenn der Fernseher flimmert. Und da muss man genauer hinsehen: Schauen die Eltern gerade fern, wenn die Kinder Zuwendung oder Mittagessen bekommen sollten? (Wenn ja: Immer? Oft? Gelegentlich? Ganz, ganz selten?) Verschanzt sich die Familie vor dem Fernseher, weil sie nicht miteinander reden können, schon gar nicht über das Gesehene? Beanstanden die Kinder, dass die Eltern fernsehen, anstatt Mensch-ärgere-dich-nicht mit ihnen zu spielen oder sitzen sie derweil am Küchentisch und basteln mit Begeisterung einen Bilderrahmen aus Pappe zum Muttertag?

Es gibt sie nämlich durchaus – Kinder, die es sehr schätzen, wenn ihre Eltern mal fernsehen. Weil man bei kaum einer anderen Gelegenheit so schön kuscheln kann. Wann sonst sitzen Eltern schon ein, zwei Stunden lang ruhig mit ihrem zärtlichkeitsbedürftigen Kind auf dem Schoß im Sessel, ohne dass der Satz ertönt: »Genug jetzt, ich muss noch die Wäsche aufhängen!« Und so sitzt man gemütlich zusammen, krault hier einen Nacken, flicht hier ein Zöpfchen und kuschelt. Die Kinder blinzeln allenfalls beiläufig auf den Fernsehschirm, verstehen ohnehin nicht, was an einem politischen Magazin interessant sein soll und schlafen entweder ein oder rutschen von selbst noch vor Ende der Sendung vom Schoß, um sich irgendeiner anderen Unternehmung zu widmen, die ihnen gerade in den Sinn kommt.

Sicher können Kinder durchs Fernsehen Schaden nehmen, genauso wie durchs Lesen (und wie durch viele andere Dinge mehr, die man übertreibt). Es ist noch gar nicht so lange her, da warnten Experten einhellig davor, dass das unkontrollierte Lesen von Büchern Kinder einsam und asozial werden lasse. Man befürchtete, dass der ausgedehnte Aufenthalt in Fantasiewelten einen heiklen Realitätsverlust bewirke und das sinnlose Verschlingen von kitschigen, brutalen und kreuzblöden Romanheftchen die Herzen und Hirne junger Leser ernsthaft schädige.

Da muss man schon mal genauer hinsehen: Es lohnt sich, über Möglichkeiten nachzudenken, wie man die Vorteile des Fernsehens nutzen kann, ohne die Nachteile in Kauf zu nehmen. Wenig Sinn hat es, das Fernsehen nur als Übel zu verdammen, das ist es nämlich nicht. Wie ein scharfes Messer, mit dem man Gemüse schneiden, aber auch einen Menschen verletzen kann, sind Medien genauso gut oder schlecht, wie der Gebrauch, den man davon macht. Erkennen Sie die guten Seiten an, haben Sie schon den ersten Schritt getan, um die schlechten abzulehnen. So behandeln Sie das Fernsehen wie ein Buch oder eine ordentliche Mahlzeit: als etwas, mit dem man bewusst umgeht, anstatt es gedankenlos und unablässig zu konsumieren.

Kinder wollen sich informieren, entspannen, orientieren oder der Wirklichkeit entfliehen – sie nutzen das Fernsehen wie Erwachsene nach eigenen Bedürfnissen und Interessen. Mit seinen Fernsehwünschen zeigt ein Kind auch, was es zur Zeit bewegt und womit es sich gerade beschäftigt. Welche Sendungen es bevorzugt, spiegelt seine Interessen, Erfahrungen und Schwierigkeiten wider. Starksein, Geborgenheit,

Geliebtwerden, Verlustangst oder Alleinsein sind Themen, die für Kinder wichtig sind. Ihre Lieblingsfiguren im Fernsehen erlauben eine Auseinandersetzung, die frei vom Handlungsdruck der Wirklichkeit geschehen kann: Kinder können wie im Spiel ausprobieren, welche Rolle zu ihnen passt. Pippi Langstrumpf, Samson, Benjamin Blümchen oder Wickie bieten sich zur Identifikation an. Sie verkörpern menschliche Eigenschaften, zeichnen Schwächen und Stärken und stehen sinnbildlich für Wunder, Zauberei und magische Momente. Fernsehfiguren haben Angst, sind wütend oder sinnen auf Rache, sind eifersüchtig, neidisch oder leiden unter ihren Zweifeln: Wie Kinder auch. Fernsehhelden bestehen mit List, Geschick und Pfiffigkeit gegen Größere und Stärkere, sie sind am Ende doch die Sieger. Die Helden lassen sich niemals unterkriegen und rächen sich für Zurückweisungen, Ohnmacht und Demütigung – Erfahrungen, die im Alltag von Kindern genauso vorkommen. Zum Beispiel Pippi Langstrumpf: Sie ist hyperaktiv, verweigert den Schulbesuch, die Mutter ist tot, der Vater weit weg in Taka-Tuka-Land. Kein leichtes Leben für eine Neunjährige! Aber sie hat es geschafft, ihr Leben in den Griff zu bekommen. Was für ein Vorbild!

Solange das Fernsehen, die Videos und der Computer nur ein Teil des Materials liefern, aus dem Kinder ihre Erlebnisse beziehen, können Medien bereichern, bilden, anregen und amüsieren. Ablenkung, Unterhaltung und Belustigung auf Knopfdruck aus dem stets übervollen Wunderkasten haben dennoch ihren Preis. Als Zuschauer verharren die Kinder in Passivität, ihre Talente und Möglichkeiten schlummern. Dabei können Kinder doch ganz gut fernsehen – vorausgesetzt, außer der elektronischen Großmutter steht auch noch eine echte bereit und der Fernseher ist auch sonst nicht die einzige Quelle von Anregung. Die Mischung muss stimmen. Ob der Bildschirm zum Rattenfänger wird und den Kindern ernsthaft schadet oder ob er neben Spaß und Spannung auch den Kinderalltag bereichert, hängt eben von Dingen ab, die nichts mit dem Fernseher zu tun haben: Familie, Kindergarten, Wohnumfeld, Spielfreundschaften und Bekannte, Freizeitmöglichkeiten. Das Fernsehprogramm mag gut oder schlecht sein, ärgern oder erfreuen, aber es ist niemals das Leben. Es nimmt nur dessen Stelle ein, wenn das Leben nicht stattfindet. Fernsehen ähnelt Fast Food: Big Mac, Hamburger und Pommes machen Appetit und sättigen, aber sie ernähren nicht gut. Wer sich ausschließlich von Fast Food ernährt, wird seine Gewohnheiten nicht ändern, wenn Sie ihm einen langen Vortrag über gesunde Ernährung halten – vielleicht aber, wenn Sie ihn zum gemeinsamen Kochen einladen?

Kindern eine Beschäftigung rigoros zu verbieten, die unter Gleichaltrigen normal ist, kann herzlos wirken. Wenn alle anderen im Kindergarten oder der Schule die Sendung mit der Maus, das Sonntagsmärchen oder abends die Abenteuer von Wickie sehen dürfen, gerät man schnell ins Abseits, wenn man die Witze und Anspielungen der anderen nicht versteht. Deshalb müssen die Eltern die Fernbedienung ja noch lange nicht aus der Hand geben, sondern können den Einfluss des Fernsehens nach ihrem eigenen Gutdünken lenken und gestalten. Weil das deutsche Durchschnittskind angeblich fünf Stunden täglich vor der Glotze hockt und einschlägige Experten nicht müde werden, vor der Lethargie zu warnen, die das Fernsehen auslöst, scheinen die Fernsehgewohnheiten außer Kontrolle geraten zu sein. Die gilt es zurückzuerobern! Zuviel ist zuviel – auch wenn das bedeutet, dass man den wütenden Protest oder das schrille Gequengel, das Eltern sich mit einem strikten Nein einhandeln, mitunter schwer zu ertragen ist. Da ist es wichtig, fest zu bleiben. Nicht länger als es dem Kind guttut – im Schwimmbad holen wir sie doch auch aus dem Wasser, wenn die Lippen blau sind.

Filme auswählen, gemeinsam anschauen, danach ausschalten und darüber reden – mit der Devise können Eltern auch ihren Kindern im Anpassungsdruck den Rücken stärken. Auch wenn die Bereitschaft von Eltern, ihre kostbaren Mußestunden mit dem Anschauen von Zeichentrickfilmen oder albernen Tierserien an ihre gesunde Grenze stoßen wird, eröffnen sich so schöne Gelegenheiten, über das Gesehene ins Gespräch zu kommen. Ganz nebenbei lässt sich so einer kritischen Einstellung auf den Weg helfen. Wichtig ist das auch für später, wenn die Kinder älter werden und öfter auch mal alleine schauen: Daraus lässt sich viel machen. Dann kann man sich nämlich den Film nacherzählen lassen. Das ist gar nicht so einfach – Wesentliches will vom Unwesentlichen getrennt werden, die zeitliche Reihenfolge muss stimmen, anschaulich formuliert soll das Ganze auch noch sein. Und wenn die Kinder das alleine noch nicht schaffen, kann man ja nachhelfen und sich ganz genau erklären lassen, warum der Mörder so blöd war, sein Handy am Tatort zurückzulassen.

Wenn die Kinder älter werden, wird die Aufgabe komplizierter. Dann finden sie nämlich schnell heraus, was ihnen früher entgangen ist – dass ihre Eltern, viel öfter als sie es zugeben, hirnlos und unkritisch vor der Glotze hängen, wahllos durch die Kanäle zappen und es meistens nicht schaffen, nach den Nachrichten auszuschalten und sich den Spielfilm auch noch reinziehen. Jetzt bietet eine abendliche Familienversammlung vor dem Fernseher ungeahnte Möglichkeiten: Wenn alle zusammen in Gelächter ausbrechen, Mama nach Luft schnappt oder Papa die Handlung nicht ganz versteht, aber der zehnjährige Sohn als erster ahnt, wer der Mörder ist, weil der als einziger so harmlos getan hat. Für die Erkenntnis, dass man mit seinem Urteil über Menschen vorsichtig sein muss, weil nicht alle so nett sind, wie sie tun, hat der kleine Junge nur eine halbe Stunde gebraucht! Andere brauchen dafür manchmal Jahre!

Spannende Filme, Dokumentarberichte oder rasante Komödien liefern oft tagelang Gesprächsstoff und erfrischende

Witze. Darüber kommen manchmal – nicht immer, aber öfter als man meint – wichtige Themen zur Sprache, die in pädagogisch wertvoller Absicht nur zu krampfhaften, aufgesetzten Gesprächen führen, mit denen Kinder wenig anfangen können. Was größere Kinder über moralische Begriffe, Verrat, Freundschaft, zwischenmenschliche Beziehungen, Drogen, Kriminalität und Sex denken, erfahren Eltern beim gemeinsamen Fernsehen manchmal nebenbei – ohne pädagogischen Nachruck, ohne Zeigefingerbelehrung und ohne Nachfragen in bebender Sorge. Solche Gelegenheiten muss man willkommen heißen und wird sie zu schätzen wissen, wenn die Kinder älter werden und nicht mehr unaufgefordert drauflosplappern, um all ihre kleinen Kümmernisse vorbehaltlos zu erzählen.

Sicher werden Kinder mit den Jahren auch Sendungen sehen wollen, die ihre Eltern beim besten Willen nicht aushalten. Fußballspiele, Casting-Shows oder gewisse amerikanische Serien sind für Menschen über 14 manchmal schwer zu ertragen. Schauen Sie trotzdem kurz rein, irgendetwas muss doch dran sein, wenn ihre Tochter sogar anbietet, die ganze Woche lang den Müll selbst runterzubringen. Aber halten Sie die Zeit in Grenzen. Deshalb müssen sie nicht mit der Stoppuhr stören, aber halten Sie an einem bestimmtes Maß fest. »Gestern habt ihr drei Stunden vor der Glotze gesessen. Lassen wir es für heute gut sein. Wir können die Sendung ja für den nächsten langweiligen Sonntag aufzeichnen!« Das ist allemal besser als: »Was guckt ihr euch denn da schon wieder für einen Mist an! Macht sofort aus! Geht raus an die frische Luft oder lest ein Buch! Und überhaupt, sind die Hausaufgaben gemacht?«

Wie Eltern das Fernsehen rationieren, müssen sie selbst entscheiden und mit den anderen Familienmitgliedern abstimmen; dabei können nach und nach die strengen Vorschriften soliden Vorgaben weichen. Was, wie viel und von wem geschaut wird, ist durchaus verhandelbar. Nur ein Fernseher im eigenen Zimmer ist eine sehr, sehr schlechte Idee, wenn der Besitzer noch nicht sechzehn ist. Darüber hinaus gibt es keine Ratschläge, die für alle gelten. Überlegen Sie vielleicht einfach mal, wenn Ihr Kind fernsieht, was es jetzt wohl täte, wenn der Fernseher kaputt wäre. Und wenn Sie selbst bei dem Gedanken nervös werden, überdenken Sie am besten Ihr eigenes Verhältnis zum Fernsehen – damit haben Sie den Schlüssel zur Veränderung der Fernsehgewohnheiten Ihrer Kinder in der Hand. Gehen Sie doch einfach mit dem Fernsehen in Ihrer Familie so um, wie Sie wissen, dass Sie sollten … Was natürlich auch heißen kann: halb so viel, wie Sie gern würden.

Regeln für die Medienflut

Information, Unterhaltung, Ablenkung – das Fernsehen hat viele gute Seiten. Nur zum Erziehungsmittel taugt es nicht. Fernsehverbote wirken wenig, sie führen zu einem Machtkampf zwischen Eltern und Kindern, nähren Renitenz und Rachegelüste und zwingen in die Heimlichkeit: Kaum sind die Eltern aus dem Haus, sitzen die Kinder vor der Glotze. Oder sie gucken, daddeln, surfen endlos, wenn sie bei Freunden oder Großeltern die Gelegenheit dazu haben.

Regeln müssen her, um mit der allgegenwärtigen Bilderflut umgehen zu lernen. Klare Regeln schaffen Sicherheit, starre Regelmäßigkeit engt ein. Vielleicht ist bei diesen Anregungen auch eine dabei, die auf Ihre Familie passt:

- Fernsehen, Computer und Handy sollen sich nach dem Alltag des Kindes richten und nicht umgekehrt.
- Seien Sie wählerisch: Es gibt auch gute Tierfilme, Zeichentrickserien oder Computerspiele.

- Ein Film reicht – und dann wird ausgeschaltet. Zappen, Programmsurfen und Durchschalten verboten. Behandeln Sie Fernsehen und Computer doch wie einen Ausflug oder eine gute Mahlzeit, mit einem Anfang und einem Ende, als etwas, mit dem man bewusst umgeht, anstatt es sich gedankenlos reinzuziehen.
- Kleine Kinder im Vorschulalter gehören nicht alleine vor den Bildschirm. Mit Grundschulkindern können Sie feste Zeiten vereinbaren oder die tägliche Dosis festsetzen.
- Reden Sie mit Ihren Kindern über das Gesehene. Je öfter man gemeinsam fernsieht und über Filme oder Spiele nachgedacht und gesprochen hat, desto besser lernen Kinder glaubwürdige von unglaubwürdigen Handlungen zu unterscheiden.
- Statt Fernseh- und Computerfiguren beim Abenteuer zuzuschauen, laden Sie noch ein anderes Kind ein. Wenn sie dann vielleicht über Langeweile klagen und nach dem erlösenden Knopfdruck verlangen, bleiben Sie fest: Sie werden sich wundern, auf was für Spielideen die kleine Gesellschaft kommt.
- Halten Sie Ihre Fernseh- und Spielekritik möglichst frei von persönlichen Bewertungen: Mit der Bemerkung »Was guckst du denn da schon wieder für einen Mist an?« fühlen sich Mediennutzer jeden Alters angegriffen und abgewertet. Besser wäre etwas in der Art von: »Super Mario finde ich nicht so gut. Der ist mir viel zu angeberisch.«
- Lassen Sie sich immer wieder mal das Gesehene nacherzählen. Das ist eine gute Übung, Wesentliches von Unwesentlichem unterscheiden zu lernen, emotionale von wohlbegründeter Abneigung zu trennen. Inhaltswiedergabe veranlasst zum Nachdenken, schafft Distanz zum Gesehenen, hilft der Kritikfähigkeit auf die Sprünge und legt das Fundament für Medienmündigkeit.

Was das Internet den Kindern bieten kann …

Das Medium Fernsehen hat eine starke Konkurrenz bekommen. Spätestens im Grundschulalter, mit großer Wucht dann aber vor allem bei den Kindern über zehn Jahren werden Radio und MP3-Player, soziale Netzwerke wie Facebook und andere, aber immer mehr das Internet zu attraktiven Beschäftigungsmöglichkeiten. Dabei ist das Internet ein richtiger Mediencontainer geworden, der Huckepack alle anderen elektronischen Medien und auch gleich noch Radio, Bücher, Zeitschriften und Zeitungen, Festnetz- und Mobiltelefon aufnimmt. Kinder sind bei dieser Entwicklung vorne mit dabei, sie bekommen aus ihrem Freundeskreis immer die neuesten Entwicklungen mit.

Eltern hinken meist etwas hinterher. Viele sind zwar auch beruflich auf das World Wide Web angewiesen und können durchaus mitreden. Doch meist sind die Kinder noch immer eine Nasenlänge voraus. Es mag Geschmacksache sein, sich von den eigenen Kindern in die Geheimnisse der digitalen Medien einweisen zu lassen oder den Wissensrückstand doch lieber außerhalb der Familie aufzuholen. Sicher bricht Eltern kein Zacken aus der Krone, wenn der achtjährige Sohn oder die zehnjährige Tochter bei der Auswahl des geeigneten Notebooks, Tablets oder Smartphones federführend mitreden und dann anschließend nach der Installation der Software den staunenden Eltern die Nutzung erklären. Doch es schwächt, machen wir uns nichts vor, die Autorität von Eltern, sich zuerst erklären zu lassen, wie etwas geht und dann reglementieren zu wollen, wie dieses Gerät genutzt wird. Ein schwieriges Thema.

So ganz unterscheidet sich die Nutzung des Internets von der des Fernsehens nicht. Eltern können deswegen einige Parallelen ziehen: Feste Zeiten und bei kleineren Kindern Zeitkontingente vereinbaren, damit der Computer ein

Medium unter vielen und nicht die einzige Freizeitbeschäftigung wird. Kindergartenkinder haben allein vor dem Computer nichts verloren, auch Grundschulkinder brauchen ein waches Auge, wenn sie digital unterwegs sind. Eltern müssen Bescheid wissen, was ihre Kinder da im World Wide Web treiben, mit wem sie kommunizieren und chatten, welche Seiten sie aufrufen und was sie da aufnehmen.

Das Internet ist eine fantastische Verbindung zu allen Informationen dieser Welt, zumal zu sämtlichen Unterhaltungs- und Zerstreuungsprogrammen. Kinder, die sich dieses Medium souverän zunutze machen, haben viele Vorteile. Die meisten Eltern in Deutschland scheinen das so einzuschätzen, inzwischen gibt es kaum noch Haushalte ohne Internetzugang.

Aber das Medium ist relativ neu und noch mehr als durch das Fernsehen können junge Nutzer dabei in unangenehmes Fahrwasser geraten. Kinder können über das Aufrufen von Websites oder Chatten mit Fremden an dubiose und gefährliche Menschen geraten, über soziale Netzwerke wie Facebook üblem Mobbing ausgesetzt werden. Programminhalte können politisch gefährlich sein, brutale Gewaltdarstellungen, sexuell freizügige Filme und Pornographie enthalten. Statt gleich zur beinharten Kontrolle überzugehen, sollten Eltern mit ihren Kindern darüber sprechen, wenn diese offensichtlich auf solche Seiten geraten sind. Das beste Gegengift ist Vertrauen, auf dessen Basis Regeln für die Nutzung vereinbart werden. Ebenso wie die Zeiten können auch die Inhalte festgelegt werden, die das Kind sich erschließen darf. Nur wenn das nicht klappt, müssen Eltern über Sicherheitseinstellungen und Filter nachdenken und können sich bei Fachleuten dazu beraten lassen.

Das Internet gehört heute zum Alltag von Kindern und Eltern. Alle müssen ein Auge darauf haben, damit es nicht zu einem weiteren virtuellen Familienmitglied wird, das fordert und beansprucht und die Familie durch immer mehr Präsenz stört und überfährt – ein Mitspracherecht reklamiert, das Eltern weder Großeltern noch Freunden, geschweige denn Fremden einräumen würden. Der Computer bleibt wie das Fernsehen ein technisches Gerät mit fantastischen Möglichkeiten, aber auch allen daraus erwachsenden Gefährdungen. Eltern dürfen Kinder nicht in die virtuelle Welt abtauchen lassen. Hier gilt das Gleiche wie beim Fernsehen: Distanz und Kritikfähigkeit zu wecken, heißt die Bausteine für den souveränen und selbstbestimmten Umgang mit einem Medium unter vielen zu erwerben.

... und was das Internet Kindern nicht bieten kann

Digitale Frühreife nennen es die Forscher: Kinder können heute eher mit Apps umgehen und am PC spielen als ihre Schnürsenkel zu binden oder Fahrrad zu fahren. 63 Prozent der Kleinkinder können einen Computer selbständig einschalten und 69 Prozent wissen schon mit zwei Jahren, wie man mit einer Maus umgeht. Schwimmen hingegen oder einen Notruf betätigen kann nur jedes fünfte Kind zwischen zwei und fünf Jahren. Sie können mit Smartphone-Apps umgehen (19%), brauchen aber Hilfe, um ihre Schuhe zuzubinden (9%). Zwischen Jungen und Mädchen gibt es keinen Unterschied. Über die Hälfte der Kinder aus den weltweit 4000 befragten Haushalten hat einen eigenen Computer. Auch wenn nur acht Prozent der Eltern ihren Kindern zwischen 10 und 13 Jahren zutrauen, über das Internet informiert zu sein, erlauben zwei Drittel aller Eltern ihren 10- bis 13-jährigen Kindern den Zugang zu Facebook und anderen sozialen Netzwerken – ungeachtet der Tatsache, dass das Mindestalter für Facebook bei 13 Jahren liegt. 72 Prozent der

US-amerikanischen Eltern haben schon einmal auf den Computer ihrer Kinder zugegriffen, um sich einen Überblick über deren Online-Aktivitäten zu verschaffen, in Deutschland tun das nur 44 Prozent der befragten Eltern. Zwei Drittel der deutschen Eltern meinen, das Passwort ihrer Kinder zu kennen. Die Hälfte der befragten 10- bis 13-jährigen Kinder in Europa, Amerika und Australien nutzen den Computer im eigenen Zimmer, in Deutschland sind es sogar 81 Prozent. Soziale Netzwerke und Onlinespiele bestimmen immer mehr, was Kinder in ihrer Freizeit tun. Dadurch werden sie im Internet zunehmend mit sozialen Situationen konfrontiert, denen sie entwicklungsbedingt noch nicht gewachsen sind, so das Fazit einer Studie, die erkundet, wie der Umgang von Kindern mit Computertechnik weltweit ihr soziales und motorisches Verhalten ändert.

Die Untersuchung ist Teil von »Digital Diaries«, einer Forschungsreihe über das Verhalten von Kindern verschiedener Altersgruppen, die von AVG, einem großen Anbieter von Sicherheits-Lösungen im Internet in Auftrag gegeben wurde. 2200 Mütter kreuzten jeweils auf einer Liste mit computertechnischen Fähigkeiten und einer zweiten mit Kompetenzen, die für das Leben wichtig sind, an, welche Aufgaben ihre Kinder gemeistert hätten. Die Ergebnisse zeigen, dass die Online-Aktivitäten Elfjähriger, ausgenommen Online-Banking und Online-Shopping, denen ihrer Eltern immer ähnlicher werden. Zwar entwickeln Kinder die technische Reife von Erwachsenen oder überholen sie sogar. Sie verfügen aber noch nicht über die geistige und emotionale Reife, um in komplexen Online-Situationen immer angemessen zu reagieren. Umso wichtiger, dass Eltern einen wachen Blick auf die Internetgewohnheiten ihrer Kinder haben – dass dies keineswegs selbstverständlich ist, zeigt ein weiteres Ergebnis: Nur die Mütter, die über 35 Jahre alt sind, achten verstärkt darauf, den Kindern Fähigkeiten zu vermitteln, die für das Leben wichtig sind – etwa sich die Schnürsenkel selbst zubinden zu können, Fahrradfahren und Schwimmen zu lernen oder sich das Frühstück selbst zubereiten zu können.

Das Familienleben mit dem Handy

Fast alle Eltern haben eines, bei Jugendlichen ist es zum absoluten Muss und Statussymbol geworden und auch die meisten Kinder zählen es zur Standardausstattung. Dass es eine Zeit gab, in der wir ohne Handy zurechtkamen, können wir uns doch alle kaum noch vorstellen. Es ist ja auch ungeheuer praktisch: Jede kleine Vereinbarung, jede Erinnerung, jede Bitte wird auf diesem praktischen Kanal kommuniziert. Je ausgereifter die Geräte werden, desto schneller schließt sich die Lücke zum Computer. Mancher Zwölfjährige läuft heute mit einem Handy herum, das vor zehn Jahren ein Hochleistungscomputer gewesen wäre.

Wann Eltern ein Kind mit einem Handy ausstatten sollen, darüber lässt sich trefflich streiten. Doch das passiert immer seltener: Die meisten Grundschüler haben eines und Eltern finden das nützlich, beruhigend und praktisch. Wählt man zum Einstieg ein Kinderhandy, das nur festgelegte Nummern anwählen lässt und nur zur Kommunikation mit der Familie taugt, wirkt das fast schon ein bisschen lächerlich – jedenfalls in den Augen der Kinder, die stolz das Smartphone zücken. Das kann man zwar trotzdem so halten, doch die Sache ist heikel: Kinder kommen schnell dahinter, dass dieses Handy vor allem der Kontrolle durch die Eltern dient. Schöner wäre es, ein richtiges Handy zu besitzen und für die Nutzung mit den Eltern feste Regeln zu vereinbaren, die sich vor allem auf die Kosten beziehen. Bei der Finanzierung können Kinder beteiligt werden, indem sie von ihrem Taschengeld Anteile zurücklegen und ansparen. So lässt sich beim Kauf des Handys und bei der Bezahlung der laufenden Kosten gleich mit den Kindern auch über kluges Wirtschaften verhandeln.

Taschengeld gehört heute einfach dazu!?

Mit dem kleinen dicken Finger, den das Kind unbarmherzig auf die Gummibärchen im Ladenregal richtet, geht es meist los. Schon Anderthalbjährige legen eine beträchtliche Entschlossenheit an den Tag, um zu bekommen, was sie haben wollen. Beim geringsten Anzeichen von Widerstand setzt schrilles Geschrei ein, und um nicht die hämischen Blicke der Wartenden auf sich zu ziehen, gibt man nach – und kauft das Zuckerzeug. Der Reigen zwischen Eltern, Kind und Geld wird früh eröffnet. Unmerklich, aber stetig schiebt sich das Geld und das, was man dafür kriegen kann, immer mehr in den Mittelpunkt der Auseinandersetzungen in der Familie. Was mit den Gummibärchen so harmlos beginnt, hat die Tendenz, sich enorm auszuweiten. Vom pädagogisch wertvollen Holzspielzeug bis zur angesagten Turnschuhmarke, von der leidigen Debatten ums Taschengeld bis hin zur Frage der selbstverständlichen Benutzung des Familienautos durch fast erwachsene Kinder zieht das Geld in der Beziehung zwischen Eltern und Kindern eine gleißende Spur. Meistens verläuft sie unterirdisch: In der Familie wird selten über das Auftauchen, die Bedingungen und die Auswirkungen der Tauschgeschäfte gesprochen, bei denen Geld und Gefühle aufeinander einwirken. Wenn Eltern sich den finanziellen Wünschen ihrer Kinder verschließen, sehen Kinder gelegentlich durchaus die väterliche oder mütterliche Liebe in Frage gestellt. Man mag das bedauern, aber Geld ist längst zu einem schwer entbehrlichen Liebesbeweis geworden. Ein allgemein akzeptierter Bestandteil der Eltern-Kind-Beziehung sind die regelmäßigen Transfers angemessener Sümmchen. Dass Taschengeld gezahlt wird, ist gemeinhin unbestritten. Lediglich über die Höhe der Summe, die als angemessen gelten kann, gehen die Ansichten auseinander. Die Zahlung von ein, zwei oder zehn Euro in der Woche an Bedingungen zu knüpfen, ist heute weithin verpönt. Ist das Taschengeld ein Geschenk, eine großzügig und bedingungslos gewährte Gabe oder ein legitimer Anspruch des Kindes auf seinen Teil des Familieneinkommens, mit dem es nach Lust und Laune hantieren darf? Und wäre es okay, wenn Eltern die Höhe des Taschengeldes nach ihrem Einkommen richten? Das hieße, man dürfte in schweren Zeiten vom Kind auch mal erwarten, zurückzustecken. Auf keinen Fall, tönt es von Experten dann stets, »beim Auszahlen des Taschengeldes feste Regeln einzuhalten, ist von entscheidender Bedeutung!« So etwa: Immer pünktlich, immer in gleicher Höhe, nach jedem Geburtstag etwas mehr, niemals nebenbei, bloß nicht zu knapp bemessen, aber vor allem eine Summe, die das Kind ohne Wenn und Aber nach eigenem Gutdünken ausgeben darf. Klar, wenn die Eltern für alles Notwendige aufkommen, kann das Kind sein Geld für Überflüssiges ausgeben. Das vergisst man leicht bei den Klagen darüber, dass die Kinder ja immer nur Süßigkeiten kaufen.

Den verantwortungsvollen Umgang mit Geld lernt man jedenfalls nicht, indem man es einfach ausgibt. Wenn Sechsjährige allerdings überlegen müssten, ob sie die Tafel Schokolade oder das dringend nötige neue Schulheft kaufen, könnten sie eine wichtige Erkenntnis fürs Erwachsenenleben übers Geldausgeben gewinnen: Dass man jede Münze und jeden Schein eben nur einmal ausgeben kann und wofür – das muss man entscheiden.

Darf das Taschengeld als Prämie an eine Gegenleistung gekoppelt werden oder zu Bestrafungszwecken entzogen werden? Bloß nicht – andererseits: Mit dem Taschengeld hat man (wie übrigens auch der Chef mit dem Monatslohn, den wir ja auch nicht unbedacht riskieren würden) ein Druckmittel in der Hand, das nicht zu benutzen die Charakterstärke einer Heiligen voraussetzt. Taschengeldentzug als Strafe empfinden die meisten Eltern heute als zu hart für ihr Kind. Oder wäre es für sie selbst eine Strafe? Denn wenn das Konsumieren wegfällt, geht leicht die große Nörgelei los: Das muss man erst einmal aushalten können. Ein schwieriges Thema.

Während für Eltern und Kinder Taschengeld heute einfach dazugehört, ist sein Sinn weniger selbstverständlich. Soll das Kind sich etwas gönnen dürfen, den Umgang mit Geld oder sogar das Sparen lernen? Wer sich umhört oder Kinder im Kiosk beobachtet, hat den Eindruck, dass das Taschengeld vor allem dazu dient, die Hersteller von Süßigkeiten oder Fast Food zu unterstützen. Trotzdem ist Taschengeld natürlich sinnvoll. Den Umgang mit Geld kann nur lernen, wer auch über welches verfügen darf.

Taschengeld, das sagt schon der Name, sollte Geld für die Tasche sein. Schön, wenn das Kind selbst bestimmen darf, was es davon kauft. Das bedeutet jedoch nicht, dass Eltern auf Dauer kommentarlos hinnehmen müssen, wenn ihr Sprössling ausschließlich Süßigkeiten kauft oder Spielzeug, das schnell kaputtgeht und nach zwei Tagen in der Versenkung verschwindet. Dann ist der Zeitpunkt günstig, in einem Gespräch auf bessere Möglichkeiten hinzuweisen. Sparen können Sechsjährige allerdings noch nicht so gut. Aber sie können allmählich lernen, zu unterscheiden, was ihnen wichtig oder weniger wichtig ist, und wofür es sich lohnt, das Taschengeld zusammenzuhalten.

Eine zurückhaltende Dosierung am Anfang hilft Kindern, mit dem Geld umgehen zu lernen. 50 Cent in der Woche und dann langsam pro Lebensjahr steigend – das gilt heute weithin unbestritten als Richtwert. Für Grundschüler reicht das völlig, denn sie bekommen ja auch hier und dort noch etwas zugesteckt. Ein Kind ernst zu nehmen, bedeutet ja auch, es seine eigenen Erfahrungen mit Geld machen zu lassen und dabei zu begleiten. Es trifft Entscheidungen, es teilt sich sein Geld ein. Einmal wirft es sein Geld für eine scheußliche Pump Gun hinaus und bereut das kurze Zeit später zutiefst, wenn das Ding gleich kaputtgeht. Einmal steckt es sein Geld in die Spardose, die immer schwerer wird. Oder es wirft eine Münze in den Hut des Bettlers. Auf diese Weise bekommen Kinder einen Vorgeschmack auf die Verantwortung und die Macht, die mit Geld einhergeht. Ja, es ist sicher schön, ein großzügiges Taschengeld zu zahlen, wenn man es sich leisten kann. Was aber, wenn nicht? Geld ist nicht nur ein Mittel, um sich Wünsche zu erfüllen, sondern in erster Linie ein Mittel zum Lebensunterhalt. Deshalb müssen Kinder auch erfahren, was die Miete für eine Wohnung kostet, ein Auto, neue Schuhe ... Für den Anfang eignen sich die kleinen Dinge des Alltags als Beispiele: Türmen Sie Geldstücke auf und veranschaulichen Sie so, was ein Schulheft, ein Füller, ein Spielzeugauto kosten. Kaufen allein macht nicht glücklich. Welche Möglichkeiten hat Ihr Kind, das zu erfahren? Ein Zauberkasten ist sicherlich eine tolle Sache. Aber den richtigen Spaß hat man doch erst, wenn man die Tricks mit Mama und Papa ausprobieren kann. Und auch wenn die Puppenmöbel im Schaufenster vielleicht schicker sind – der Schrank aus Opas Zigarrenkisten und die Vorhänge aus Mamas altem Nachthemd sind eben einmalig. Der Kauf noch so vieler Dinge kann das gemeinsame Erlebnis und die Erfahrung, etwas selber machen zu können, nicht ersetzen.

Wenn man möchte, dass ein Kind vernünftige Maßstäbe fürs Geldausgeben lernt, muss man es teilhaben lassen an den eigenen Bemühungen, das Geld einzuteilen. Das beginnt beim Einkaufen. Was kosten die Gummibärchen, was die Milch und was die Wurst? Kriege ich dasselbe günstiger im Laden um die Ecke? Lohnt sich ein weiterer Weg, um ein paar Euro zu sparen? Irgendwoher muss ein Kind Antworten auf die Fragen bekommen, die uns alle ein Leben lang begleiten.

Woher weiß ich, wie viel verschiedene Dinge wert sind? Wer bekommt wie viel Geld für seine Arbeit? Ist bezahlte Arbeit mehr wert als unbezahlte? Wie viel Gewinn darf man machen? Wann darf man Schulden machen? Sind reiche Leute bessere Menschen als arme? Oder schlechtere? Oder keins von beiden? Was ist der Unterschied zwischen sparsam und geizig? Und zwischen großzügig und verschwenderisch?

Wenn Sie knapp kalkulieren müssen, erklären Sie auch das. Kinder sollten nicht den Eindruck haben, Geldmangel sei etwas, worüber man nicht sprechen kann, wofür man sich schämen muss. Ob Kinder einen besseren Bezug zum Geld bekommen, wenn sie sich selbst welches verdienen? Es spricht nichts dagegen, wenn ein Kind mal abgelegtes Spielzeug auf dem Flohmarkt verkauft oder später mal für ein kleines Entgelt Nachbars Rasen mäht. Für ein Kind von sechs, sieben Jahren gib es wenig legale Möglichkeiten, an Geld zu kommen. Aber in der Familie kann das Taschengeld durch verschiedene Taten aufgebessert oder gekürzt werden – schlimme Ausdrücke kosten zwanzig Cent, aber aus der Pfandflaschen-Reserve darf sich jeder bedienen, der gerade klamm ist. Wenn ein Kind den Mülleimer runter trägt, ist das allerdings kein Grund, die Geldbörse zu zücken. In einem gemeinsamen Haushalt hat jeder Pflichten – ohne Bezahlung.

Und Geld für gute Noten? Leon schüttelt die guten Noten nur so aus dem Ärmel. Für jede Eins kriegt er fünf Euro. Vor jeder Arbeit überlegt er schon, was er damit machen will. Kriegt er mal eine schlechte Zensur, ist er sauer. Nicht wegen der Fehler, die er gemacht hat, sondern wegen der fünf Euro, die ihm jetzt durch die Lappen gehen. Sein Bruder Moritz muss sich mit der Rechtschreibung sehr mühen, aber er übt fleißig. Neulich hat er im Diktat eine Vier geschafft – zum ersten Mal. Aber dafür gibt es nichts. Eigentlich sollte die Freude über den eigenen Erfolg Belohnung genug sein, finden Sie nicht auch?

Freizeit mit Leben füllen

Kinder verbringen heute sehr viel mehr Zeit in den eigenen vier Wänden als noch vor dreißig Jahren. Da ist das Gegensteuern der Eltern gefragt, denn ohne körperliche Bewegung, ohne vielfältige Anregungen aus dem wirklichen Leben, ohne eigene Entdeckungen wird kein Kind gut groß. Leichter gesagt als getan: In vielen Wohngegenden können kleine Kinder nicht mal eben schnell zum Spielen nach draußen laufen. Nicht jedes Kind kann im eigenen oder wenigstens in Nachbars Garten spielen, die meisten sind auf Spielplätze angewiesen, die zwischen den Häusern liegen und oft nur lieblos mit den ewig gleichen Klettergerüsten, Schaukeln und Sandkästen ausgerüstet sind. Ballspiele, Fahrradfahren, Verstecken und Herumtoben ist fast überall unmöglich oder sowieso verboten. Weil Eltern sich so viele Sorgen machen, ihren Kindern könnte auf der Straße etwas zustoßen, spielen ja auch Fernseher und Computer eine immer größere Rolle.

Doch es reicht ja nicht, ihnen vom Leben da draußen nur zu erzählen und sie daheim in Sicherheit zu wissen, solange sie vor dem Bildschirm kleben. Vielleicht lassen sich ja doch noch ein paar Bereiche zum Fahrradfahren, Basketballspielen, Kicken oder Skaten ausmachen – und wenn es nur der Fußballkäfig in der Seitenstraße ist. Immer noch besser als gar nicht vor die Tür gekommen. Familienausflüge in den Park, in den Zoo oder an den See sind wunderbar, doch allein reicht auch das nicht: Kinder brauchen mitunter die lange Leine und Gelegenheiten, ihre eigenen Wege zu finden und zusammen mit anderen Kindern ihre Spiele zu spielen – möglichst unbehelligt von erwachsenen Argusaugen.

Wer zu viel in den eigenen vier Wänden hockt, bewegt sich auch einfach zu wenig. Bewegungsmangel ist heute eines der größten Gesundheitsrisiken von Kindern. Gut, wenn Eltern alles an Fantasie aufbringen, um Bewegung und körperliche Betätigung in den Alltag einzubetten. Wenn es also irgend geht, gehen sie zu Fuß in Kindergarten und Schule. »Wozu hat der liebe Gott uns gesunde Beine geschenkt?«, fragen Sie tapfer und rechnen Ihren Kindern vor, was man für das Busgeld an Eiskugeln erstehen kann und schon schlagen Sie zwei Fliegen mit einer Klappe: Jedes Geldausgeben bedeutet eine Entscheidung für eines und gegen vieles andere. Und wir tun uns etwas Gutes, wenn wir uns bewegen: Wir sind nämlich so gemacht, dass wir jeden Tag vierzig Kilometer zu Fuß laufen können.

Mit Kindern zusammen lässt sich gut überlegen, wie man Bewegung und Ernährung im Familienalltag verändern kann und dabei Kalorien verbrennt und Kosten spart. Sie werden sich wundern, auf welche Ideen Kinder kommen, wenn Sie überlegen, das Auto abzuschaffen, weil es zu teuer ist und außerdem die Umwelt verpestet! Oder wie man Strom einsparen könnte – aus den gleichen Gründen.

Gemeinsame Unternehmungen

Kinder brauchen die Kombination aus Herzenswärme, Freiräumen und klaren Regeln auch in der Freizeit. Sie wollen sich von ihren Eltern abschauen, wie man das Leben meistert. Von wem denn sonst? Kinder brauchen Erwachsene, die etwas mit ihnen zusammen unternehmen. Jungen brauchen Väter, die sie bei Fehlschlägen auch mal in den Arm nehmen und zum nächsten Anlauf ermutigen. Töchter brauchen Mütter, die ihnen Selbständigkeit zutrauen. Sie alle brauchen wohl gesonnene Erwachsene, die zu ihrem Wort stehen und ihnen Einhalt gebieten, wenn sie sich an kleineren und schwächeren Kindern vergreifen. An einem zuverlässigen, erwachsenen Gegenüber kann ein Kind seine Fähigkeiten erproben und seine Grenzen erkennen: eben Halt finden.

Kinder suchen nach klaren festen Leitfiguren – nach lebendigen Menschen, an denen sie sich orientieren und messen können. Besonders Jungen brauchen ihre Väter, mit denen sie sich auseinandersetzen wollen, die ihnen ernsthaft Rede und Antwort stehen. Sind die Väter nicht greifbar, weil sie zu viel arbeiten oder sich längst aus dem Familienleben verabschiedet haben, können andere männliche Wesen bei ihren Söhnen umso leichter landen: Überlebensgroße Medienhelden wie Batman, Spiderman und He-Man faszinieren sehr, wenn echte Persönlichkeiten mit Ecken und Kanten im realen Leben der Kinder immer weniger vorkommen.

Wer sich geliebt, geborgen und angenommen fühlt, entwickelt Selbstbewusstsein und das Gefühl, etwas wert zu sein. Einfach nur, weil er oder sie auf der Welt ist. Das Gefühl, dass die Welt ein bisschen reicher geworden ist mit dem Moment, in dem man geboren wurde: Hier entspringt die Zuversicht, auch schwierige Aufgaben mit einer neuen Anstrengung meistern zu können. Es muss ja noch nicht einmal der großartige Tag im teuren Freizeitpark sein: Ein kleiner Ausflug mit dem Fahrrad, eine abendliche Fußballrunde, eine Bootsfahrt, ein gemeinsamer Besuch in der Bibliothek …

Gemeinsame Unternehmungen mit der Familie sind das Größte für Kleine. Wie wäre es mit der Zusammenarbeit im Alltäglichen: Zusammen den Reifen zu flicken, wenn das Fahrrad einen Platten hat, oder zusammen zur Tankstelle fahren: Während Mama tankt, putzt Philipp die Scheiben, dann überprüfen beide zusammen den Luftdruck in den Reifen.

Sobald man beginnt, darüber nachzudenken, eröffnen sich unendlich viele erfreuliche Möglichkeiten, mit Kindern etwas zusammen zu unternehmen, ihnen die Wertschätzung für die kleinen Dinge des Alltags und ihren eigenen Beitrag zum Gelingen nahezubringen; einfach Gelegenheiten zu suchen, zusammen mit Kindern Spaß zu haben. Das macht stark – für jetzt und für später, wenn die Eltern einmal nicht mehr da sein werden, um ihr Kind vor allem Unbill zu schützen.

8. Kapitel

Der Ernst des Lebens beginnt: Die Schule

Der Schulranzen ist gepackt, das Pausenbrot und die Saftflasche sind verstaut. Jacke anziehen, Küsschen an der Haustür und tschüss! Halt – da hinten liegt ja noch der Turnbeutel. Sie rennen hinterher und drücken dem Kind den Beutel in die Hand, noch ein aufmunterndes Lächeln und das Kind zockelt los.

Wenn wir als Erwachsene an die Schule denken, haben wir meistens das Lesen, Schreiben, Rechnen lernen oder Basteln im Kopf. Für Kinder sieht das oft ganz anders aus. Da brennt Miriam darauf, ihrer Freundin Lena von dem neuen Goldhamster zu erzählen und muss unter dem scharfen Blick des Lehrers verstummen. Jasper hat richtig Schiss vor der Pause, weil Moritz aus der 4a immer an der Ecke lauert, um ihn anzurempeln. Zu spät zu kommen ist das Schlimmste für Zeki – nicht nur weil ihre Lehrerin ärgerlich sein könnte, sondern weil sie immer Angst in der leeren Eingangshalle hat. Philipp schämt sich fürchterlich, mitten in der Stunde aufzustehen und aufs Klo zu gehen. Einmal hat er zu lange herumgedruckst und dann ist das Malheur passiert. Alle haben es gesehen.

Schule heißt für Kinder nicht nur ABC, Einmaleins und gebastelte Papierdrachen, die stolz vorgezeigt werden. Schule heißt noch viel mehr als das: Zusammen mit vielen anderen Jungen und Mädchen muss das Kind zurechtkommen, einen Platz im sozialen Gefüge erobern. Erfolge und Versagen spielen sich jetzt vor den Augen der anderen ab. Mit Anerkennung und Ablehnung richtig umgehen zu können, das ist die eigentliche Herausforderung für die Kinder auf dieser Etappe des langen Weges ins Erwachsenenleben.

Die Zeit zwischen sechs und zehn Jahren ist für das Sozialverhalten des Kindes entscheidend. In diesen Jahren erkennt jedes Kind, dass es für sich selbst verantwortlich wird. Und dabei doch nur ein Junge, ein Mädchen unter vielen, vielen anderen ist, die unterschiedliche und auch widersprüchliche Vorstellungen und Absichten haben. Kinder brauchen viele Ermutigungen, um sich darauf einlassen zu können, mit anderen Menschen in der Schule gemeinsam eine befriedigende Alltagswirklichkeit zu schaffen. Es gibt alle möglichen Probleme rund um die Schule – ein anderes Kind, das immer wieder mobbt, das Problem, Freunde zu finden, weil es nur Cliquen gibt, Ungerechtigkeiten und Missverständnisse mit dem Lehrer. Eltern können ihr Kind nicht dabei begleiten – höchstens bis zur Klassentür. Seinen Weg muss es jetzt mehr und mehr alleine gehen. Es ist in der Leistungsgesellschaft angekommen. Und die Eltern? Lange war die Schule aus, jetzt fängt sie wieder an. Es ist ja nur eine andere Tür, durch die wir ins Schulgebäude zurückkehren. Anders als früher und doch verstörend gleich. Alte Ängste werden wieder wach: Da gehen wir in die Schule als selbstbewusste Erwachsene, um den Klassenlehrer in die Mangel zu nehmen, und ein Hauch von dem alten, typischen Geruch genügt schon, um uns wieder zu nervösen kleinen Kindern zu machen. Diese Ängste projizieren wir wieder auf unsere Kinder.

Nicht mehr nur auf eigene Rechnung sind wir frech oder schwatzhaft oder faul, sondern jetzt haftet das eigene Kind gleich mit dafür, wie wir uns betragen. Weil es in der Schule nun mal nur Schüler und Lehrer gibt, verwandeln wir uns in Schüler – und schreiben Protokolle, bearbeiten Materiallisten, erfüllen Kuchenanforderungsschreiben und befüllen die Schulranzen mit der Markenware, wie die Lehrerin wünscht. Sie denkt an alles, was uns im Traum nicht einfallen würde:

»Bitte beschriften Sie alle Gegenstände im Federmäppchen, auch die Kappen der Filzstifte!«

Heiße Kartoffeln machen die Runde

Viele Eltern sind unzufrieden mit der Schule ihrer Kinder; sie schimpfen, lamentieren, suchen einen Schuldigen – und finden die Lehrer. Dabei gibt es auch auf ihrer Seite gleichgültige Mütter und Väter, die ihre Kinder vor dem Fernseher oder im Internet sich selbst überlassen, und Kinder, die sich nicht konzentrieren können und immer seltener und weniger bereit und fähig sind, auch nur die allereinfachsten Regeln des Zusammenlebens einzuhalten. Wie soll man denn da einen vernünftigen Unterricht machen, fragen die Lehrer in routinierter Verzweiflung und beschreiben ihre minderjährige Klientel als bunt gemischten Haufen aus Hyperaktiven, Fehlernährten, Verhaltensgestörten, Hochbegabten und Wohlstandsverwahrlosten, Frühgeförderten, Dyskalkulikern und Legasthenikern, die noch dazu in Sprachen aus aller Herren Länder schnattern und des Deutschen kaum mächtig sind. Ist es nicht allzu verständlich, dass Lehrer entweder hilflos mit den Armen rudern, genervt die Augen verdrehen oder wütend die Erziehungsunfähigkeit der Eltern anprangern, wenn man ihnen einmal mehr nahe legt, dass die Schule ihren klassischen Bildungsauftrag heutzutage eben mit einem breiten erzieherischen Rahmenprogramm ergänzen muss, damit allerlei Bildungssaat überhaupt noch aufgeht, Blüten treibt und irgendwann auch Früchte trägt? Damit der Umbau »Belehrungsanstalt zu einer PISA-tauglichen Lernwerkstatt« (Peter Struck) gelingt, sind zweifellos größere Anstrengungen nötig – zuallererst von Lehrern, aber auch von Eltern.

Bei der Frage, wie die Runderneuerung der Schule vonstatten gehen soll, wird noch immer mit breitem Pinsel gemalt.

Der erlaubt keine Nuancen, entwirft aber in grellen Farben gleich ein ganzes Rudel von Sündenböcken. Etliche Prachtexemplare sind darunter: Eltern sowieso, Lehrer auch, Politiker, der Kapitalismus im Allgemeinen und die Fernsehmafia im Besonderen sind eigentlich immer schuld. Es stehen, je nach eigenem Standort, politischer Präferenz und weltanschaulicher Befindlichkeit immer mehrere zur Auswahl: Eltern erziehen (wenn überhaupt) ihre Kinder zu rücksichtslosen Karrieristen oder anspruchsvollen Leistungsempfängern, Lehrer sind ihren ungezogenen Schülern nicht mehr gewachsen, die Werbung richtet sie ab zu minderjährigen Markenfetischisten. Und der ausufernde Fernsehkonsum, das virtuelle Geballere, der mediale Overkill schlechthin gibt der angeborenen Lernlust, dem guten Benehmen und dem Leistungswillen sowieso den Rest.

Soll deshalb die Schule besser die Finger von der Erziehung lassen und sich aufs Kerngeschäft beschränken – Vokabeln, Formeln und Geschichtszahlen einpauken und mittels Zensuren die Spreu vom Weizen trennen? Ohnehin reagieren Eltern patzig auf Kritik an ihrem Verhalten und wollen sich nicht reinreden lassen, vor allem nicht in ihren Erziehungsstil und schon gar nicht von Lehrern. Die wiederum leugnen die Verantwortung für den Schulerfolg der Kinder und sitzen im Zweifelsfall sowieso am längeren Hebel: Sie können mir gar nichts!

Das Terrain zwischen Eltern und Lehrern ist schwierig – überall sind Tretminen versteckt, lauern Hinterhalte und tun sich plötzlich Abgründe auf. Eine Dunstwolke aus verqueren Erwartungen, verhohlenen Ansprüchen und wabernden Missverständnissen hängt über dem umkämpften Gelände. Wer macht was? Wer ist für was zuständig? Und wer trägt wofür die Verantwortung?

Es gibt viel zu tun, fangt ihr schon mal an!

Im kleinen Grenzverkehr zwischen Schule und Elternhaus herrscht ein meist unerfreulicher Schlagabtausch, der nach dem gleichen Prinzip funktioniert wie das Hin und Her zwischen Geschwistern, die man auffordert, den Abendbrottisch zu decken. »Immer ich!« und »Soll der doch erst mal anfangen!« – der anklagend erhobene Zeigefinger zielt automatisch auf den anderen. Jeder weist darauf hin, was er schon alles getan habe, und erfindet Argumente, warum doch deshalb jetzt der andere dran sei. Selbstredend kommt nicht ein einziger Teller auf den Tisch, während der Disput an Lautstärke, aber nicht an Lösungsnähe gewinnt. Natürlich geht freiwillig keiner mit gutem Beispiel voran und überlegt erst einmal, was er selbst tun kann – ganz ähnlich, wie wenn es zwischen Eltern und Lehrern um die Zuständigkeit für Erziehung geht. Es gibt erhebliche Unstimmigkeiten zwischen den Akteuren der Erziehung, die von wenig mehr als großer Verunsicherung künden: Wer ist eigentlich für Erziehung und Bildung verantwortlich? Kann es sein, dass der Schule aufgebürdet wird, was in die Familie gehört? Klar, Eltern legen den Grundstein. Idealerweise lehren sie ihre Kinder Respekt vor anderen, Rücksichtnahme und Gemeinsinn, schicken sie nach sechs Jahren halbwegs gut erzogen in die Schule, wo die Lehrer auf festem Fundament die Mauern weiter hochziehen, aus denen ein stabiles Haus entsteht, das den Stürmen des Lebens trotzen kann. Klar, es ist das Elternhaus, das anfangs den größten Einfluss auf die schulische Leistungsfähigkeit eines Kindes hat. Klar, die Lehrer können mehr oder weniger geschickt auf die Persönlichkeit und die Lernstile eines Kindes eingehen, die Schule selbst kann eine gute oder eine schlechte Atmosphäre ausstrahlen. Aber sie muss am Ende immer noch mehr können, als nur auf das zu reagieren, was das Elternhaus aus einem Kind gemacht hat und noch macht.

Deswegen liegt bei Müttern und Vätern ein Schlüssel dafür, ob ihr Kind in der Schule zurechtkommt und wie gut seine Leistungen sind. Zwei Drittel der Leistungsfähigkeit werden vom Elternhaus bestimmt, nur ein Drittel von der Schule, sagt die Wissenschaft. Und die Lebenserfahrung ergänzt: Manchmal ist es aber auch umgekehrt.

Woran liegt das? Ein Kind kommt ungefähr mit den Einstellungen, Erwartungen und Verhaltensweisen in die Schule, die es sechs Jahre lang in der Familie geübt hat. War das Kind in einer Kinderkrippe und in einer Kindertagesstätte, so haben auch die natürlich ihre Spuren hinterlassen. Mit sechs Jahren ist man schon eine kleine Persönlichkeit und hat gelernt, sich in einer Gruppe von Gleichaltrigen zu bewegen oder auch nicht.

In der Schule kommt es nun darauf an, ob das Kind sich auf die neuen Bedingungen umstellen kann. Ist es feste Regeln und Vereinbarungen gewohnt, fällt ihm das leicht. Hat es einen regelmäßigen Tagesrhythmus in der Familie erlebt, dann wird die sture Zeiteinteilung in der Schule kaum Probleme machen. Hat es schon viel mit anderen Kindern zu tun gehabt, dann schreckt auch die große Klassengemeinschaft nicht, in der das Kind sich jetzt plötzlich wiederfindet. In all diesen Punkten ist die Handschrift des Elternhauses erkennbar.

Die Rolle der Eltern erweitert sich, wenn das Kind in die Schule kommt. Sie treten als sozialer Berater auf, wenn es Probleme gibt. »Du bist mit dem Platz in der letzten Reihe nicht zufrieden? Morgen sprichst du deine Klassenlehrerin in der großen Pause an!« oder »Du wirst nach der dritten Stunde immer so müde? Probier doch morgen einmal, ob es hilft, wenn du dann deinen Apfel isst!«

Eltern waren sechs Jahre lang der soziale Trainer ihrer Kinder, nun müssen sie es auch während der Schulzeit bleiben. Beim Eintritt in die Schule sind sie besonders gefragt, denn die Anpassungsleistung, die ein Kind jetzt vollbringen muss, hat es in sich. Ungeduld und Schimpfen bringen gar nichts, sondern nur einfühlsame Unterstützung verhilft zu Erfolgen – genau das, was der Trainer im Sportverein auch macht.

Was aber, wenn das nicht passiert? Darf man Eltern dazu zwingen, ihre Kinder gut zu erziehen? All die kühnen Bögen der Bildung, die hohen Flure des Fleißes, die Beharrlichkeit des gewissenhaften Arbeitens, die steilen Treppen des Ehrgeizes, die Balkone des Wissens und verspielten Giebel der noch unentdeckten Talente, die später die Einzigartigkeit des Gebäudes ausmachen, geraten ohne feste Basis ins Wanken. Darum muss die Schule ergänzend vermitteln; ohne Pünktlichkeit, Disziplin, Gesprächskultur und Rücksichtnahme ist doch auch kein Arbeiten in der Schule möglich. Da müssen auch Lehrer mit gutem Beispiel vorangehen und den Kindern eine Haltung des gegenseitigen Respekts vermitteln. Das gelingt leichter, wenn die Kinder aus ihren Familien das schon mitbringen, aber es ist erst recht nötig, dies vorzuleben, wenn Kinder die Erfahrung bisher nicht machen konnten, dass ein zugewandter, respektvoller Erwachsener an ihrer Entwicklung interessiert ist und ihnen hilft, ihre Möglichkeiten zu entfalten.

Eltern und Lehrer verstehen sich auf der Baustelle Erziehung höchstens ausnahmsweise als aufeinander angewiesene Gewerke. Sie begreifen oft nicht, dass sie gemeinsam für die Kinder und Schüler haften und besser beraten wären, wenn sie kooperierten. Dabei ziehen sie doch eigentlich an einem Strang – wenn auch leider oft an zwei verschiedenen Enden. Passen auch Eltern und Lehrer einfach nicht zusammen?

Schulaufgaben für Lehrer ...

Doch ob die Lehrer sich dafür qualifiziert und verantwortlich fühlen oder nicht: Die Kinder verbringen so viele Stunden des Tages in der Schule, dass sich die Schule um ihre Erziehungsaufgabe gar nicht drücken kann. Alles, was dort geschieht oder nicht geschieht, alles, was ein Lehrer tut oder eben unterlässt, erzieht mit. Erziehung ist nicht Säen, Gießen und Jäten in einem ordentlichen Garten mit eingefassten Beeten, wo in der einen Parzelle Kartoffeln wachsen, in der anderen Wissen und Bildung. So beschreibt der Pädagoge Harmut von Hentig das Bild. Die Zeit zwischen acht und vierzehn Uhr ist ein ganzes Biotop, da wächst alles durcheinander: das Bildungsgemüse, die Erziehungskräuter, die zwischenmenschlichen Früchte und die Blumen des Wissens – und das bleibt die ganze Schulzeit hindurch so.

Ihr einstiges Drohpotential hat die Schule längst verloren. Gut so! Der Lehrer als Hilfspolizist und die Schule als verlängerter Arm des Obrigkeitsstaates haben abgewirtschaftet, und an aufmuckenden, selbstbewussten und auch widerborstigen Schülern herrscht wahrhaftig kein Mangel. Heute antworten Kinder einem Hausmeister, der sie ermahnt, das Kaugummipapier in den Abfalleimer zu werfen, dass ihre Eltern ihnen gesagt hätten, sie bräuchten sich so eine Zumutung nicht gefallen zu lassen. Hin und wieder hört man von prügelnden Grundschülern, die, gut gebrieft von ihren Mittelschichtseltern, die Lehrerin anschreien, die gerade die beiden Kampfhähne trennen will: »Du darfst mich nicht anfassen!«

Heute haben Lehrer vor allem achtzugeben, dass sich nicht der Lauteste, Rücksichtsloseste und Unverschämteste auf Kosten aller anderen in der Klasse durchsetzt. Oft fehlt ihnen dazu außer der professionellen Entschlossenheit auch noch die notwendige Rückendeckung der Eltern: Manche sehen es nämlich gar nicht so ungerne, wenn ihr Kind ein wenig rücksichtslos ist, wobei sie dieses Verhalten dann eher Durchsetzungsfähigkeit nennen. Soziales Verhalten scheint vorerst nicht angesagt – in den Pausen genauso wenig wie in der Zeit dazwischen. Sich in einen anderen Menschen hineinzuversetzen, Rücksicht zu nehmen, Gegenseitigkeit und Gemeinschaft zu pflegen und zusammenzuarbeiten ist nicht selbstverständlich. In der Regel geht es darum, sich selbst aggressiv durchzusetzen. Wirkt anerzogene Höflichkeit da nicht gar wie ein Klotz am Bein des freundlichen Kindes, das sich im Konkurrenzkampf mit Altersgenossen bewähren muss, die von solchen Beschränkungen unbelastet um sich schlagen?

... und Hausaufgaben für Eltern

Die grassierende Kumpelhaftigkeit von Eltern, die ihren Kindern zu Hause erklären, dass ein Tadel nichts zu bedeuten hat, ist allerdings auch nicht hilfreich. Die gründliche Demontage der Lehrer-Autorität durch Protagonisten und Epigonen der Studentenbewegung hat neben der erwünschten auch unerwünschte Nebenwirkungen gehabt, die sich heute als vulgarisierte Restbestände der 68er-Libertinage mit der ganz normalen Bequemlichkeit mischen. Eltern drohen zu Hause nicht mehr mit dem strengen Lehrer und respektieren ihn auch selbst nicht mehr als fachliche Autorität. Wir versagen Lehrern die Autonomie, aus der Anerkennung und Respekt überhaupt erst hervorgeht. Erst wenn wir davon ausgehen, dass jemand weiß, was er tut, auch wenn wir es nicht verstehen, gewähren wir Autonomie. Und umgekehrt: Auch Eltern oder Schülern muss diese Unabhängigkeit zugestanden sein, denn sie wissen Dinge über das Kinderhaben oder Schülersein, von denen ein (kinderloser) Lehrer oft gar keine Ahnung hat.

Moderne Eltern stehen im Allgemeinen gnadenlos auf der Seite ihrer Kinder, und das ist für sich genommen ja auch nichts Schlechtes. Dem Kind den Rücken zu stärken, wenn es einen Lehrer erwischt hat, mit dem es nicht klarkommt, der es beleidigt, ungerecht behandelt, entmutigt oder demütigt – das ist sinnvoll und berechtigt. Aber den Lehrer nicht als vertrauenswürdigen, gut ausgebildeten anderen Erwachsenen zu sehen, sondern mit den Augen des Kindes zu betrachten, das man selbst einmal war – das kann nicht angehen. Leider fehlt dieser professionelle Verhaltensstandard, wie man mit Kindern umgeht und wie nicht, in vielen Schulen. Das scheint noch stets in der reflexartig geäußerten Befürchtung auf, das eigene Kind müsste Nachteile erleiden, wenn man als Mutter oder Vater gegenüber dem Lehrer den Mund aufmacht. Und deshalb braucht man immer so eine gehörige Portion Glück, um an einen guten Lehrer zu geraten. Doch Eltern, die nicht aufpassen und Eltern, die es nicht besser wissen und den schmalen Grat zwischen starkem und erdrückendem Einfluss nicht sehen wollen, mutieren schnell zu den besten Freunden ihrer Kinder anstatt die Verantwortung für sie zu übernehmen.

Im Falle einer Trennung raten Experten dringend und mit den besten Gründen dazu, dem Kind auf jeden Fall Loyalitätskonflikte zu ersparen, indem man die Zähne zusammenbeißt und nicht über den Erziehungspartner herzieht. Die Parallele zwischen getrennt lebenden Müttern und Vätern auf der einen, Eltern und Lehrern auf der anderen Seite sei erlaubt: Ist es wirklich klug, im Beisein der Kinder über die Lehrer zu schimpfen oder spontan empört auf jede Äußerung des Kindes zu reagieren? Ist es wirklich sinnvoll, wenn Lehrer über das Aussehen und die Familie von Schülern lästern – vor der ganzen Klasse? Wie soll ein Kind einen Erwachsenen respektieren, der bei ihm zu Hause in derart schlechtem Ruf steht? Wie soll ein Kind von einem Erwachsenen lernen können, der im Zweifel seine Macht und Überlegenheit ausspielt und ein Kind dem Gespött der Klasse preisgibt?

Auch viele Lehrer erziehen höchstens halbherzig. Beim

kleinsten Widerstand berufen sie sich auf ihre weltfremden Erwartungen an Eltern und ziehen sich beleidigt auf die Aufgabe zurück, die gestern vielleicht noch ihre war: die Vermittlung von Wissen. Selbst wenn das isoliert möglich wäre – Eltern können Lehrern ihren Teil der Erziehungsaufgabe nicht abnehmen.

Engagement ist erste Elternpflicht?

In der Schule können nicht nur Kinder, sondern auch Eltern viel falsch machen und müssen noch mehr richtig machen. Nur gar nichts zu machen geht gar nicht: Ohne Eltern läuft in der Schule nichts. Liebevolle Ignoranz macht sie schon verdächtig. Achselzuckende Gleichgültigkeit gegenüber der Schule, die das eigene Kind besucht, grenzt für manche schon an den Tatbestand der Vernachlässigung, mindestens aber der asozialen Pflichtvergessenheit.

Kooperation ist längst zum Pflichtprogramm im kleinen Grenzverkehr zwischen Schule und Familie geworden: Eltern und Lehrer müssen Hand in Hand arbeiten, so heißt es landauf, landab und die ureigene Berechtigung dieses modernen Muss wird kaum je in Frage gestellt. Klar, Lehrer haben ihre eigenen Wünsche und Nöte, und was läge näher, als die Eltern vor den Karren zu spannen und als Verbündete gegen das unwillige Kind zu gewinnen. Klar auch, dass Eltern sich eingeschüchtert fühlen, weil sie fürchten, ihrem Kind gereiche es zum Nachteil, wenn sie die Zusammenarbeit verweigern. Teilnahme am Elternsprechtag? Unterschrift? Gespräche mit dem Lehrer führen? Geld einsammeln, um einen Blumenstrauß für die Lehrerin zu kaufen? Das Kind zur Brust nehmen, wenn der Lehrer dringend eine Aussprache empfiehlt? Nachhilfestunden buchen, wenn es schlechte Zensuren hagelt? Wir sind dabei. Natürlich. Schließlich sollen (und wollen) wir uns nicht als Gegenspieler, sondern als Team verstehen. Und jetzt alle noch einmal den Refrain: Ohne Eltern läuft gar nichts an der Schule.

Es macht ja auch unglaublich viel Spaß, zusammen den Klassenraum zu renovieren, ein Elterncafé einzurichten, auf gemeinsamen Ausflügen die Klassenkameraden der Kinder kennenzulernen, im Schwimmbad beim Schwimmenlernen zu helfen, eine Schulbibliothek zu betreuen oder sogar selbst eine Arbeitsgemeinschaft am Nachmittag anzubieten und sich als Mathemutter, Bastelmutter, Computermutter, Lesemutter und Hausaufgabenmutter in der Schule einzubringen – und das nicht nur für das eigene Kind, sondern für alle anderen gleich mit.

Wer bestreiten wollte, dass Elternbeteiligung zum Gutteil eines gelingenden Schullebens beiträgt, setzt sich heutzutage schnell dem Vorwurf aus, nicht mehr alle Tassen im Schrank zu haben. Ganz selbstverständlich nehmen Schulen Eltern in die Pflicht und bedienen sich der Zeit, des Geldes und der Energie von Müttern und Vätern, als stünden ihnen diese Ressourcen von Rechts wegen zu. Und wir Eltern sind mehr als bereit, uns in Dienst nehmen zu lassen und bieten in vorauseilendem Gehorsam der Schule sogar jedwede Unterstützung an. Schließlich wollen wir, was alle Eltern wollen – das Beste für das Kind. Da führt kein Weg an der Schule vorbei, oder jedenfalls an der vagen Befürchtung, es könne dem Kind schaden, wenn seine Eltern die Schule verweigern. Die wenigsten Eltern leisten sich heute noch den mentalen Luxus, die Schule der Kinder auf die leichte Schulter zu nehmen und es dabei bewenden zu lassen, liebende Eltern zu sein, anstatt den gut funktionierenden und allzeit bereiten Schul-Coach zu mimen. Zu schön, um wahr zu sein, ist die Empfehlung des Direktors des Berliner Canisius-Kollegs, Pater Mertes, im Tagesspiegel vom 5. Juli 2009: »Schule nicht zu ernst nehmen, damit Schule gelingen kann.«

Das Gegenteil ist an der Tagesordnung: Seit der ersten großen allgemeinen Bildungsverunsicherung der sechziger Jahre ist die Rolle der Schule enorm gewachsen. Den allermeisten Eltern ist ihre Bedeutung als zentrale Zuweisungsinstanz für soziale Lebenschancen der Kinder schmerzlich bewusst. Die Perfektionsnorm, für jedes Kind die optimale Entwicklung zu ermöglichen, übersetzen Eltern dabei nicht etwa in solide Kritik am Schulwesen und präzise Forderungen an die Bildungspolitik, sondern in einen enormen Anspruch an ihre eigene Rolle und vorauseilenden Gehorsam: Mag ja sein, dass die Schule und ihre Lehrer in vielerlei Hinsicht versagen, also müssen wir wenigstens alles, aber auch wirklich alles tun, um den Kindern eine optimale Mitgift auf den Schulweg mitzugeben. Möglichst hoch und gut soll der Abschluss sein; mehr als die Hälfte aller Eltern wünscht das Abitur für den Nachwuchs, von den Eltern mit Abitur sind es sogar 90 Prozent. Schulabschlüsse sind heute gleichzeitig mehr und weniger wert; mehr, weil höhere Abschlüsse immer wichtiger für den Einstieg ins Berufsleben werden, weniger, weil sie immer seltener eine attraktive Berufslaufbahn verbürgen. In diesem Dilemma wirken Eltern weniger als Puffer, der Leistungsansprüche der Schule an die Kinder auffängt, sondern mehr als Katalysator, der die Leistungsmotivation zusätzlich antreiben und in Gang halten muss. Dieser hehre Anspruch bringt nicht nur Stress für die Eltern, sondern auch die Kinder dürfen sich einigermaßen druckgetankt fühlen.

Wie der Schweif an den Kometen hängt sich Gesundheitsstress an die Schule: Bei 50 Prozent aller Schulkinder kann Schulangst festgestellt werden, fast ein Drittel der Jugendlichen versucht, Schulstress mit Psychopharmaka wegzuschlucken, bei den 13- bis 16-Jährigen leiden 48 Prozent manchmal oder häufig unter Kopfschmerzen, 41 Prozent an Rückenschmerzen, 30 Prozent an Magenbeschwerden, 25 Prozent an Schlafstörungen und 24 Prozent an starkem Herzklopfen. Diese Befunde hat eine Zusammenstellung der Aktion »Humane Schule« exemplarisch aus verschiedenen Studien genannt.

Wo Eltern heute wie nie zuvor zum pädagogischen Freizeitunternehmer werden, wird den immer absoluter daherkommenden Ansprüchen der Schule der Familienfrieden geopfert. Der Kontrast zwischen Eltern und Lehrern verliert an Schärfe, die Beziehung zwischen Eltern und Kindern wandelt sich unter der Hand zu einer Art Schulbeziehung, in der Zuneigung nach Noten dosiert wird.

Die Schule erzeugt diffuse Angst davor, unsere Kinder beim Kampf um die Jobs der Zukunft verlieren zu sehen, und diese Angst nimmt uns an die Kandare der Schule, deren Kriterien durch sperrangelweit geöffnete Einfallstore ins Familienleben einsickern: Zeitmanagement, Logistik des Lernens, Effektivität, Rationalität, Leistungsdruck – die trennende und schützende Grenze zwischen Arbeit und Spiel, Lernen und Liebe wird unscharf. Wir orientieren uns immer stärker an schulischen Belangen und lassen dabei zu, dass äußere Mächte unser Familienleben kolonialisieren. Da schließt sich der Kreis: Die Kinder werden in ein Netz von schulischen Anforderungen verstrickt und mit denselben Maschen werden auch die Eltern gefangen.

Die Mitarbeit der Eltern als unterstützende Partner der Schüler, Lehrer und Schulleitung wird gewünscht und ist unerlässlich – Sätze wie dieser zieren die Homepages, Broschüren und Mitteilungen, mit denen sich die Schulen präsentieren. Engagierte Eltern haben viele Geschichten zu erzählen, in denen sie den Eindruck beschreiben, ihre Beteiligung sei durchaus gewünscht und erwartet, wenn es darum gehe, die schulischen Leistungen der Kinder zu steigern – etwa über die Betreuung und Kontrolle der Hausaufgaben oder die unproblematische Finanzierung von Nachhilfestunden, auch Kuchen oder Sachspenden und Begleitung bei Ausflügen sind stets willkommen. Wenn Elternbeteiligung aber ins Kraut schießt und mehr will als nur helfen, nämlich mitbestimmen und gestalten, wird es eng. Ob es Samstagsunterricht gibt, ob ein Lehrer befördert oder versetzt wird, nach welchen Methoden er unterrichtet, ob die Schule um acht oder später beginnt – das entscheidet der Schulleiter alles allein. Und Eltern dürfen auch immer weniger mitreden bei einer Frage, die für viele Eltern die einzig wichtige Frage überhaupt ist: der Schulwahl. Eltern wissen, dass sich an der Schule und den Mitschülern entscheidet, ob ihr Kind gerne lernen wird, welchen Einflüssen es ausgesetzt sein wird, welchen Stellenwert Leistung und Bildung haben werden – angstbesetzte Fragen, hinter denen ernstzunehmende Sorgen der Eltern stehen.

Hinzu kommt, dass im Prinzip völlig ungeklärt ist, wer eigentlich wofür zuständig ist. Solange keine Seite so genau weiß, was sie zu verantworten hat und was nicht, was sie von der anderen Seite erwarten darf und was nicht, wird die Verantwortung ebenso munter wie folgenlos hin und her geschoben. Eine ungute Gemengelage aus gegenseitigen Ansprüchen entsteht, in der Misstrauen, Enttäuschung und Ärger bestens gedeihen, weil einfach nirgendwo klar ausgesprochen wird, wo die Grenze zwischen Schule und Familie verläuft. Keiner kann hier seine Arbeit wirklich gut leisten, weil beide – Eltern und Lehrer – ihre Energie zwischen zwei Einflussbereichen aufteilen müssen. Eltern versuchen, Lehrern zu vermitteln, was ihre Kinder vermeintlich brauchen und oft auch noch wie viel genau und in welchen Dosierungen. Lehrer verheben sich an dem Versuch, die Erziehungsberater für Eltern zu mimen, deren Kinder zu Hause Leistung verweigern, jedenfalls wenn es um die Hausaufgaben geht. Oder sie schicken maulige Briefe, aus denen man erfährt, die »Arbeitshaltung des Kindes entspricht nicht den Anforderungen« eines Faches und es habe von sechs Hausaufgaben vier vergessen und nur zwei nachgezeigt. Und jetzt?

Ein Traum von Schule

Wie wäre das schön: Wenn das Kind den Ranzen schultert und hinterm Schultor verschwindet, können wir loslassen und sicher sein, dass die Kleinen in einer gedeihlichen Atmosphäre von kompetenten Menschen, gesegnet mit frischem Verstand und ausgebildet mit allem nötigen methodischen, fachlichen Können, begleitet werden und jeder zweifelnde Gedanke eine Energieverschwendung bedeutet. Zuhause wäre dann auch wirklich daheim sein dürfen: Spielen, Nähe, Wärme, Geborgenheit, Verständnis, Einkaufen, Putzen, Freunde empfangen und auch die Hausaufgaben erledigen, aber alleine und nicht argusäugig eskortiert von den Eltern. Und die Lehrer könnten endlich aufhören, die Augen zu verdrehen, wenn sie über Eltern sprechen. Denn in der Schule wären sie die Chefs und wüssten nicht nur genau, in welch großer Verantwortung sie stehen, sondern würden dieses Vertrauen auch rechtfertigen. Sie könnten sich den Unsinn schenken, Eltern immer wieder neu mit dem neuesten Methodenschnickschnack vertraut zu machen, nur um stundenlang gequälte Diskussionen hinter sich zu bringen, die irgendwann, wenn auch der Letzte eingeschlafen ist, die Perspektive eröffnen, es doch so zu machen, wie sie es eigentlich anfangs wollten. Lehrer könnten selbstbewusst Eltern signalisieren, dass sie es schon allein schaffen, den Kindern beizubringen, was sie können müssen. Aufgrund ihrer Kompetenz könnten sie von Eltern Vertrauen erwarten, und Eltern könnten Vertrauen gewähren; denn ihre Aufgabe ist eine andere als die des Schul-Assistenten. Könnten Eltern sich darauf verlassen, dass die Lehrer ihre Arbeit gut machen, wäre das eine große Entlastung im Alltagsleben. Denn dann könnten wir aufhören, die schulische Autorität in die Familie hinein zu verlängern und könnten uns darauf beschränken, die schulische Wirklichkeit solidarisch mit den Kindern zu ertragen.

Der Schule geben, was der Schule ist – und das Kind am Schultor abliefern. Dann könnten wir endlich den Job als Aushilfslehrer für unsere Kinder an den Nagel hängen und unser eigenes Familienleben führen.

In einer derart entlasteten Erziehung, die sich auf eine klare Aufteilung der Verantwortlichkeiten besonnen hätte, könnten wir uns darauf konzentrieren, die Anwesenheit der Kinder schlicht und einfach zu genießen. Wir wären erleichtert, wenn sie endlich schlafen gehen und froh, wenn sie am nächsten Morgen weiterplappern. Wir müssten nicht ständig die Hausaufgaben überwachen, beim Elternabend über den Hausmeister reden und uns als Hilfslehrer zur Verfügung stellen. Auch könnten wir zu Hause mal wieder über etwas anderes als die Schule reden. Und wir dürften gelegentlich das Fordern und Fördern schleifen lassen und einer mütterlichen oder väterlichen Herzensregung nachgeben: uns an ihnen freuen und sie ganz einfach bedingungslos lieben. Eltern dürften endlich wieder nur Eltern sein, als nationale Reservearmee für den Schulbetrieb würden sie jedenfalls nicht mehr gebraucht.

Die wirkliche Macht der Eltern liegt nicht darin, auf die Schule einzuwirken. Die Schulgesetze sind nicht von uns beschlossen. Die Lehrer sind nicht von uns ausgewählt und eingestellt und wir können sie auch nicht entlassen. Die Lehrpläne haben wir uns nicht ausgedacht. Die Schulordnungen haben wir nicht geschrieben. Methodik, Didaktik, Motivation, Evaluation: weiß Gott nicht unsere Sache. Keine Karte, mit der in der Schule gespielt wird, haben wir gezogen, an keiner Schraube, die das Konstrukt zusammenhält, können wir drehen. Wir stehen hier – und die Schule dort.

Der wohlfeile und gebetsmühlenhaft wiederholte Gemeinplatz, wonach der Erfolg eines Kindes in der Schule ausgerechnet mehr von elterlicher Unterstützung als von der Qualität des Unterrichts abhängt, offenbart eine abgründige

Wahrheit: Wenn Erfolg oder Scheitern vom pädagogischen und finanziellen Einsatz der Eltern abhängen, muss man sich nicht wundern, dass in keinem anderen europäischen Land Schulerfolg und soziale Herkunft so eng miteinander zusammenhängen wie in Deutschland.

Zu glauben, dass die Bildungsmisere durch eine noch stärkere Verzahnung von Schule und Elternhaus zu beheben sei, ist wenig mehr als ein fataler Irrtum. Der aktuelle Trend, Eltern noch mehr als bisher in die Schule einzubeziehen, wird genau jene sozialen Spaltungen in den Schulen verstärken, denen eine veränderte Schulstruktur, sei es eine Verkürzung der Gymnasialzeit auf acht Jahre, sei es die Ganztagsschule, sei es jahrgangsübergreifender Unterricht, entgegenwirken will. Denn engagiert sind vor allem die bildungsbeflissenen Mittelschichtseltern, die sich das Mitarbeiten noch als edles, sinnstiftendes Tun zum Nutzen der Allgemeinheit schönreden können. Sie sind gebildet, sprachgewandt und gediegen genug, um mit den Lehrern zu verhandeln, Briefe an die Politiker zu schreiben oder die Finanzen des Fördervereins schlau zu verwalten. Erwartet wird Elternengagement von allen – und am Ende steigt die Belastung von kinderreichen Familien und Alleinerziehenden, die doch sowieso schon Überdurchschnittliches für die nachwachsende Generation leisten. Wenn die Qualität der Schule jetzt immer mehr von der Elternmitarbeit abhängen soll, wird die strukturelle Ungleichheit der Familien in den Schulleistungen eins zu eins reproduziert.

Eltern auf der Flucht

Eine Nachfrage, die das Angebot um das Zwei- bis Dreifache übersteigt, ist keine Seltenheit: Die meisten Privatschulen führen lange Wartelisten. Dass immer mehr Eltern ihre Kinder in private Schulen schicken, bemäkeln Gegner, entziehe den öffentlichen Schulen die engagierte Elternschaft. Ein Wunder ist das nicht.

Der Boom öffentlicher Schulen in freier Trägerschaft, wie es korrekt heißt, wirft Fragen auf. Zum Beispiel, weshalb viele Eltern ihnen offensichtlich so viel mehr Vertrauen schenken als ihren öffentlichen Pendants. 2009 hat das Deutsche Institut für Pädagogische Forschung (DIPF) ermittelt, dass mehr als die Hälfte aller Eltern für ihre Kinder eine Privatschule bevorzugten, wenn sie sich die höheren Kosten leisten können. In einer repräsentativen Umfrage für den »Spiegel« erklärten sich sogar vier von fünf der befragten Bürger bereit, Schulgebühren zu bezahlen, wenn ihr Kind dadurch besseren Unterricht und bessere Lehrer hätte. In der Studie der Konrad-Adenauer-Stiftung »Eltern unter Druck« heißt es: »Vor allem in der bürgerlichen Mitte sind die Belange der Schule zum beherrschenden Thema des Familienlebens geworden.« Die Studie konstatiert ein »Leiden an der Schule« und offenbart, wie viel Unruhe es unter Eltern gibt und welch zentrale Rolle die Bildung dabei spielt.

»Eltern haben das Vertrauen in die staatlichen Institutionen verloren«, analysiert der »taz«-Bildungsredakteur Christian Füller, der mehrere Bücher zum Thema geschrieben hat. So habe die DIPF-Umfrage ergeben, dass »selbst Eltern mit Hauptschulabschluss, die sich früher kaum für private Schulen interessiert haben, heute ihr Kind lieber auf eine Privatschule geben« würden.

Im PISA-Vergleich schneiden zwar private Schulen insgesamt etwas besser ab als staatliche. Aber: »Das liegt an den

Elternhäusern, nicht daran, dass private Schulen an sich schon besser wären, und es hat mit Geld erst mal nichts zu tun«, sagt Füller. »Wenn Eltern eine Privatschule aussuchen, haben sie Ansprüche. Die Bildungssoziologen sprechen von kulturellem Kapital.«

Privatschuleltern haben zu 60 Prozent selbst das Abitur, an staatlichen Schulen sind das nur halb so viele. Bei den Gymnasien wiederum sind bildungsorientierte, karrierebewusste Mittelstandsfamilien das Klientel sowohl der privaten als auch der staatlichen Einrichtungen. Der Leistungsvorsprung der Privaten schwindet, wenn man auf diesem Feld die Schülerleistungen vergleicht. Dabei erzielten die 15-jährigen Schüler an staatlichen Gymnasien sogar etwas bessere Leistungen. Die Abschlüsse können den Ansturm auf die Privatschulen also nicht erklären.

»Selbstverständlich verstehen wir uns als Dienstleister für die Familie und den Elternwillen«, sagt Andreas Wegener. Er ist der Geschäftsführer der privaten Kant-Schule in Berlin, die an drei Standorten rund 2100 Schüler zählt, und Koordinator der Arbeitsgemeinschaft freier Berliner Schulen, in der 85 Prozent der privaten Schulen Mitglied sind.

Man bekommt im Gespräch mit Wegener einen guten Überblick, mit welchen Erwartungen Eltern zu einer privaten Schule kommen. Er kennt sie aus den Aufnahmegesprächen. Zuallererst: dass die individuellen Entfaltungsmöglichkeiten des Kindes stets im Mittelpunkt stehen müssten. Dann weiter die Wunschliste runter: Ganztagsbetrieb, bestimmte Angebote wie Englisch ab der ersten Klasse, musische, kreative, sportliche AGs, Hausaufgaben-Erledigung möglichst in der Schulzeit, Verlässlichkeit und keinen Unterrichtsausfall, keine bürokratischen Verfahren, kurze Informationswege zwischen Eltern und Lehrern. Es ist wirklich keine absurde Wunschliste. Eine Mutter, selbst Lehrerin an einer staatlichen Schule, erklärt die Entscheidung, ihren Sohn auf ein Privatgymnasium zu schicken, so: »Es ist eine extreme Erleichterung für das Familienleben! Ich kann meinen Beruf ausüben, weiß ihn bis 17 Uhr super betreut und muss kein schlechtes Gewissen haben. Wenn er nach Hause kommt, hat er Zeit zum Spielen, weil die Schulaufgaben gemacht sind, und wir alle haben Zeit für unser Familienleben.«

Konkurrenz belebt

Die Frage ist nun, ob der Aufschwung der Privatschulen, der viel mit der (mal mehr, mal weniger gerechtfertigten) Unzufriedenheit mit den staatlichen Schulen zu tun hat, im Umkehrschluss auch Verbesserungsmaßnahmen bei den staatlichen Schulen induziert. Zugegeben klingt das angesichts der Sparzwänge der öffentlichen Haushalte nach einer etwas gewagten These. Aber unmöglich ist es nicht. Zentral auch hierbei: die Eltern.

Über den Elternwillen entsteht ein Wettbewerb zwischen den Schulen. Wenn Schulen angesichts schwindender Schülerzahlen um Schüler konkurrieren, haben Eltern die Möglichkeit, die beste für ihr Kind zu wählen. Schlechte Schulen verlieren ihre Schüler. »Das schafft Anreize, die Sache möglichst gut zu machen«, sagt Ludger Wößmann, Bildungsökonom an der Ludwig-Maximilians-Universität in München. »Privatschulen sind eine Flut, die viele Boote hebt.« Damit die Konkurrenz auch wirklich allen zugutekommt, dürfe der Zugang zu Privatschulen nicht vom Portemonnaie der Eltern abhängen, sagt Wößmann. »Deshalb sollten Schulen in privater Trägerschaft pro Schüler die gleichen staatlichen Mittel bekommen wie staatliche Schulen.«

Davon sind die privaten Schulen derzeit noch ziemlich weit entfernt. In Berlin erhalten sie vom Senat 93 Prozent der Personalkosten als Zuschuss. Weil davon aber auch Sachleistungen, Reparaturen oder Lehrmittel bezahlt werden, sind faktisch nur 60 bis 70 Prozent der tatsächlichen Kosten, die in Privatschulen entstehen, durch staatliche Mittel abgedeckt. Um diese Lücke zu schließen, haben viele Schulen private Spender. Aber vor allem: die Eltern, die zum einen das hohe Schulgeld berappen müssen und zum anderen der Schule durch ihr Engagement Personalkosten sparen. Hier wie da: Elternengagement ist heiß begehrt und bares Geld wert.

Literatur

Andresen, S., Brumlik, M. & Koch, C. (Hg), Das ElternBuch. Wie unsere Kinder geborgen aufwachsen und stark werden. Weinheim: Beltz 2010

Andresen, S. & Hurrelmann, K., Kindheit. Weinheim: Beltz 2010

Bergmann, W., Die Kunst der Elternliebe. Weinheim: Beltz 2005

Bergmann, W., Gute Autorität. Grundsätze einer zeitgemäßen Erziehung. Weinheim: Beltz 2006

Bertram, H., Rösler, W. & Ehlert, N., Nachhaltige Familienpolitik. Berlin: Bundesministerium für Familie 2005

Dreikurs, R., Grey, L., Kinder lernen aus den Folgen. Freiburg: Herder 1991

Fend, H., Entwicklungspsychologie des Jugendalters. Opladen: Leske & Budrich 2000

Fthenakis, W.E. & Textor, M.R. (Hg.), Knaurs Handbuch Familie. Alles, was Eltern wissen müssen. München: Knaur 2004

Fuhrer, U., Erziehungspsychologie. Bern: Huber 2005

Fuhrer, U., Erziehungskompetenz. Was Eltern und Familien stark macht. Bern: Huber 2007

Furedi, F., Die Elternparanoia. Warum Kinder mutige Eltern brauchen. Frankfurt: Eichborn 2002

Gaschke, S., Unsere Patchwork-Familie. Mit gemeinsamen Übungen fürs neue Familienglück. Stuttgart: Dornier 2005

Gordon, T., Familienkonferenz. Die Lösung von Konflikten zwischen Eltern und Kindern. München: Beck 1989

Hurrelmann, K. & Quenzel, G., Lebensphase Jugend. Weinheim: Juventa 2013

Hurrelmann, K. & Bründel, H., Gewalt an Schulen. Weinheim: Beltz 2007

Hurrelmann, K. & Unverzagt, G., Wenn es um Drogen geht. Freiburg: Herder 2000

Hurrelmann, K. & Unverzagt, G., Wenn Kinder immer alles haben wollen. Freiburg: Herder 2002

Kasten, H., Geschwister. Vorbilder, Rivalen, Vertraute. München: Reinhardt 2000

Kühn, L., Supermuttis. Eine Abrechnung mit den überengagierten Müttern. München: Droemer Knaur 2008

Kühn, L., Mutti packt aus. Bekenntnisse einer Spaßbremse. Berlin: Ullstein 2012

Kühn, L., Mutti allein zuhaus. Vom Leben mit nestflüchtigen Kindern. Köln: Bastei Lübbe 2014

Perrez, M., Minsel, B. & Wimmer, H., Was Eltern wissen sollten. Eine psychologische Schule für Eltern und Erzieher. Salzburg: Müller 1992

Schneewind, K.H. & Ruppert, S., Familien gestern und heute. Ein Generationenvergleich. München: Quintessenz 1995

Shell Deutschland, 16. Shell Jugendstudie. Frankfurt: Fischer 2010

Steinberg, L., Die zehn Gebote der Erziehung. Düsseldorf: Walper 2005

Tschöpe-Scheffler, S., Elternkurse auf dem Prüfstand. Wie Erziehung wieder Freude macht. Opladen: Leske & Budrich 2003

Unverzagt, G., Eltern an die Macht!. Berlin: Ullstein 2010

World Vision Deutschland, Kinder in Deutschland 2013. Weinheim: Beltz 2013